AIT 愛知工業大学

「工学部」「経営学部」「情報科学部」ものづくりを中心とした“工科系総合大学”です。

本学は1912年に設立された名古屋電気学講習所を母体に，1959年に名古屋電気大学としてスタートしました。以来，「ものづくり」の盛んな地域に位置しているという特性を生かし，一貫して実学教育に取り組み，産業界に多くの優れた人材を送り出してきました。

現在では「工学」に加え，「情報」「経営」といった産業や社会にとって重要な分野に関する教育・研究も行っており，日本の大学の中でもトップクラスを誇る最新設備を備え，地元産業界との共同研究も積極的に行いながら，先進的な教育を実施しています。

今後も，「ものづくり」の盛んな中部地区に立地する「実学・実践教育」の大学というスタンスを守りながら，世界の産業界に羽ばたく人材の育成を目指します。

八草キャンパス全景

八草キャンパス
（工学部・情報科学部・経営学部［スポーツマネジメント専攻］）

自由ヶ丘キャンパス
（経営学部［経営情報システム専攻］）

学部・学科構成

学部・学科・専攻		
工学部	電気学科	電気工学専攻
		電子情報工学専攻
	応用化学科	応用化学専攻
		バイオ環境化学専攻
	機械学科	機械工学専攻
		機械創造工学専攻
	社会基盤学科	土木工学専攻
		都市デザイン専攻
	建築学科	建築学専攻
		住居デザイン専攻

学部・学科・専攻		
経営学部	経営学科	経営情報システム専攻
		スポーツマネジメント専攻
情報科学部	情報科学科	コンピュータシステム専攻
		メディア情報専攻

◇**お問い合わせ先**
愛知工業大学 入試広報課
〒470-0392 愛知県豊田市八草町八千草1247
TEL 0565-48-8121（代） FAX 0565-48-0024
URL https://www.ait.ac.jp
E-mail koho@aitech.ac.jp

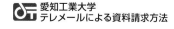

■2025年度　入学試験実施日程

入試区分		入試名称	出願期間	試験日	試験会場	合格発表日
学校推薦型選抜		女子学生推薦	11月1日(金)〜11月4日(月) ※必着	11月9日(土)	工学部・情報科学部： 本学(八草キャンパス) 経営学部： 本学(自由ヶ丘キャンパス)	12月2日(月)
		スポーツ推薦				
		工学部推薦				
		経営情報システム推薦				
		一般推薦		11月10日(日)		
前期日程	一般選抜	前期日程A方式 前期日程Aw方式[*1] (最高得点重視型)	1月6日(月)〜1月21日(火)	1月27日(月)	本学(八草キャンパス), 本学(自由ヶ丘キャンパス), 一宮，豊橋，岐阜，四日市， 津，浜松，静岡，富山	2月7日(金)
				1月28日(火)	本学(八草キャンパス), 本学(自由ヶ丘キャンパス), 一宮，豊橋，岐阜，四日市， 津，浜松，静岡，富山，金沢， 松本，岡山，福岡	
		前期日程M方式 (マークセンス式)		1月29日(水)		
	共通テストプラス[*2]	共通テストプラス A方式		独自試験はなし	—	2月15日(土)
		共通テストプラス M方式				
	共通テスト利用入試	共通テスト１期C方式 (３教科利用)		本学が課す試験はなし	—	
後期日程	一般選抜	後期日程M方式 (マークセンス式)	2月14日(金)〜2月25日(火)	3月4日(火)	本学(八草キャンパス), 豊橋，岐阜，四日市，津，浜松	3月14日(金)
	共通テスト利用入試	共通テスト２期C方式 (２教科利用)		本学が課す試験はなし	—	
		共通テスト３期C方式 (３教科利用)	3月1日(土)〜3月6日(木)			3月20日(木)

［検定料に関して］●一般選抜，学校推薦型選抜は35,000円，共通テスト利用入試は20,000円，前期日程Aw方式・共通テストプラスは5,000円。
●一般選抜は，指定教科が同じ場合は全学部で併願ができます。1専攻目35,000円，2専攻目以降は1専攻20,000円になります（前期日程A方式の両日受験でも割引きは適用されます）。

＊1　前期日程Aw方式は前期日程A方式を受験していることが出願条件になります。日にちごとに出願できます。
＊2　共通テストプラスA方式は前期日程A方式，共通テストプラスM方式は前期日程M方式を受験していることが出願条件になります。
※入試日程，及び，検定料は変更する場合があります。必ず募集要項で確認してください。

■学校推薦型選抜の出願資格・要件及び選抜方法

●一般推薦入試

出願資格

高等学校または中等教育学校を2025年3月に卒業見込で出身学校長の推薦がある者

出願要件

工学部・経営学部・情報科学部

出身学校における教科・科目全体の評定平均値が3.4以上，または志願学部が指定する資格を1つ以上取得している者

選抜方法

入学者の選抜は，推薦書，調査書，出願要件確認書，小論文（600字以上800字以内／60分）及び面接（口頭試問を含む）の結果を総合して行う。

※口頭試問の範囲については募集要項で確認してください。

●女子学生推薦入試

出願資格

高等学校または中等教育学校を2025年3月に卒業見込で出身学校長の推薦がある女子

出願要件

工学部・経営学部・情報科学部

出身学校における教科・科目全体の評定平均値が3.4以上，または志願学部が指定する資格を1つ以上取得している者

選抜方法

入学者の選抜は，推薦書，調査書，小論文（600字以上800字以内／60分）及び面接（口頭試問を含む）の結果を総合して行う。

※口頭試問の範囲については募集要項で確認してください。

●スポーツ推薦入試

出願資格

高等学校または中等教育学校を2025年3月に卒業見込で出身学校長の推薦がある者

出願要件

工学部・経営学部・情報科学部

本学が指定する部活動の競技実績が基準を満たしている者（募集要項でご確認ください）

選抜方法

入学者の選抜は，推薦書，部活動実績，調査書，小論文（600字以上800字以内／60分）及び面接（口頭試問を含む）の結果を総合して行う。

※口頭試問の範囲については募集要項で確認してください。

●工学部推薦入試

出願資格

高等学校または中等教育学校を2025年3月に卒業見込で出身学校長の推薦がある者

選抜方法

入学者の選抜は，推薦書，調査書，志望理由書，面接（口頭試問）及び面接（主体性評価）の結果を総合して行う。

※口頭試問の範囲については募集要項で確認してください。

●経営情報システム推薦

出願資格

高等学校または中等教育学校を2025年3月卒業見込で出身学校長の推薦がある者

出願要件

本学が配信する経営情報システム専攻の動画を視聴し，興味のあるコース（複数可）についての志望理由書を提出できる者

選抜方法

書類審査，面接（経営学部において，興味のある科目及び身に付けたいスキル）及び，面接（口頭試問）の結果を総合して行う。

※選抜方法の詳細は募集要項で確認してください。

■一般選抜の試験教科／科目

・科目範囲等の詳細は募集要項を確認のこと。
・配点は各教科200点。
・試験時間は前期日程Ａ方式のⒶパターンで受験する場合の数学のみ90分，それ以外は全て60分。

<table>
<tr><th></th><th>学部・専攻</th><th>教科</th><th colspan="4">科目</th><th>判定方法</th></tr>
<tr><td rowspan="4">Ⓐ</td><td rowspan="4">工学部
・全専攻
経営学部
・全専攻
情報科学部
・全専攻</td><td>数学</td><td colspan="3">「数学Ⅰ，数学Ⅱ，数学Ⅲ，数学Ａ(図形の性質，場合の数と確率)，数学B(数列)，数学C(ベクトル，平面上の曲線と複素数平面)」</td><td>必須</td><td rowspan="9">・A方式は３教科で判定
・M方式は３教科を受験し，高得点の2教科で判定</td></tr>
<tr><td>外国語</td><td colspan="3">「英語コミュニケーションⅠ，英語コミュニケーションⅡ，論理・表現Ⅰ」</td><td>必須</td></tr>
<tr><td rowspan="2">理科</td><td colspan="2">「物理基礎，物理」</td><td rowspan="2">左記の2科目のうちから1科目を試験室で選択</td><td rowspan="2">必須</td></tr>
<tr><td colspan="2">「化学基礎，化学(高分子化合物と人間生活の中の化学に該当する内容は除く)」</td></tr>
<tr><td rowspan="5">Ⓑ</td><td rowspan="5">工学部
・都市デザイン専攻
・住居デザイン専攻
経営学部
・全専攻
情報科学部
・メディア情報専攻</td><td>外国語</td><td colspan="3">「英語コミュニケーションⅠ，英語コミュニケーションⅡ，論理・表現Ⅰ」</td><td>必須</td></tr>
<tr><td>数学</td><td colspan="2">「数学Ⅰ，数学Ａ(図形の性質，場合の数と確率)」</td><td colspan="2" rowspan="4">出願時に３教科から２教科選択</td></tr>
<tr><td>国語</td><td colspan="2">「現代の国語，言語文化」(近代以降の文章)</td></tr>
<tr><td rowspan="2">地理歴史・公民</td><td>「日本史探究」</td><td rowspan="2">左記の２科目のうちから１科目を試験室で選択</td></tr>
<tr><td>「公共」</td></tr>
</table>

＊工学部「都市デザイン専攻」「住居デザイン専攻」，経営学部「全専攻」，情報科学部「メディア情報専攻」は，ⒶⒷの教科間で得点調整を行うことがあります。

2024年度入試結果

前期日程A方式

学部	学科	専攻	募集人員	志願者数	受験者数	合格者数
工学部	電気学科	電気工学専攻	31	340	334	84
		電子情報工学専攻	31	397	395	89
	応用化学科	応用化学専攻	18	289	282	101
		バイオ環境化学専攻	10	121	120	32
	機械学科	機械工学専攻	39	589	581	117
		機械創造工学専攻	20	211	206	40
	社会基盤学科	土木工学専攻	18	113	110	32
		都市デザイン専攻	11	97	96	22
	建築学科	建築学専攻	32	327	325	96
		住居デザイン専攻	18	107	107	30
経営学部	経営学科	経営情報システム専攻	16	76	76	18
		スポーツマネジメント専攻	6	12	12	5
情報科学部	情報科学科	コンピュータシステム専攻	30	412	410	74
		メディア情報専攻	20	200	198	31
総計			300	3,291	3,252	771

※合格者数には奨学生合格者数を含む。

前期日程M方式

＊追加合格を含む

学部	学科	専攻	募集人員	志願者数	受験者数	合格者数
工学部	電気学科	電気工学専攻	18	134	130	55
		電子情報工学専攻	18	158	156	59
	応用化学科	応用化学専攻	10	110	106	42
		バイオ環境化学専攻	7	70	70	21
	機械学科	機械工学専攻	21	196	192	53
		機械創造工学専攻	11	100	98	27
	社会基盤学科	土木工学専攻	8	50	48	40＊
		都市デザイン専攻	6	52	52	21
	建築学科	建築学専攻	18	114	110	34
		住居デザイン専攻	10	52	51	12
経営学部	経営学科	経営情報システム専攻	11	39	39	18
		スポーツマネジメント専攻	3	6	6	3
情報科学部	情報科学科	コンピュータシステム専攻	16	153	150	30
		メディア情報専攻	11	95	92	18
総計			168	1,329	1,300	433

大学へのアクセス

■八草キャンパス【工学部，経営学部(スポーツマネジメント専攻)，情報科学部】

〒470-0392 愛知県豊田市八草町八千草1247

●リニモ・愛知環状鉄道「八草」駅下車徒歩約10分

※八草駅からは無料シャトルバスが利用できます

■自由ヶ丘キャンパス【経営学部(経営情報システム専攻)】

〒464-0044 愛知県名古屋市千種区自由ヶ丘2-49-2

●地下鉄名城線「自由ヶ丘」駅下車すぐ

大学赤本シリーズ

442

愛知工業大学

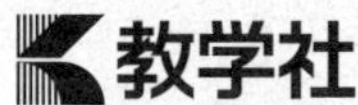

は　し　が　き

おかげさまで，大学入試の「赤本」は，今年で創刊 70 周年を迎えました。

これまで，入試問題や資料をご提供いただいた大学関係者各位，掲載許可をいただいた著作権者の皆様，各科目の解答や対策の執筆にあたられた先生方，そして，赤本を使用してくださったすべての読者の皆様に，厚く御礼を申し上げます。

以下に，創刊初期の「赤本」のはしがきを引用します。これからも引き続き，受験生の目標の達成や，夢の実現を応援してまいります。

本書を活用して，入試本番では持てる力を存分に発揮されることを心より願っています。

編者しるす

＊　＊　＊

学問の塔にあこがれのまなざしをもって，それぞれの志望する大学の門をたたかんとしている受験生諸君！　人間として生まれてきた私たちは，自己の欲するままに，美しく，強く，そして何よりも人間らしく生きることをねがっている。しかし，一朝一夕にして，この純粋なのぞみが達せられることはない。私たちの行く手には，絶えずさまざまな試練がまちかまえている。この試練を克服していくところに，私たちのねがう真に人間的な世界がはじめて開かれてくるのである。

人生最初の最大の試練として，諸君の眼前に大学入試がある。この大学入試は，精神的にも身体的にも，大きな苦痛を感ぜしめるであろう。あるスポーツに熟達するには，たゆみなき，はげしい練習を積み重ねることが必要であるように，私たちは，計画的・持続的な努力を払うことによって，この試練を克服し，次の一歩を踏みだすことができる。厳しい試練を経たのちに，はじめて満足すべき成果を獲得できるのである。

本書は最近の入学試験の問題に，それぞれ解答を付し，さらに問題をふかく分析することによって，その大学独特の傾向や対策をさぐろうとした。本書を一般の参考書とあわせて使用し，まとはずれのない，効果的な受験勉強をされるよう期待したい。

（昭和 35 年版「赤本」はしがきより）

挑む人の、いちばんの味方

1954 年に大学入試の過去問題集を刊行してから 70 年。赤本は大学に入りたいと思う受験生を応援しつづけてきました。これからも，苦しいとき落ち込むときにそばで支える存在でいたいと思います。

そして，勉強をすること，自分で道を決めること，努力が実ること，これらの喜びを読者の皆さんが感じることができるよう，伴走をつづけます。

そもそも赤本とは…

受験生のための大学入試の過去問題集！

70年の歴史を誇る赤本は，500点を超える刊行点数で全都道府県の370大学以上を網羅しており，過去問の代名詞として受験生の必須アイテムとなっています。

なぜ受験に過去問が必要なのか？

大学入試は大学によって問題形式や頻出分野が大きく異なるからです。

記述式?
マーク式?
問題のレベルは?
時間配分は?
自分に足りないのは?
頻出分野は?
どんな対策が必要?
どんな問題が出るの?
みんなの疑問に答える赤本！
赤本で志望校を研究しよう！

赤本の掲載内容

傾向と対策

これまでの出題内容から，問題の「**傾向**」を分析し，来年度の入試に向けて具体的な「**対策**」の方法を紹介しています。

問題編・解答編

- 年度ごとに問題とその解答を掲載しています。
- 「**問題編**」ではその年度の試験概要を確認したうえで，実際に出題された過去問に取り組むことができます。
- 「**解答編**」には高校・予備校の先生方による解答が載っています。

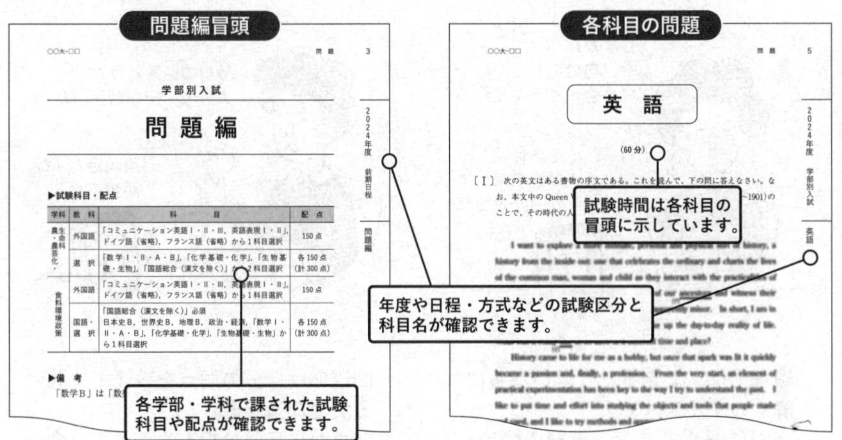

他にも，大学の基本情報や，先輩受験生の合格体験記，在学生からのメッセージなどが載っていることがあります。

掲載内容について

著作権上の理由やその他編集上の都合により問題や解答の一部を割愛している場合があります。なお，指定校推薦入試，社会人入試，編入学試験，帰国生入試などの特別入試，英語以外の外国語科目，商業・工業科目は，原則として掲載しておりません。また試験科目は変更される場合がありますので，あらかじめご了承ください。

受験勉強は

過去問に始まり，

STEP 1　なにはともあれ

まずは解いてみる

しずかに…
今，自分の心と
向き合ってるんだから
ムーン
それは
問題を解いて
からだホン!

過去問は，**できるだけ早いうちに解く**のがオススメ！
実際に解くことで，**出題の傾向，問題のレベル，今の自分の実力**がつかめます。

STEP 2　じっくり具体的に

弱点を分析する

分析の結果だけど
英・数・国が苦手みたい
スリー
必須科目だホン
頑張るホン

間違いは自分の弱点を教えてくれる**貴重な情報源。**
弱点から自己分析することで，**今の自分に足りない力や苦手な分野**が見えてくるはず！

合格者があかす赤本の使い方

傾向と対策を熟読
(Fさん／国立大合格)

大学の出題傾向を調べるために，赤本に載っている「傾向と対策」を熟読しました。

繰り返し解く
(Tさん／国立大合格)

１周目は問題のレベル確認，２周目は苦手や頻出分野の確認に，３周目は合格点を目指して，と過去問は繰り返し解くことが大切です。

過去問に終わる。

STEP 3

志望校にあわせて

苦手分野の重点対策

明日からはみんなで頑張るよ！
参考書も！ 問題集も！
よろしくね！
呼んだ？
なにを!?
どこから!?
グッ
グッ

参考書や問題集を活用して，苦手分野の**重点対策**をしていきます。**過去問を指針**に，合格へ向けた具体的な学習計画を立てましょう！

STEP 1 ▶ 2 ▶ 3

サイクルが大事！

実践を繰り返す

STEP 1〜3を繰り返し，実力アップにつなげましょう！
出題形式に慣れることや，**時間配分を考えること**も大切です。

目標点を決める
(Yさん／私立大合格)
赤本によっては合格者最低点が載っているので，それを見て目標点を決めるのもよいです。

時間配分を確認
(Kさん／私立大学合格)
赤本は時間配分や解く順番を決めるために使いました。

添削してもらう
(Sさん／私立大学合格)
記述式の問題は先生に添削してもらうことで自分の弱点に気づけると思います。

新課程入試 Q&A

2022 年度から新しい学習指導要領（新課程）での授業が始まり，2025 年度の入試は，新課程に基づいて行われる最初の入試となります。ここでは，赤本での新課程入試の対策について，よくある疑問にお答えします。

Q1. 赤本は新課程入試の対策に使えますか？

A. もちろん使えます！

OK

旧課程入試の過去問が新課程入試の対策に役に立つのか疑問に思う人もいるかもしれませんが，心配することはありません。旧課程入試の過去問が役立つのには次のような理由があります。

● 学習する内容はそれほど変わらない

新課程は旧課程と比べて科目名を中心とした変更はありますが，学習する内容そのものはそれほど大きく変わっていません。また，多くの大学で，既卒生が不利にならないよう「経過措置」がとられます（Q３参照）。したがって，出題内容が大きく変更されることは少ないとみられます。

● 大学ごとに出題の特徴がある

これまでに課程が変わったときも，各大学の出題の特徴は大きく変わらないことがほとんどでした。入試問題は各大学のアドミッション・ポリシーに沿って出題されており，過去問にはその特徴がよく表れています。過去問を研究してその大学に特有の傾向をつかめば，最適な対策をとることができます。

出題の特徴の例	・英作文問題の出題の有無 ・論述問題の出題（字数制限の有無や長さ） ・計算過程の記述の有無

新課程入試の対策も，赤本で過去問に取り組むところから始めましょう。

Q2. 赤本を使う上での注意点はありますか？

A. 志望大学の入試科目を確認しましょう。

過去問を解く前に，過去の出題科目（問題編冒頭の表）と 2025 年度の募集要項とを比べて，課される内容に変更がないかを確認しましょう。ポイントは以下のとおりです。科目名が変わっていても，実際は旧課程の内容とほとんど同様のものもあります。

英語・国語	科目名は変更されているが，実質的には変更なし。 **▶▶ ただし，リスニングや古文・漢文の有無は要確認。**
地歴	科目名が変更され，「歴史総合」「地理総合」が新設。 **▶▶ 新設科目の有無に注意。ただし，「経過措置」（Q3参照）により内容は大きく変わらないことも多い。**
公民	「現代社会」が廃止され，「公共」が新設。 **▶▶ 「公共」は実質的には「現代社会」と大きく変わらない。**
数学	科目が再編され，「数学 C」が新設。 **▶▶ 「数学」全体としての内容は大きく変わらないが，出題科目と単元の変更に注意。**
理科	科目名も学習内容も大きな変更なし。

数学については，科目名だけでなく，どの単元が含まれているかも確認が必要です。例えば，出題科目が次のように変わったとします。

旧課程	「数学Ⅰ・数学Ⅱ・数学A・数学B（数列・ベクトル）」
新課程	「数学Ⅰ・数学Ⅱ・数学A・**数学B（数列）・数学C（ベクトル）**」

この場合，新課程では「数学C」が増えていますが，単元は「ベクトル」のみのため，実質的には旧課程とほぼ同じであり，過去問をそのまま役立てることができます。

Q3. 「経過措置」とは何ですか？

A. 既卒の旧課程履修者への対応です。

多くの大学では，既卒の旧課程履修者が不利にならないように，出題において「経過措置」が実施されます。措置の有無や内容は大学によって異なるので，募集要項や大学のウェブサイトなどで確認しておきましょう。

◯旧課程履修者への経過措置の例

- 旧課程履修者にも配慮した出題を行う。
- 新・旧課程の共通の範囲から出題する。
- 新課程と旧課程の共通の内容を出題し，共通範囲のみでの出題が困難な場合は，旧課程の範囲からの問題を用意し，選択解答とする。

例えば，地歴の出題科目が次のように変わったとします。

旧課程	「日本史 B」「世界史 B」から１科目選択
新課程	「**歴史総合**，日本史探究」「**歴史総合**，世界史探究」から１科目選択※ ※旧課程履修者に不利益が生じることのないように配慮する。

「歴史総合」は新課程で新設された科目で，旧課程履修者には見慣れないものですが，上記のような経過措置がとられた場合，新課程入試でも旧課程と同様の学習内容で受験することができます。

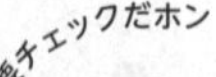

新課程の情報は WEB もチェック！
より詳しい解説が赤本ウェブサイトで見られます。
https://akahon.net/shinkatei/

科目名が変更される教科・科目

	旧課程	新課程
国語	国語総合 国語表現 現代文A 現代文B 古典A 古典B	現代の国語 言語文化 論理国語 文学国語 国語表現 古典探究
地歴	日本史A 日本史B 世界史A 世界史B 地理A 地理B	歴史総合 日本史探究 世界史探究 地理総合 地理探究
公民	現代社会 倫理 政治・経済	公共 倫理 政治・経済
数学	数学Ⅰ 数学Ⅱ 数学Ⅲ 数学A 数学B 数学活用	数学Ⅰ 数学Ⅱ 数学Ⅲ 数学A 数学B 数学C
外国語	コミュニケーション英語基礎 コミュニケーション英語Ⅰ コミュニケーション英語Ⅱ コミュニケーション英語Ⅲ 英語表現Ⅰ 英語表現Ⅱ 英語会話	英語コミュニケーションⅠ 英語コミュニケーションⅡ 英語コミュニケーションⅢ 論理・表現Ⅰ 論理・表現Ⅱ 論理・表現Ⅲ
情報	社会と情報 情報の科学	情報Ⅰ 情報Ⅱ

大学のサイトも見よう

目　次

掲載内容についてのお断り

一般選抜後期日程は掲載していません。

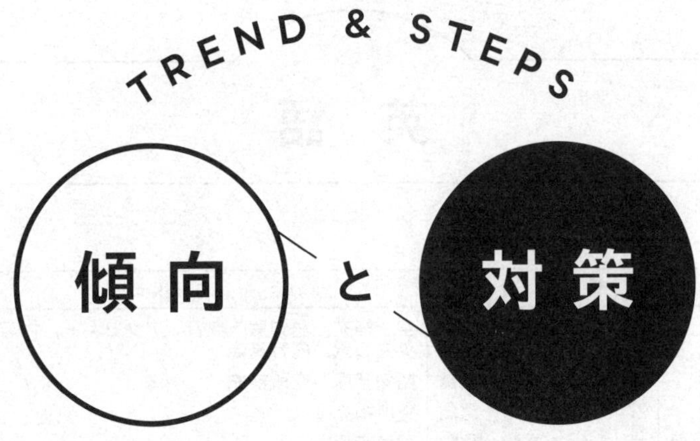

科目ごとに問題の「傾向」を分析し，具体的にどのような「対策」をすればよいか紹介しています。まずは出題内容をまとめた分析表を見て，試験の概要を把握しましょう。

注　意

「傾向と対策」で示している，出題科目・出題範囲・試験時間等については，2024 年度までに実施された入試の内容に基づいています。2025 年度入試の選抜方法については，各大学が発表する学生募集要項を必ずご確認ください。

英　語

年度	区分		番号	項　目	内　容
2024	前期A方式◑	1月27日	〔1〕	読　　解	空所補充，語句意，発音・アクセント，内容説明，英文和訳，内容真偽
			〔2〕	文法・語彙	語句整序，空所補充
			〔3〕	文法・語彙	空所補充
			〔4〕	文法・語彙	同意表現
			〔5〕	会 話 文	空所補充
		1月28日	〔1〕	読　　解	空所補充，語句意，発音・アクセント，欠文挿入箇所，内容説明，内容真偽，英文和訳
			〔2〕	文法・語彙	語句整序，空所補充
			〔3〕	文法・語彙	空所補充
			〔4〕	文法・語彙	同意表現
			〔5〕	会 話 文	空所補充
	前期M方式●		〔1〕	読　　解	空所補充，語句意，発音・アクセント，英文和訳，内容真偽，欠文挿入箇所，主題
			〔2〕	文法・語彙	語句整序
			〔3〕	文法・語彙	空所補充
			〔4〕	文法・語彙	同意表現
			〔5〕	会 話 文	空所補充

年度	方式	日程	番号	項目	内容
2023	前期A方式◑	1月27日	〔1〕	読　解	空所補充，語句意，発音・アクセント，英文和訳，内容真偽
			〔2〕	文法・語彙	語句整序，空所補充
			〔3〕	文法・語彙	空所補充
			〔4〕	文法・語彙	同意表現
			〔5〕	会 話 文	空所補充
		1月28日	〔1〕	読　解	空所補充，語句意，発音・アクセント，英文和訳，内容真偽
			〔2〕	文法・語彙	語句整序，空所補充
			〔3〕	文法・語彙	空所補充
			〔4〕	文法・語彙	同意表現
			〔5〕	会 話 文	空所補充
	前期M方式●		〔1〕	読　解	空所補充，語句意，発音・アクセント，英文和訳，内容真偽
			〔2〕	文法・語彙	語句整序
			〔3〕	文法・語彙	空所補充
			〔4〕	文法・語彙	同意表現
			〔5〕	会 話 文	空所補充

（注）●印は全問，◑印は一部マークセンス式採用であることを表す。

傾向　総合力を問うオールラウンドな出題

01　出題形式は？

前期A方式・M方式ともに大問5題。2024年度の解答個数は，前期A方式では，選択式が37個，記述式が9個，前期M方式では，全問マークセンス式で44個となっている。読解問題の設問内容の変更により，両方式ともに解答個数が若干減少した。試験時間はいずれも60分。

02　出題内容はどうか？

各方式・日程とも出題内容はほぼ同じで，A方式とM方式の違いは記述式の解答の有無である。2024年度では，英文和訳，空所補充だけでなく，内容説明や，代名詞が示す内容を答える問題も，記述式で出題された。M方式ではA方式の記述式で出題されたものと同様の内容を選択式で問うものとなっている。〔1〕の読解問題は，教科書で扱われるポイントが，発音・アクセント（英文中の単語の最も強く発音する部分と同じ発音を含む単語を選ぶもの），語句意（下線部の適切な和訳を選ぶもの），空所補充，英文和訳，内容真偽と多様な形式で問われる良問である。2024 年度は，欠文挿入の問題や主題を選択する問題も新たに出題された。また，大問の最後で出題されることが多い内容真偽の設問は，2023 年度までは選択肢が正しければTを，誤っていればFをマークする形式で出題されていたが，2024 年度は正しいもの，あるいは誤っているものを1つ選択する形式に変更された。〔2〕～〔4〕の文法・語彙問題は語句整序，空所補充による短文の完成，同意表現が問われ，〔5〕の会話文問題は流れに沿って空所に適切な文（発言）を補充する形式となっている。

03 難易度は？

2024 年度は出題内容に若干の変更があったが，難易度に大きな変化はなく，例年通り基本～標準レベルである。とはいえ，問題の分量を考えると，試験時間 60 分は余裕があるとはいえないだろう。〔2〕～〔4〕の文法・語彙問題を 20 分程度，〔5〕の会話文問題を 15 分程度で解答し，〔1〕の読解問題にあてる時間を十分に確保するようにしておきたい。

対策

01 読解力・語彙力をつける

読解問題の対策が主眼となるだろう。学校の授業で説明される事項がそのまま設問となっているような良問なので，何より授業を大切にしたい。目標として，問題英文が 500 語前後の標準レベルの読解問題を 20～25 分で解答する読解力を身につけたい。『大学入試 ぐんぐん読める英語長文〔STANDARD〕』（教学社）などがよいだろう。単語・熟語は，読んだ英文の中で覚えるのはもちろんのこと，市販の単語集・熟語集を使って覚えていくのもよい。発音・アクセント，同意語・反意語にも注意しつつ，単語の知識を増やしていく学習が望まれる。

02 文法・語彙問題

基本～標準レベルの文法問題が出題されている。文法基本項目を中心に標準レベルの問題集を繰り返し復習した上で，やや難しい問題集で実力をつける必要がある。熟語表現や構文もポイントとなっているので，基本～標準レベルの熟語・構文をマスターしなければならない。『大学受験スーパーゼミ　全解説　入試頻出　英語標準問題 1100』（桐原書店）などの単元別にまとめられている問題集でまずは演習し，『英文法・語法　良問 500＋4技能　空所補充編』（河合出版）のような単元がまざった問題集で完成を目指すとよいだろう。

03 会話文問題

会話文問題も必出なので，会話特有の表現をある程度学習したあとで，問題演習をすればよい。話者の発言の意図や前後の発言との関係性を意識しながら，会話の流れを追っていくような学習がよい対策となるだろう。

日本史

年度	区分		番号	内容		形式
2024	前期A方式◑	1月27日	〔1〕	原始・古代の文化		記述・選択
			〔2〕	中世の政治・社会経済		記述・選択
			〔3〕	江戸時代の外交・貿易	⊘年表	記述・選択
			〔4〕	近現代の政治・外交		記述・配列・選択
		1月28日	〔1〕	原始・古代の政治	⊘史料・年表	記述・選択
			〔2〕	中世の文化		記述・選択
			〔3〕	近世の社会経済		記述・選択
			〔4〕	近現代の政治・外交		記述・選択
	前期M方式●		〔1〕	古代・中世の政治・外交・文化		選　択
			〔2〕	中世の政治・文化		選　択
			〔3〕	近世の政治・外交・文化		選　択
			〔4〕	近現代の政治・外交・文化		選択・配列
2023	前期A方式◑	1月27日	〔1〕	古代・中世の日中関係		記述・選択
			〔2〕	中世の仏教と社会		記述・選択
			〔3〕	近世の経済		記述・選択
			〔4〕	近現代の政治		記述・選択・配列
		1月28日	〔1〕	古代の政治・社会	⊘史料	記述・選択
			〔2〕	中世の外交		記述・選択
			〔3〕	近世の政治		記述・選択
			〔4〕	近現代の政治・文化	⊘史料	記述・選択
	前期M方式●		〔1〕	原始・古代の政治・社会・文化	⊘史料	選　択
			〔2〕	中世の政治・社会・文化		選択・配列
			〔3〕	近世の政治		選　択
			〔4〕	近現代の政治・外交・文化		選択・配列

（注）●印は全問，◑印は一部マークセンス式採用であることを表す。

歴史用語の正確な理解が必要 A方式は記述対策を徹底しよう

01 出題形式は？

例年，前期A方式・M方式とも大問4題で，いずれの方式も解答個数は40個，試験時間は60分である。

前期A方式は選択法中心のマークセンス式と記述法の併用である。歴史用語などを答える記述法が1月27日実施分，1月28日実施分ともに全体の半数にあたる20個出題されている。前期M方式は選択法中心で全問マークセンス式。語句や正文・誤文の選択問題が中心である。日程によっては配列法が出題されることもある。

なお，2025年度は出題科目が「日本史探究」となる予定である（本書編集時点）。

02 出題内容はどうか？

時代別では，年度・実施日によって多少の偏りはあるが，原始から現代まで幅広く出題されている。2024年度も例年と同様に，4つの大問がほぼ古代・中世・近世・近現代のそれぞれに割り当てられており，日程によっては，原始からの出題もあった。現代史については1970～1980年代の問題も出題されている。

分野別では，政治史と外交史を中心に文化・経済・社会まで幅広く出題されている。日程によっては史料問題が毎年出題されており，2024年度は年表を使用した問題がみられた。過去には埴輪の写真や遺跡の地図を使用した設問が出題されたこともある。

03 難易度は？

全問が教科書で扱う基礎～標準レベルの問題なので，歴史用語を正確に理解していれば合格点がとれるであろう。全体としての難度が高くないことから，前期A方式の記述法のケアレスミスに注意したい。試験時間は

60分で解答時間には比較的余裕があるが，見直しの時間も確保できるようスピーディーかつ確実に解いていこう。

01 歴史の流れをつかむ

教科書を精読しながら，その時代の特徴を把握し，太字で記された基礎的な歴史用語は確実に理解しよう。歴史用語の意味は，教科書では説明が不十分なものもあるので，『日本史用語集』（山川出版社）などをフルに活用して理解を確実にすることが肝心である。また，年代順配列問題など，正確な年代の知識が必要な問題も出題されているが，教科書などで歴史的展開を把握していれば解答できるので，教科書に掲載された年表なども利用しながら知識を整理し学習を深めたい。

02 歴史用語の確認トレーニングを積むこと

歴史用語を中心とする選択・記述問題が多いので，01の理解に加えて，一問一答式の問題集で歴史用語の確認トレーニングを積むことが大切である。また，「～に関係のないものを選べ」や「～についてあてはまるものを選べ」というタイプの問題も多いため，歴史用語のグループ化も必要である。教科書を学習しながら，それぞれのテーマに登場する歴史用語をひとまとめにしてみるのもよい。前期A方式では歴史用語を書かせる記述問題も数多く出題されているので，『誤字で泣かない日本史 日本史漢字練習帳』（河合出版）なども活用しながら，正確な漢字で書く練習をしておこう。

03 正文（誤文）選択問題は，教科書の精読で解決できる

正文（誤文）選択問題が出題される場合は，教科書の記述をもとに作成されたと思われるものが多い。したがって，教科書は本文だけでなく脚注

も含めて丁寧に読み込んでおくことが大切である。

04 史料・年表にも注意

近年，史料・年表を用いた問題が出題されている。教科書掲載の史料や年表には必ず目を通しておこう。史料については，できれば，『詳説日本史史料集』（山川出版社）などの史料集で基本史料の現代語訳も読んでおきたい。

現代社会

2025年度は「現代社会」に代えて「公共」が課される予定である（本書編集時点）。

年度	区分		番号	内 容	形 式
2024	前期A方式◑	1月27日	〔1〕	地方自治	選択・記述
			〔2〕	男女共同参画社会	記述・選択
			〔3〕	福祉国家	記述・選択
			〔4〕	地球環境問題 ⊘年表	記述・選択
		1月28日	〔1〕	青年期の課題	選択・訂正
			〔2〕	ヨーロッパの政治 ⊘グラフ	記述・選択
			〔3〕	憲法	記述・選択
			〔4〕	資本主義経済	選択・記述
	前期M方式●		〔1〕	労働問題	選 択
			〔2〕	メディアと公害	選 択
			〔3〕	近代の哲学	選 択
			〔4〕	日本の農業 ⊘年表	選 択
2023	前期A方式◑	1月27日	〔1〕	労働問題	選 択
			〔2〕	国際連合	選 択
			〔3〕	日本の社会保障	選択・訂正
			〔4〕	国際経済，日本の経済発展	選択・記述
		1月28日	〔1〕	現代の政治	記述・選択
			〔2〕	国際連合	選択・記述
			〔3〕	南北問題	選択・訂正
			〔4〕	公害問題	記述・選択
	前期M方式●		〔1〕	近代科学と合理的精神	選 択
			〔2〕	資本主義経済	選 択
			〔3〕	企業 ⊘表・グラフ	選 択
			〔4〕	大衆社会	選 択

（注） ●印は全問，◑印は一部マークセンス式採用であることを表す。

「現代社会」の全範囲から出題
基本を問う問題が多い

01 出題形式は？

例年，大問数4題，解答個数は40個である。前期A方式はマークセンス式と記述法の併用である。前期M方式は全問マークセンス式の出題となっている。空所補充問題と正文（誤文）選択問題がほとんどである。2024年度は前期A方式で大問ごとに記述式，マークセンス式の小問が混在して出題された。なお，一部の日程で出題されていた論述問題は，2023年度以降は出題がない。試験時間はいずれも60分。

02 出題内容はどうか？

政治・経済・国際・倫理的分野のいずれからもまんべんなく出題されている。本文中の空所を埋める問題や，文中にある用語に関連する問題，思想家の思想内容など，教科書によく登場するキーワードやしくみを問うものが多い。リード文が新聞記事や書籍からの引用になっている場合がある。

03 難易度は？

教科書の範囲を超える内容を問う問題は少ない。さらに，論述問題がなくなったため，基本用語・基礎事項がしっかり理解できているかどうかがポイントになると思われる。教科書を読んだ上で時事問題への関心も深めていけば，十分に対応できるだろう。

対策

01 基礎知識を確実に習得する

出題される内容は教科書で学習するものが大半である。まずは徹底的に教科書に登場する事項の理解に努めよう。基本用語やしくみ・原理，人物名とその思想内容などを理解し，その理解度を問題集などを利用して常に確認すること。苦手な分野を作らないことと，用語を正確に理解することが求められる。基本用語は『用語集　公共＋政治・経済』（清水書院）などの用語集を利用して学習すれば確実だろう。訂正法では正確な理解が必須であるから，用語集で確認することを習慣にしたい。

02 時事問題に関心をもつ

2023・2024年度は書籍からの引用で作られているリード文がみられた。教科書だけの学習ではなかなかふれられない事柄であり，日頃から一般教養・時事問題に関心をもつことを心がけよう。男性優位社会，国家と憲法，現代倫理学，フィンランドの歴史教科書，メディア等，幅広いテーマを手がかりにして出題されており，資料集のキーワードやコラム記事にも目を配っておきたい。

03 「現代社会」特有の分野の学習も怠らずに

「現代社会」というと「政治・経済」中心の学習でいいように考えがちだが，2024年度は青年期の課題や西洋近代哲学が出題されている。この分野の学習も，『公共ライブラリー 2024-25 現代を知る50テーマ』（清水書院）などの資料集やまたは「倫理」の教科書を利用して行うことが大事である。

数　学

年度	区　分			番号	項　目	内　容
2024	前期A方式	1月27日	理系	〔1〕	小問6問	(1)因数分解と式の展開 (2)等差数列の項と和 (3)三角関数の合成と最小値 (4)領域内の x 座標の範囲と格子点の個数 (5)定積分を含む関数の最大値
						(6)さいころの目の確率 (7)二元1次不定方程式の整数解
				〔2〕	微・積分法	曲線と接線と y 軸とで囲まれた部分の面積と回転体の体積
			文系	〔1〕	小問5問	(1)〈理系〉〔1〕(1)に同じ (2)放物線の対称・平行移動と交点 (3)平均値，標準偏差，共分散，相関係数
						(4)〈理系〉〔1〕(6)に同じ (5)〈理系〉〔1〕(7)に同じ (6)外接する2円の共通接線
				〔2〕	2次関数	絶対値つきの2次関数のグラフと最小値　⊘図示
		1月28日	理系	〔1〕	小問6問	(1)分数の小数表示と四捨五入 (2)直線のベクトル方程式と垂線の長さ (3)対数関数の最小値 (4)無限等比級数の和 (5)絶対値つき関数の定積分
						(6)さいころの目で移動する点の確率 (7)不定方程式の整数解
				〔2〕	微・積分法	曲線と2本の接線とで囲まれた部分の面積
			文系	〔1〕	小問5問	(1)〈理系〉〔1〕(1)に同じ (2)三角形の3辺の和と内接円の半径 (3)売り上げ総額を最大とする値下げ幅
						(4)〈理系〉〔1〕(6)に同じ (5)〈理系〉〔1〕(7)に同じ (6)円に内接する四角形
				〔2〕	図形と計量	四角形の対角線と辺の長さ，面積

<table>
<tr><td rowspan="2">2024</td><td rowspan="2" colspan="2">前期M方式●</td><td>理系</td><td>〔1〕</td><td>小問7問</td><td>(1)二重根号
(2)2つの等差数列の共通項
(3)式の値
(4)三角関数の恒等式，相加・相乗平均
(5)分数関数の極小値
(6)媒介変数表示の曲線の長さと面積
(7)同じものを含む順列
(8)約数の個数</td></tr>
<tr><td>文系</td><td>〔1〕</td><td>小問7問</td><td>(1)〈理系〉(1)に同じ
(2)2次関数の最大値
(3)正四面体，余弦定理
(4)集合の要素
(5)平均値と分散
(6)〈理系〉(7)に同じ
(7)〈理系〉(8)に同じ
(8)方べきの定理，メネラウスの定理</td></tr>
<tr><td rowspan="8">2023</td><td rowspan="8">前期A方式</td><td rowspan="4">1月27日</td><td rowspan="2">理系</td><td>〔1〕</td><td>小問6問</td><td>(1)2次方程式の解の条件
(2)平面ベクトルの成分表示
(3)2変数関数の最大値・最小値
(4)定積分で表された関数
(5)区分求積法
(6)反復試行の確率
(7)約数の個数・和</td></tr>
<tr><td>〔2〕</td><td>積分法</td><td>線分が回転してできる立体の体積</td></tr>
<tr><td rowspan="2">文系</td><td>〔1〕</td><td>小問5問</td><td>(1)〈理系〉〔1〕(1)に同じ
(2)三角形の面積，外接円の半径
(3)必要条件・十分条件
(4)〈理系〉〔1〕(6)に同じ
(5)〈理系〉〔1〕(7)に同じ
(6)チェバの定理，メネラウスの定理</td></tr>
<tr><td>〔2〕</td><td>図形と計量</td><td>空中のドローンの高さ</td></tr>
<tr><td rowspan="4">1月28日</td><td rowspan="2">理系</td><td>〔1〕</td><td>小問6問</td><td>(1)三角形の3辺の和，内接円の半径
(2)数列の一般項
(3)分数関数の最大値・最小値
(4)2つの放物線に囲まれた部分の面積
(5)分数関数の極大値
(6)ロープが1本に繋がる確率
(7)n 進法</td></tr>
<tr><td>〔2〕</td><td>微・積分法</td><td>指数関数の微積分</td></tr>
<tr><td rowspan="2">文系</td><td>〔1〕</td><td>小問5問</td><td>(1)〈理系〉〔1〕(1)に同じ
(2)2次方程式が整数解をもつ条件
(3)分散，相関係数
(4)〈理系〉〔1〕(6)に同じ
(5)〈理系〉〔1〕(7)に同じ
(6)方べきの定理</td></tr>
<tr><td>〔2〕</td><td>図形と計量</td><td>円錐の側面上の最短距離</td></tr>
</table>

年度	方式	区分	番号	項目	内容
2023	前期M方式●	理系	〔1〕	小問7問	(1)式の計算 (2)数列の和 (3)点と直線の距離，三角関数の合成 (4)対数関数の最小値 (5)複素数平面上の2点の距離 (6)対数関数と直線で囲まれた部分の面積
					(7)反復試行の確率 (8)約数の個数，不定方程式
		文系	〔1〕	小問7問	(1)〈理系〉(1)に同じ (2)2次関数の最大値 (3)正弦定理 (4)四角錐の体積，内接球の半径 (5)平均値
					(6)〈理系〉(7)に同じ (7)〈理系〉(8)に同じ (8)円と接線

（注）　●印は全問，◑印は一部マークセンス式採用であることを表す。

文系：工学部社会基盤学科都市デザイン専攻・建築学科住居デザイン専攻，経営学部（全専攻），情報科学部情報科学科メディア情報専攻の文系受験のみ選択可。

前期A方式：理系は〔1〕の(6)・(7)よりいずれか1問選択，文系は〔1〕の(4)〜(6)よりいずれか2問選択。

前期M方式：理系は〔1〕の(7)・(8)よりいずれか1問選択，文系は〔1〕の(6)〜(8)よりいずれか2問選択。

出題範囲の変更

2025年度入試より，数学は新教育課程での実施となります。詳細については，大学から発表される募集要項等で必ずご確認ください（以下は本書編集時点の情報）。

	2024年度（旧教育課程）	2025年度（新教育課程）
理系	数学Ⅰ・Ⅱ・Ⅲ・A・B（数列，ベクトル）	数学Ⅰ・Ⅱ・Ⅲ・A（図形の性質，場合の数と確率）・B（数列）・C（ベクトル，平面上の曲線と複素数平面）
文系	数学Ⅰ・A	数学Ⅰ・A（図形の性質，場合の数と確率）

広範囲から基本～標準レベルの出題

01 出題形式は？

前期A方式は，いずれの学部・日程も大問2題で，〔1〕は空所補充形式の小問集合で理系は6問，文系は5問解答する（選択問題あり）。〔2〕は記述式問題となっている。

前期M方式は全問マークセンス式である。いずれの学部も大問1題で，それぞれ8問からなる空所補充形式の小問集合となっている。いずれも7問解答する（選択問題あり）。

試験時間は，前期A方式理系は90分，それ以外はすべて60分となっている。

02 出題内容はどうか？

小問集合の問題が多いため，比較的偏りなく広範囲から出題されているといえる。また，小問集合以外の大問は，理系では微・積分法，文系では図形と計量の問題がよく出題されている。2024年度前期A方式文系でグラフの図示問題が出題された。過去には証明問題も出題されている。

03 難易度は？

基本～標準レベルの出題である。例年，基本レベルが中心であるが，2023年度からやや難化して（特にM方式），標準レベルの問題が増えた。問題数に比べて試験時間が十分にあるとはいえないので，迅速かつ正確に解答できる力が要求されている。時間配分は，前期A方式では理系は小問集合の〔1〕に70～75分程度，記述式の〔2〕に15～20分程度，文系は小問集合の〔1〕に45～50分程度，記述式の〔2〕に10～15分程度と考えられる。

対策

01 基礎力の確実な定着を

教科書レベルの基本事項を確実に習得して，定理・公式などを使いこなせるようにしておくこと。教科書の傍用問題集やそれよりやや難度の高い問題集を繰り返し演習し，基礎力を確実に身につけておきたい。おすすめの問題集として，『基礎問題精講』シリーズ（旺文社），『短期集中ゼミ』シリーズ（実教出版）を挙げておく。

02 正確で迅速な計算力の養成

問題量に比べて試験時間が十分にあるとはいえないので，しっかり見直すことは難しいと考えられる。問題を見て，解答方針を立て，すばやく解答を作成する力が求められる。日頃の演習の中で，正確で迅速な計算力の養成を心がけたい。

03 偏りのない確実な実力の養成

小問集合の問題が多く，比較的広範囲から出題されている。また，選択問題の難易度が多少異なることがある。どの問題でも選べるように，どの分野にも十分に力を入れて，不得意分野をなくしておきたい。なかでも，理系では小問集合以外の大問は微・積分法の問題が頻出なので，微・積分法は得意分野になるまで実力を高めておきたい。

04 空所補充形式の解答形式に慣れる

小問集合の問題は空所補充形式の問題である。計算ミス，転記ミスなどケアレスミスをなくすように細心の注意を払おう。また，マークセンス式の問題では，解答欄の形から正答の形を予測できることもある。この力を身につけておけばより短時間で解答することが可能であろう。小問集合の中には難しいものもあるので，そのような問いは後回しにして，解きやすいものからどんどん解いていく方が効率的である。

05 記述式問題対策

記述式問題では，きちんとした答案を書くことがまず大切である。日頃から解答過程を論理的に簡潔に書くように心がけ，記述力を養成しよう。解説の詳しい問題集や参考書の解答手順などを参考にするとわかりやすい。その際，グラフや図，表などはできるだけ丁寧に描くように心がけたい。

物　理

年度	区分		番号	項　目	内　容
2024	前期A方式	1月27日	〔1〕	小 問 5 問	仕事と力積，点電荷による電気力線と電場，コンデンサー回路，正弦波の反射，気体の状態変化
			〔2〕	力　学	鉛直面内の円運動，床との衝突
		1月28日	〔1〕	小 問 5 問	仕事とエネルギー，電場と電位，直流回路，ドップラー効果，熱効率
			〔2〕	力　学	等加速度運動と等速円運動
	前期M方式●		〔1〕	小 問 6 問	単位と次元，分流器と倍率器，電流がつくる磁場，レンズによる像，気体の状態変化，物体の分裂
2023	前期A方式	1月27日	〔1〕	小 問 5 問	力のつりあい，点電荷による電位，直流回路，正弦波とうなり，気体の状態変化
			〔2〕	力　学	ボールの投げ下ろし，床との衝突
		1月28日	〔1〕	小 問 5 問	2小球の衝突，温度係数と抵抗，コイル，弦の共振，定圧変化
			〔2〕	力　学	粗い面上での小物体の運動と衝突
	前期M方式●		〔1〕	小 問 6 問	等速円運動，電場と電位，抵抗とコンデンサーからなる直流回路，光波の干渉，熱量と比熱，2物体の運動

（注）●印は全問，◑印は一部マークセンス式採用であることを表す。

傾向　基本的な問題が中心

01　出題形式は？

前期A方式は大問2題の出題で，前期M方式は大問1題の中に小問が6問ある形式となっている。試験時間はいずれの方式とも60分。前期A方式は〔1〕が空所補充形式の小問集合，〔2〕が記述式，前期M方式は全問マークセンス式である。

02 出題内容はどうか？

出題範囲は「物理基礎・物理」である。

前期Ａ方式の〔１〕は小問５問からなる出題で，電磁気から２問，力学，波動，熱力学から１問ずつ出題されており，〔２〕は力学の問題となっている。前期Ｍ方式は小問６問からなる出題で，力学と電磁気から各２問，波動と熱力学から各１問ずつ出題されている。これらの構成は，ここ数年同じであり，全日程とも近年は原子からの出題はみられない。

全体的にみて，力学分野のウエートが大きい。等加速度直線運動，壁や床との衝突，２物体の衝突，力学的エネルギー保存則などが目立つ。電磁気分野では，直流回路，コンデンサー，電磁誘導，電気振動など，まんべんなく出題されている。

03 難易度は？

教科書の内容を理解していれば解答できる問題が出題されている。グラフを読みとく設問や，やや計算力を要する設問もみられるが，ほとんどは基本的な内容である。問題量も多くはなく，丁寧に解答する時間はあるので，確実に解答したい。前期Ａ方式では記述式の大問になるべく時間が残せるように，〔１〕の小問集合を手際よく処理することが重要である。前期Ｍ方式は，１問３分程度で処理したい。

対策

01 基本事項の確認を

日頃の授業を大切にして，教科書を中心に学習するとよい。教科書の例題や練習問題を繰り返し解くことにより，教科書の内容を十分理解しよう。教科書傍用の問題集や，『シグマ基本問題集 物理』（文英堂）などでよく演習しておくこと。

02 過去問の研究

本書を利用して過去問をじっくりと研究することが大切である。力学のウエートが大きいので，過去問に加え，関連した問題（放物運動など）にもあたっておくこと。波動や電磁気も同様である。また，時間を計って解く訓練もしておこう。

03 特殊な形式の問題の演習

難しい問題は特にないが，空所補充形式やマークセンス式には独特の慣れが必要である。教科書傍用の問題集や市販の基本問題集から空所補充形式の問題をピックアップして取り組んだり，『マーク式基礎問題集 物理』（河合出版）などの，マークセンス式に特化した市販本で演習を積むのも有効である。

化　学

年度	区分		番号	項　目	内　容
2024	前期A方式	1月27日	〔1〕	小 問 8 問	非共有電子対，水溶液の pH と化合物の酸化数，酸化還元滴定，炭素の燃焼熱，$AgNO_3$aq の電気分解，アルミニウムとその化合物，C_6H_{14} の構造異性体，アルコール・アルデヒドの性質　✓計算
			〔2〕	変　化	沈殿滴定モール法による塩分濃度の測定　✓計算
			〔3〕	有　機	ベンゼンおよびフェノールの性質と反応　✓計算
		1月28日	〔1〕	小 問 8 問	純物質と混合物，結合の極性，溶液の性質と気体の溶解度，鉛蓄電池，アンモニア水溶液の水素イオン濃度，金属単体の反応，両性を示す元素，アルコール発酵　✓計算
			〔2〕	無機・変化	2 族元素の単体および化合物の性質と反応　✓計算
			〔3〕	有　機	芳香族化合物の分離
	前期M方式●		〔1〕	小 問 15 問	非共有電子対，分子の構造，水分子の数，弱酸の電離度，金属の酸化還元反応，酸化還元反応による濃度の決定，凝固点降下，メタンの燃焼熱，$CuSO_4$aq の電気分解，平衡状態における HI の生成，硫黄とその化合物，金属イオンの分離，有機化合物の元素分析，エチレンの付加反応，アルコールの性質　✓計算
2023	前期A方式	1月27日	〔1〕	小 問 8 問	分子の極性，中和滴定，気体の状態方程式，結合エネルギー，鉛蓄電池，化学反応と触媒，ハロゲンの単体・化合物の反応および硫化物の反応　✓計算
			〔2〕	構　造	化合物と単体，同素体，原子の構造，同位体　✓計算
			〔3〕	有　機	有機化合物の組成式・分子式・構造式の決定　✓計算
		1月28日	〔1〕	小 問 8 問	電子配置，硫酸銅(Ⅱ) 水溶液の電気分解，原子の酸化，気体の分子量測定，アルミニウムの単体・化合物の性質と反応，塩化ナトリウムの溶解熱，中和滴定，アセトアニリドの合成　✓計算
			〔2〕	無機・変化	鉄とその化合物の性質および反応　✓計算
			〔3〕	有　機	アルケンのオゾン分解による構造式の決定　✓計算
	前期M方式●		〔1〕	小 問 15 問	同位体，中和滴定，酸性酸化物，理想気体，凝固点降下，反応熱の種類，硫酸銅(Ⅱ) 水溶液の電気分解，平衡定数，炭素とその化合物の性質と反応，不動態，金属・ガラス・セメント・ファインセラミックス・光触媒，有機化合物の完全燃焼，C_4H_8 の異性体，ヨウ素価，ベンゼン置換体　✓計算

(注)　●印は全問，◑印は一部マークセンス式採用であることを表す。

基本的な内容の理解度を問う問題が中心 計算問題は例年出題

01 出題形式は？

試験時間は前期A方式，前期M方式ともに60分。前期A方式は大問3題で，〔1〕は8問の小問集合形式である。解答形式は選択式と記述式の併用となっている。計算問題は結果のみを記述する形式で，有効数字が指定されているものが多い。なお，過去には論述問題が出題されたこともあった。前期M方式は小問15問，すべてマークセンス式による選択式である。

02 出題内容はどうか？

出題範囲は「化学基礎・化学」である。2025年度入試より新教育課程での実施となり，出題範囲は「化学基礎・化学（高分子化合物と人間生活の中の化学に該当する内容は除く)」となる（本書編集時点)。

理論，無機，有機からまんべんなく出題されている。理論分野では化学結合，化学反応と量的関係，酸・塩基と中和反応，酸化還元反応と電気分解，反応熱が頻出となっており，無機分野では金属イオンの分析が，有機分野では元素分析，有機化合物の性質や反応が頻出である。

03 難易度は？

前期M方式ではかなり細かい知識を問う問題も出題されるが，大半は基本～標準的な問題である。時間のかかる計算問題が出題されることもあるがまれであり，過去問演習をしっかりと行っておけば，60分の試験時間で対応できるであろう。

01 理 論

出題の中心となっており，どの分野からも偏りなく出題されているので，苦手分野が残らないよう計画を立てて学習を進めておきたい。頻出となる化学結合については周期表と結びつけて整理しておこう。基本的な問題が多いので，１つの単元を発展的な内容まで掘り下げるよりも，すべての単元にわたって基本～標準レベルの問題演習を行うことが，合格への近道となるだろう。

02 無 機

理論・有機の２分野に比べて設問は少ないが，必ず出題されている。性質の似た元素をまとめて，単体や化合物の性質を覚えていこう。周期表と関連づけて，同族元素の類似性や結合の分類を理解すると効率的である。気体の製法，沈殿生成反応，金属と酸の反応については化学反応式を書けるよう練習しておきたい。暗記が中心となる単元なので，表やカードにまとめることも効果的である。教科書に出ている事項には必ず一度目を通しておきたい。

03 有 機

アルコールとその誘導体，ベンゼンとその誘導体についてよく出題される。脂肪族ではアセチレン，エチレン，エタノールなど，芳香族ではベンゼン，フェノール，アニリン，サリチル酸などである。これらの物質の合成や，誘導される各化合物の反応系統図を自分で作成し，物質の名称や構造式，性質，反応名などを書き込んで学習すると，出題の流れに沿った学習ができる。

04 過去問演習で実力を伸ばそう

基本的な問題が解けるようになったら，時間配分を意識して過去問演習を行おう。形式や傾向の類似した問題が出題されているので，特徴を把握する上でも，合格への目標設定においても得られるものは大きい。

国　語

年度	区分		番号	種類	類別	内容	出典
2024	前期A方式◐	1月27日	〔1〕	現代文	評論	書き取り，空所補充，語意，指示内容，内容説明（50字他），内容真偽	「魚にも自分がわかる」　幸田正典
			〔2〕	現代文	評論	空所補充，慣用表現，指示内容，内容説明（30字他）	「文系と理系はなぜ分かれたのか」隠岐さや香
		1月28日	〔1〕	現代文	評論	書き取り，空所補充，語意，指示内容，内容説明（50字他）	「言語学を学ぶ」　千野栄一
			〔2〕	現代文	評論	語意，空所補充，内容説明（30字他）	「脳の闇」　中野信子
	前期M方式●		〔1〕	現代文	評論	書き取り，語意，空所補充，内容説明，指示内容	「未来の年表　業界大変化」　河合雅司
			〔2〕	現代文	評論	空所補充，内容説明，慣用表現	「物価とは何か」　渡辺努
2023	前期A方式◐	1月27日	〔1〕	現代文	評論	書き取り，空所補充，語意，内容説明（50字他），指示内容	「『間取り』で楽しむ住宅読本」　内田青蔵
			〔2〕	現代文	評論	語意，内容説明（30字他），四字熟語，指示内容，空所補充，内容真偽	「利他はどこからやってくるのか」　中島岳志
		1月28日	〔1〕	現代文	評論	書き取り，空所補充，語意，指示内容，内容説明（50字他），内容真偽	「動物と人間の世界認識」　日高敏隆
			〔2〕	現代文	評論	語意，空所補充，内容説明（30字他）	「データでよみとく　外国人“依存”ニッポン」　NHK取材班
	前期M方式●		〔1〕	現代文	評論	書き取り，語意，空所補充，内容説明	「〈問い〉から始めるアート思考」　吉井仁実
			〔2〕	現代文	評論	空所補充，語意，内容説明	「イルカを食べちゃダメですか？」関口雄祐

（注）　●印は全問，◐印は一部マークセンス式採用であることを表す。

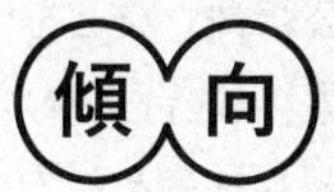

現代文２題の出題
内容説明の記述問題に注意

01 出題形式は？

各方式・日程とも現代文２題の出題で，試験時間は60分。前期M方式は全問マークセンス式での出題だが，前期A方式ではマークセンス式の設問に加えて，字数制限つきの記述式の内容説明問題が大問１題につき１問出題されている。

02 出題内容はどうか？

評論が出題されることが多いが，随筆も出題されたことがある。読みやすいものが多く，難解な文章はあまり出題されていない。設問は，漢字の書き取り，語意などの知識問題や，空所補充，指示内容，内容説明などのオーソドックスな内容である。

03 難易度は？

設問自体にとりたてて難解なものはないが，語意の問題などで紛らわしい選択肢を含むものがあるので丁寧な検討が必要である。「適当でないもの」を選ぶ設問もあるので注意して取り組もう。時間配分としては１題を25分以内で解き，余った時間を解答の見直しにあてるとよいだろう。

対策

01 読解力養成

評論・随筆など，教科書レベルの文章に数多く触れて読解力を養おう。まずは大きく文章構造をつかみ，主題をおさえ，その上で，個々の表現にも注意して細部を丁寧に読むことを心がけたい。新書からの出題が多いので，『言語の本質－ことばはどう生まれ，進化したか』（中公新書）などを読んでおくのがよい。また，『現代文テーマ別 頻出課題文集』（駿台文庫）などを使って，さまざまなジャンルの評論に触れておくことも対策として有効である。

内容説明問題で選択肢を判別する際には，解答の根拠となる本文中の表現・語句を常に意識しながら解き進めよう。また，前期A方式では記述式の説明問題も出題されているので，日頃から，基礎～標準レベルの記述式問題集を使って問題演習に励もう。慣れないうちは時間がかかるかもしれないが，着実に読解力の向上をもたらすだろう。

02 語彙力養成

まず，過去問を用いて，どのような知識が問われているのかをつかみ，そこに焦点を当てて基礎力の強化をはかること。日頃の現代文の授業を大切にし，その際出てきた漢字や語意は確実に覚えていくようにしよう。漢字の問題集は，１冊は確実に仕上げておきたい。また，日頃から辞書を使用し，語彙力を強化する習慣をつけよう。

2024年度

問題と解答

学校推薦型選抜（一般推薦入試・女子学生推薦入試・スポーツ推薦入試）

問 題 編

○一般推薦入試

1．小論文（600字以上800字以内）
2．面接（口頭試問*を含む）
3．書類審査（調査書・推薦書・出願要件確認書）

○女子学生推薦入試

1．小論文（600字以上800字以内）
2．面接（口頭試問*を含む）
3．書類審査（調査書・推薦書）

○スポーツ推薦入試

1．小論文（600字以上800字以内）
2．面接（口頭試問*を含む）
3．書類審査（調査書・推薦書・部活動の証明書）

▶備　考

選抜は，書類審査，小論文，面接（口頭試問を含む）の結果を総合して行う。

＊口頭試問の範囲

学　科	出題教科	範　　囲
電 気 学 科	数学	数学Ⅰ，数学Ⅱ，数学Ⅲ，数学Ａ，数学Ｂ （特に「二次関数」，「図形と方程式」，「場合の数と確率」，「三角関数」，「指数関数」，「対数関数」，「ベクトル」，「微分法」，「積分法」）
	物理	物理基礎，物理（特に「運動とエネルギー」，「電気と磁気」）
	英語	高等学校レベルの基本的な語彙力，文法力，内容把握力，英会話力を試す。
応 用 化 学 科	化学	化学基礎 化　　学：「物質の状態」，「物質の変化と平衡」
機 械 学 科	数学	数学Ⅰ，数学Ⅱ，数学Ⅲ，数学Ａ，数学Ｂ （特に「二次関数」，「図形と方程式」，「場合の数と確率」，「三角関数」，「指数関数」，「対数関数」，「ベクトル」，「微分法」，「積分法」）
	物理	物理基礎：「物体の運動とエネルギー」，「様々な物理現象とエネルギーの利用」 物　　理：「様々な運動」，「波」，「電気と磁気」
社会基盤学科	数学	数学Ⅰ：「図形と計量」，「二次関数」 数学Ⅱ：「いろいろな式（等式・不等式の証明，複素数，乗法公式と因数分解，二次方程式と判別式）」，「指数関数」，「対数関数」，「三角関数」，「微分・積分」 数学Ａ 数学Ｂ：「数列」，「ベクトル」
	物理	物理基礎：「物体の運動とエネルギー」，「波」 物　　理：「様々な運動」，「波」

建築学科	数学	数学Ⅰ：「数と式」,「２次関数」,「図形と計量」 数学Ａ：「場合の数と確率」,「図形の性質」,「整数の性質」
	英語	部活動，得意科目，学習状況，学級活動等について質問し，文法能力を試す。
	物理	物理基礎：「物体の運動とエネルギー」全般と「様々な物理現象とエネルギーの利用」の「電気」 物　理：「様々な運動」のうちの「平面内の運動と剛体のつり合い」と「運動量」
経営学科	数学	数学Ⅰ：「データの分析」 （統計の基本的な考え方とそれを用いたデータの整理・分析方法について）
	英語	音読やいくつかの質問に答えてもらう形で，高等学校卒業程度の内容把握力，会話力を試す。
	社会	時事問題
情報科学科	数学	数学Ⅰ：「数と式」,「図形と計量」,「二次関数」 数学Ⅱ：「図形と方程式」,「指数関数・対数関数」,「三角関数」,「微分・積分の考え」 数学Ａ：「場合の数と確率」,「整数の性質」 数学Ｂ：「数列」,「ベクトル」
	英語	単語・熟語，和訳，単語補充・並べ替えの問題に解答することで，高等学校卒業程度の基礎的な文法力，語彙力，内容把握力を試す。

※面接状況により，一部の科目のみ試問する場合がある。

小 論 文

（60分
解答例省略）

■学校推薦型選抜（一般推薦入試）

（注）600字以上800字以内（句読点を含む）

◀工学部電気学科▶

自動運転，配送ロボット，ライドシェアなど，未来のモビリティ（移動・交通手段）の実現のためには，電気工学・電子情報工学分野の貢献が求められている。こうした未来のモビリティに必要とされる技術のうち，あなたが注目するものを１つ挙げ，その技術に注目する理由を説明しなさい。また，その技術の現在の問題点と将来の見通しについて論じなさい。

◀工学部応用化学科▶

日本政府は2050年までに温室効果ガスの排出を全体でゼロにするカーボンニュートラルを目指す宣言をしている。その実現に向けて，化学者としてどのような取り組みができるか，あなたの考えを述べなさい。

◀工学部機械学科▶

近年，人工知能（AI）技術の著しい進化に伴い，AIと人間との関係性がクローズアップされています。その中で，機械工学が果たすべき役割について，あなたの考えを論じなさい。また，愛知工業大学機械学科でどの様な姿勢で学びたいかを述べなさい。

◀工学部社会基盤学科▶

社会基盤となるインフラストラクチャー（道路，ダム，港湾，発電所，通信網等）は，我々の生活をより良くしてきた。しかし，近年では老朽化による補修・補強や自然災害への対策が重要となっている。あなたの生活において日頃利用しているインフラストラクチャーを１つ挙げて，それが社会においてどのように役立っているのかを説明し，今後の維持管理や災害対策に関するあなたの考えを述べなさい。

◀工学部建築学科▶

二酸化炭素排出量の削減などを目的とし，自然エネルギーの活用が進められている。愛知県内においても，メガソーラー（大規模太陽光発電）や風力発電施設が渥美半島などに建設されている。これらの施設は，エネルギー創出のメリットをもたらす一方，周辺環境（人・動植物）などへ悪影響を及ぼすことも知られている。どのような悪影響を及ぼすのか挙げ，その改善方法について述べよ。

◀経営学部経営学科▶

「物流の 2024 年問題」とは，2024 年４月１日以降，トラックドライバーの時間外労働時間の上限が年間 960 時間に制限されることにより発生する諸問題のことであり，日本の産業に大きな影響を与えるとして警鐘が鳴らされています。この問題について，具体的に，誰にとってどのような「問題」が起こり得るかを２つ以上挙げてください。また，「物流の 2024 年問題」を防ぐために考えられる「対策」を１つ以上提案してください。

◀情報科学部情報科学科▶

ChatGPT に代表される生成系人工知能（生成系 AI）が発表・公開され，社会的に大きな注目を集めている。一般の人々が生成系 AI を使用する機会は今後ますます増えることが予想される。生成系 AI がもたらすメリットとデメリットをそれぞれ１つ以上説明せよ。また生成系 AI の将来の展望について，社会に与える影響，創造性と芸術に与える影響，安全性や倫理性などの観点から考察し，論述せよ。

■学校推薦型選抜（女子学生推薦入試・スポーツ推薦入試）

（注）600 字以上 800 字以内（句読点を含む）

◀工学部電気学科（女子学生・スポーツ推薦入試）▶

2022 年末ころから，ChatGPT を始めとした生成 AI が，民間に急激に普及し始めた。生成 AI のメリットとデメリットをふまえ，授業などのレポートで生成 AI を利用することの是非について，考えを述べよ。

◀工学部応用化学科（女子学生・スポーツ推薦入試）▶

二酸化炭素をはじめとする温室効果ガスについて，排出する量と森林などが吸収する量の全体の合計をゼロとする「カーボンニュートラル」や「脱炭素社会」という用語が，今では広く認識されるようになってきた。これらの用語にかんして，我々が現在直面している問題と，その問題解決に向けて今後どのような取り組みが必要か，化学の観点から説明せよ。

◀工学部機械学科（女子学生・スポーツ推薦入試）▶

現在興味をもっている機械製品を挙げ，その魅力や，長所，短所などの特徴を述べよ。また，その製品を発展させるために，愛知工業大学機械学科で学びたいことを述べよ。

◀工学部社会基盤学科（女子学生推薦入試）▶

社会基盤施設は社会の形成に不可欠であり，身近な社会基盤施設の一つを例として挙げて，その役割を述べなさい。このような社会基盤施設を整備することにおいて，貴女は今後どのような勉強をしたいかについて書きなさい。

◀工学部社会基盤学科（スポーツ推薦入試）▶

わが国では多くの歴史ある社会基盤施設が今も現役で活躍しています。歴史的な社会基盤施設のうち，あなたにとって最も印象深いものをひとつ取り上げ，その理由について述べなさい。そして，こうした社会基盤施設の整備に向けてあなたが学びたいことについて書きなさい。

◀工学部建築学科（女子学生・スポーツ推薦入試）▶

2022年の日本の出生数が80万人を下回った。これは1899年に統計を取り始めて以来初めてであり，ますます少子高齢化が進行すると考えられる。今後，日本の都市もしくは建築を計画する立場になった時，自らの考える高齢者・子育て世代・子供へ配慮すべき工夫を２つ挙げ，それぞれの考えを論じよ。（高齢者・子育て世代・子供のいずれか１つを対象とした工夫でも可）

◀経営学部経営学科（女子学生・スポーツ推薦入試）▶

AI技術には，多くのビジネスモデルや業界を変革する可能性があるとされています。あなたが最も興味を持つ業界や分野を選び，AIのビジネスへの活用法を考えてください。その上で，この技術の導入や活用によって生じる社会的課題やリスクについて考察し，自分の考えを述べてください。

◀情報科学部情報科学科(女子学生・スポーツ推薦入試)▶

コロナ禍への対応のために，IT（Information Technology）技術を用いたアプリケーションがいくつか開発され実用化された。その一つに遠隔会議システムがある。遠隔会議システムのうちWEB会議システムについて用いられている技術の概要を説明せよ。また，WEB会議システムがもたらしたメリットとその理由，デメリットとその理由をそれぞれひとつずつ挙げて考察せよ。さらに，アフターコロナにおける遠隔会議システムの今後の展望について述べよ。

一般選抜前期日程A方式：1月27日実施分

問題編

▶試験科目・配点

学　部	教　科	科　　　目	配　点
全学部(全専攻)	外国語	コミュニケーション英語Ⅰ・Ⅱ，英語表現Ⅰ	200点
	数　学	数学Ⅰ・Ⅱ・Ⅲ・A・B（数列，ベクトル）	200点
	理　科	「物理基礎・物理」，「化学基礎・化学」から１科目選択	200点
工(都市デザイン・住居デザイン)・経営(全専攻)・情報科(メディア情報)	外国語	コミュニケーション英語Ⅰ・Ⅱ，英語表現Ⅰ	200点
	選　択	「日本史B，現代社会から１科目選択」，「数学Ⅰ・A」，「国語総合（古文・漢文を除く）・現代文B」から２教科選択	各200点

▶備　考

- 筆記試験（記述式／３教科）で判定。
- 工学部社会基盤学科都市デザイン専攻・建築学科住居デザイン専攻，経営学部（全専攻），情報科学部情報科学科メディア情報専攻は，出願時に「外国語，数学，理科」または「外国語必須で地理歴史・公民，数学，国語の３教科から２教科選択」のいずれかを選択することができる。
- **Aw方式（最高得点重視型）について**：前期日程A方式の高得点の１教科１科目を２倍にし，３教科３科目で判定。
- **共通テストプラスA方式について**：前期日程A方式の高得点の１教科１科目と大学入学共通テストの高得点の２教科２科目を利用して判定。

英　語

（60分）

1. 次の英文を読んでA～Eの設問に答えなさい。

The arts, which include the visual arts, oral and written literature, music, and theater, are sometimes referred to （ (1) ） “expressive culture.” Most people derive pleasure from art in one form or another.(2) Listening to a symphony may help them relax, they may laugh hysterically watching a television comedy, or they may delight （ (3) ） painting the scene they see from their front porch. One of art's functions is to serve as a form of communication between the artist and the community or audience. This(4) should not be surprising, since a relationship between art and writing can be seen in some of the earliest forms of writing, such as Egyptian hieroglyphics, which used pictures to represent sounds, words, or ideas. Yet art is an older means of expression than writing. Cave paintings dating back 15,000 years have been found in France and Spain, even though the earliest known writing appeared only 6,000 years ago. Too often, people fail to take into account this relationship between art and language and expect to immediately(5) understand art at first viewing, rather than recognizing that art is a language that must be seriously studied(6) to be completely understood.

Art, like language, can be utilized to express how humans view the world. Works of art reveal(7) how the artists employ their senses and how they communicate their perceptions. Visual arts — drawing and painting, graphic arts, sculpture, and architecture — depend on sight, and artists attempt to communicate through(8) sight in a way that produces responses of the other senses. A painting is a representation and, like language, cannot reproduce the taste, smell, or feel of what it depicts. However, if it is successful, a painting can produce a sensual response similar to that (9) evoked by the object it portrays. To do this, the artist taps into cultural cues that will help the viewer fill in what is "missing" in the artwork. (10) This happens if the viewer shares the artist's culture.

Art is closely ((11)) to culture, and most art cannot be fully appreciated without an awareness of its cultural background. Such appreciation can be taught so that a person can learn to appreciate (12) opera, just as he can learn a foreign language. In addition, art can rarely (13) be fully understood in just one viewing. ((14)) The affinity between art and culture also affects (15) how art is received because the appreciation of the qualities of art and the sense of beauty — also known as aesthetics — are not universal (16) concepts but rather are culturally defined. Combinations of musical tones, for instance, can sound discordant to someone unfamiliar ((17)) a culture's musical aesthetics.

（注）symphony：交響曲，hysterically：感情の抑えがきかないほどに，
front porch：玄関先，
Egyptian hieroglyphics：古代エジプトの象形文字，
be utilized：利用される，depicts：描写する，
taps into cultural cues：文化的な手がかりを利用する，
awareness：意識，affinity：類似性，
aesthetics：美学，discordant to ～：～と調和しない

A．文中の空所(1)，(3)，(11)，(17)に入れるのに，もっとも適当なものをａ～ｄから選びなさい。

(1)　ａ．at　ｂ．on　ｃ．as　ｄ．by

(3)　ａ．to　ｂ．in　ｃ．for　ｄ．from

(11)　ａ．relate　ｂ．related　ｃ．relating　ｄ．relation

(17)　ａ．to　ｂ．of　ｃ．in　ｄ．with

出典追記：Extensive Reading for Academic Success Advanced A by Jeff Zeter, Compass Publishing

B．下線部(5)，(7)，(12)，(15)，(16)にもっとも意味の近いものをａ～ｄから選びなさい。

(5)　ａ．直接に　ｂ．即座に　ｃ．同時に　ｄ．簡単に

(7)　ａ．追求する　ｂ．指摘する　ｃ．表現する　ｄ．明らかにする

(12)　ａ．演奏する　ｂ．上演する　ｃ．鑑賞する　ｄ．評価する

(15)　ａ．影響する　ｂ．証明する　ｃ．議論する　ｄ．改善する

(16)　ａ．宇宙の　ｂ．普遍的な　ｃ．特殊な　ｄ．持続的な

C．下線部(8)，(13)のもっとも強く発音する部分と同じ発音を含むものをａ～ｄから選びなさい。

(8)　ａ．cousin　ｂ．foul　ｃ．true　ｄ．sauce

(13)　ａ．early　ｂ．merely　ｃ．rapidly　ｄ．fairly

D．次の設問に答えなさい。

1. 下線部(4) “This” が指示するものをａ～ｄから選びなさい。

ａ．交響曲を聞くとリラックスできたり，テレビのコメディー番組で大笑いすること

ｂ．美術の機能の一つは，芸術家と社会との間のコミュニケーションとして役立つこと

ｃ．美術と文字の関係は，古代エジプトの象形文字のような初期の文字の形で見られること

ｄ．洞窟絵画がフランスとスペインで15,000年前に描かれたこと

2. 下線部(10)の和訳として，もっとも適当なものをａ～ｄから選びなさい。

ａ．芸術家は，見る人が芸術作品の中で「欠けている」ものを埋め合わせることを助ける文化的な手がかりを利用する

ｂ．芸術家は，芸術作品の中で「欠けている」ものを埋め合わせるために，見る人が文化的な手がかりを利用することを手助けする

ｃ．芸術家は，見る人が芸術作品の中で何が「欠けている」かを探すのを

助けるために文化的な手がかりを利用する

d．芸術家は文化的な手がかりを利用し，見る人が芸術作品の中で何が「欠けている」かを見つけ出すのを助ける

3. 空所⒁に入れるのに，もっとも適当なものをａ～ｄから選びなさい。

a．Most people can understand the meaning of art when they see it.

b．One viewing is enough to understand the meaning of art fully.

c．Repeated viewings are sure to reveal more meaning.

d．First of all, it is important to learn a foreign language.

4. 本文の内容と一致するものをａ～ｄから選びなさい。

a．画家や彫刻家などのような視覚芸術家は，味覚や臭覚などの視覚以外の感覚反応をも再現するために視覚を通して意思伝達を試みる。

b．絵画は，文学と同様に，描写する対象の味覚，臭覚そして触覚を常に再現することができる。

c．絵画は言語よりも古い芸術形態であることを人々は十分に理解している。

d．美学とは，上品な芸術を生み出すことである。

E．次の設問に答えなさい。

1. 下線部⑵を和訳しなさい。

2. 筆者が下線部⑹で「絵画は真剣に研究されなければならない言語である」と述べた理由を説明しなさい。

3. 下線部⑼“that”が指示する語句を文中から選びなさい。

2. A．次の日本文と同じ意味になるように英文を完成するには，(　　)にどの語句が入るか，a〜fから選びなさい。なお，文頭に来る語句の頭文字も小文字表記である。

(1) ホセの将来の夢は，自分の学校を持ち，貧しい子供たちにプログラミングを教えることだ。

Jose's dream for the future is ______ ______ (　　) ______ ______ ______ to poor kids.

a．own　　b．to have　　c．to teach
d．his　　e．programming　　f．school

(2) それは古代ギリシャ・ローマ文化への関心が再燃し，多くの文化的・知的成果をもたらした時代である。

It was ______ ______ ______ in ancient Greek and Roman culture (　　) ______ ______ cultural and intellectual achievements.

a．led　　b．many　　c．a period
d．a renewed interest　　e．to　　f．when

(3) 私の祖父は長生きをするほど，ますます元気になっているように見える。

______ ______ ______, ______ ______ (　　).

a．the longer　　b．he looks　　c．my grandfather
d．lives　　e．the more　　f．energetic

(4) フレッドは彼女がその重いスーツケースを運ぶのを手伝ってあげた。

Fred ______ ______ (　　) ______ ______ ______.

a．heavy　　b．suitcase　　c．the
d．carry　　e．her　　f．helped

(5) 私はいつも約束の時間よりも10分前に着くことにしている。

I ______ ______ (　　) ______ ______ ______ ahead of the appointed time.

a. it　　b. to　　c. make

d. a rule　　e. arrive　　f. ten minutes

B. 次の日本文と同じ意味になるように英文を完成するために，(　　)に適切な単語を一つ入れなさい。

(1) レースでの勝利が彼に自信をつけた。

Winning the race ((a)) him ((b)).

(2) これはまさに私がずっと探していた品だ。

This is the ((c)) item I have been looking ((d)) for a long time.

(3) 学ぶのに遅すぎるなんてことはないのさ。

One is never ((e)) old ((f)) learn.

3. 次の空所に入れるのに，もっとも適当なものをａ～ｄから選びなさい。

(1) The technology offers the possibility of a future in (　　　) robots do all the dangerous jobs.

ａ．which　　ｂ．when　　ｃ．where　　ｄ．what

(2) To (　　　) washing the dishes, Sean went to his room to study.

ａ．celebrate　　ｂ．enjoy　　ｃ．avoid　　ｄ．break

(3) What in the (　　　) is that?

ａ．earth　　ｂ．world　　ｃ．people　　ｄ．show

(4) I've never met anyone quite (　　　) him.

ａ．like　　ｂ．as　　ｃ．not　　ｄ．enjoy

(5) The piano was out of tune; it sounded very (　　　).

ａ．worse　　ｂ．worst　　ｃ．bad　　ｄ．badly

4. 次の下線部に，もっとも意味の近いものをａ～ｄから選びなさい。

(1) The family movie firmly established the highly successful <u>medium</u> of computer animation.

ａ. means　ｂ. meanings　ｃ. standard　ｄ. program

(2) Getting enough sleep is <u>critical</u> for your health.

ａ. usual　ｂ. very important

ｃ. useful　ｄ. convenient

(3) International cooperation is key to <u>coping with</u> global issues.

ａ. handling　ｂ. interacting with

ｃ. imitating　ｄ. ignoring

(4) I <u>came across</u> a beautiful old shrine during my travels around Wakayama.

ａ. went to　ｂ. found　ｃ. searched for　ｄ. toured

(5) We couldn't <u>figure out</u> what Jane wanted to do.

ａ. look out　ｂ. watch out　ｃ. take out　ｄ. make out

5. 次の空所(1)〜(7)に入れるのに，もっとも適当なものをa〜gから選びなさい。

Taylor: Hey, Ash, I haven't seen you for a while!

Ash: Yeah, really!

Taylor: What've you been doing?

Ash: ((1)) The month before last my mom and dad drove out to San Francisco to visit my sister's family. They go every year. Unfortunately, my dad got sick, and they had to fly back home to New York.

Taylor: I'm sorry to hear that. I hope he's feeling better.

Ash: Oh, he's fine. The problem was the car. ((2))

Taylor: So, what happened to the car?

Ash: They found a company that would send it back here for about $2,000.

Taylor: Wow! That seems pretty expensive.

Ash: I thought so too, so I researched ticket prices and distances on the internet and then offered to drive it back for $1,200.

Taylor: ((3))

Ash: They agreed to my plan and then, believe it or not, said they would give me $300 more.

Taylor: But you were gone for more than just a few days, weren't you?

Ash: Yeah, I was gone for about ten days. I spent all the $1,500 and some of my own money visiting national parks on the way home.

Taylor: ((4)) You went to Yosemite and Mesa Verde.

Ash: Yes, I did. I went to both those parks and more.

Taylor: I was wondering about those photos that I saw online! ((5)) I would've loved to have gone on a road trip with you.

Ash: ((6)) I messaged you over and over before I left but didn't hear back.

Taylor: You're kidding! That must've been after I screwed up my phone. It was in the shop for repairs for a week or so.

Ash: But, you know, there might be a next time. ((7)) If it works out, we could take turns driving.

Taylor: Well, let's keep in touch. I'll keep my fingers crossed ... and an eye on my phone.

a. How come you didn't tell me about your plans?

b. It was still in California.

c. Let me guess.

d. Check your phone!

e. Well, it's a long story.

f. My parents asked me recently whether I'd consider doing it again.

g. What did your parents say?

(注) Yosemite：ヨセミテ(カリフォルニア州中央にある国立公園，下図参照)，

Mesa Verde：メサ・ヴェルデ(コロラド州南西部にある国立公園，下図参照)

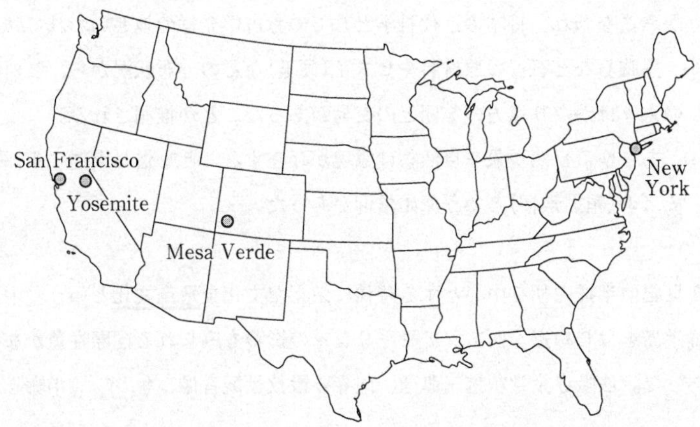

日本史

（60分）

1 次のA～Eの各文を読み、文中の（　ア　）～（　オ　）に適語を記入しなさい。

（ア） [1]　（イ） [2]　（ウ） [3]　（エ） [4]

（オ） [5]

また、下の問1～5に答えなさい。

A　今から約1万年前の地質学でいう（　ア　）の時代になると氷期が終わり、気候は温暖化した。そのため海面が上昇し大陸から分離して、今日のような日本列島が形成された。大型動物は絶滅し、鹿・イノシシなど中小動物が多くなった。このような新しい自然環境のなかで人々の生活も大きく変わり、縄文文化が成立した(a)。

問1　下線部(a)に関連して述べた文として誤っているものを、一つ選びなさい。 [6]

①　青森市にある三内丸山遺跡は、縄文時代の大集落遺跡である。

②　千葉県の大森貝塚は、アメリカ人モースによって日本で最初に発掘調査がおこなわれ、日本の近代科学としての考古学発祥の地といわれている。

③　黒曜石など石器の原材料やヒスイ（硬玉）などの分布状況から、この時代の人々はかなり遠方の集団との交易があったことが推測される。

④　あらゆる自然現象や自然物に霊魂が存在することを信じ崇拝する、アニミズム（精霊崇拝）という原始信仰があった。

B　7世紀前半推古朝を中心とする時代に栄えた文化を飛鳥文化(b)という。中国や朝鮮半島をはじめ遠く西アジアやギリシャの影響もみられる国際性豊かな文化であった。法隆寺金堂釈迦三尊像、同寺夢殿救世観音像、（　イ　）半跏思惟像はその代表的な彫刻で、京都太秦にある広隆寺半跏思惟像は朝鮮伝来のものとされている。

問2 下線部(b)に関連して述べた文として誤っているものを、一つ選びなさい。 7

① 中国では589年に隋が南北朝を統一しており、飛鳥文化はその隋の影響を大きく受けた文化である。

② 法隆寺金堂の釈迦三尊像の作者は、鞍作鳥(止利仏師)といわれている。

③ 法隆寺夢殿救世観音像は、明治初期に外国人フェノロサらにより初めて調査された。

④ 7世紀初め百済僧観勒が暦法を、高句麗僧曇徴が彩色・紙・墨の製法を伝えたとされている。

C 奈良時代平城京を中心に高度な貴族文化が花開いた。この時代の文化は盛唐の国際的文化の影響を受け、最盛期であった(ウ)天皇の年号をとって天平文化(c)とよばれている。

問3 下線部(c)に関連して述べた文として正しいものを、一つ選びなさい。 8

① 『古事記』は舎人親王が中心となって編纂されたもので、中国にならって漢文の編年体で書かれている。

② 唐招提寺鑑真像は東大寺日光・月光菩薩像と同様に塑像である。

③ 正倉院に伝わる『鳥毛立女屏風』の樹下美人図や『薬師寺吉祥天像』は天平文化の代表的な絵画である。

④ 行基は社会事業をおこなって民衆の支持を得たが、大仏造立事業については反対の立場をとり政府の弾圧を受けた。

D 平安初期晩唐文化の影響を受けつつも中国文化を吸収して日本的に消化され、密教の影響が表われた貴族文化がおこった。この文化を(エ)天皇と清和天皇の年号にちなんで弘仁・貞観文化(d)という。

問 4 下線部(d)に関連して述べた文として誤っているものを、一つ選びなさい。

9

① 書道では唐風の書が広まり、のちに三筆とよばれた名手が出た。橘逸勢はその一人である。

② 神護寺薬師如来像のように、一本の巨木から像をきざむ一木造の彫法や翻波式とよばれる木像彫刻の衣のしわの表現様式を用いた仏像がみられる。

③ 真言宗だけでなく天台宗も密教の影響を受け、最澄の弟子で入唐した円仁・円珍によって密教化がはかられ台密とよばれた。

④ 貴族は一族の子弟教育のために、大学別曹とよばれる学校の寮にあたる施設を設けた。藤原氏の奨学院や和気氏の勧学院が知られる。

E 10世紀になると相次ぐ戦乱や疫病の流行を背景に、穢れの多い現世を逃れ来世において極楽浄土に往生することを願う浄土教が流行した(e)。市聖(いちのひじり)とよばれた空也は京の市で念仏をすすめ、(オ)は985年に『往生要集』を著して念仏による極楽往生の方法を示した。

問 5 下線部(e)に関連して述べた文として正しいものを、一つ選びなさい。

10

① 念仏の功徳によって往生したという人々の伝記を集めた往生伝が多く書かれ、慶滋保胤の『拾遺往生伝』はその代表作である。

② 釈迦の死後、正法・像法の世を経て末法の世がくるという末法思想によって人々の不安は増し、浄土信仰が盛んになった。

③ 浄土教の発展にともない、貴族の間にはこの世に浄土を現出しようとして阿弥陀堂を建立することが流行し、藤原道長は宇治に平等院鳳凰堂を建立した。

④ やがて浄土教の思想は地方にも広がり、平泉の中尊寺金色堂や陸奥の三仏寺投入堂、伯耆の白水阿弥陀堂、豊後の富貴寺大堂などが建立された。

2 次のA～Eの各文を読み、文中の(　ア　)～(　オ　)に適語を記入しなさい。

(ア) [11]　(イ) [12]　(ウ) [13]　(エ) [14]
(オ) [15]

また、下の問1～5に答えなさい。

A　平氏滅亡後(　ア　)が義経に頼朝追討の命令を与えると、頼朝は北条時政の軍勢を入京させて(　ア　)にせまり、義経追討を名目に<u>守護・地頭を設置する権限を朝廷に要求し認められた</u>(a)。

問1　下線部(a)に関連して述べた文として誤っているものを、一つ選びなさい。 [16]

① 守護は国ごとにおかれ、京都大番役の催促、謀叛人の逮捕、殺害人の逮捕の大犯三カ条などの軍事・警察権を行使した。

② 守護は当初、惣追捕使・国地頭などとよばれたが、のちに守護に統一された。

③ 地頭は荘園・国衙領におかれ、年貢の徴収や治安維持などの任に当たった。

④ 地頭は御家人の中から任命され設置範囲は全国に及び、給与は設置当初から新補率法で保障されていた。

B　鎌倉時代の御家人は幕府の基盤であったが、社会の大きな変動の中で困難に直面していた。長年の分割相続によって所領は細分化され、蒙古襲来では多大な戦費を負担したにもかかわらず恩賞は不十分であった。また、<u>貨幣経済の進展</u>(b)は御家人の窮乏をいっそう深刻化させ、御家人の中には(　イ　)という高利貸などに所領を質入れ売却するものが多くなった。

問2　下線部(b)に関連して鎌倉時代の経済について述べた文として誤っているものを、一つ選びなさい。 [17]

① 当時の日本では銭貨の鋳造はされておらず、中国から宋銭が輸入され流通していた。

② 連雀商人や振売とよばれる行商人の数が増加していた。

③ 現物の米での貢納が基本であったが、年貢を銭で納める代銭納が鎌倉中期以降広まった。

④ 荘園・国衙領の中心地や寺社の門前などには生産された物資を販売する定期市が開かれ、三斎市も珍しくなかった。

C 足利尊氏は南北朝の動乱中有力武士を守護に任命した。1352年には(ウ)を出して、守護に荘園や公領の年貢の半分を兵粮料という名目で徴発する権限を認めた。さらに守護は荘園や公領の領主のかわりに年貢徴収を請け負う守護請をおこなうようになった。こうして守護は任国内の支配を強め、その地位も世襲化されるようになった。(c)このように領主化した守護を守護大名と呼ぶ。

問 3 下線部(c)に関連して述べた文として誤っているものを、一つ選びなさい。 18

① 室町幕府は守護大名に支えられていたが、時には国人一揆を形成し幕府と対立する守護大名もいた。

② 守護大名は鎌倉時代の守護と同様幕府による補任が前提であった。

③ 守護は在京が原則であり、領国は守護代が統治していた。

④ 守護は領国を経営する必要から、独自に田地1段ごとに段銭を課すこともあった。

D 鎌倉時代後期になると農村も次第に変容した。とくに畿内やその周辺では荘園や公領の中にいくつかの村が自然発生的に生まれ、南北朝の動乱の中で自立的傾向を強め自治的なまとまりを持つようになった。このような村を(エ)という。(d)強い連帯意識で結ばれた(エ)は、時には不法代官の罷免や年貢の減免を求めて行動する土一揆の母胎となった。

問 4 下線部(d)に関連して述べた文として誤っているものを、一つ選びなさい。 19

① 乙名・沙汰人・番頭などと呼ばれる指導者を選び、彼らにより運営されていた。

② 領主に納める年貢を村がひとまとめにして請け負う方法が、地下請である。

③ 「代始めの徳政」を要求して蜂起した土一揆が正長の徳政一揆で、当時の将軍は足利義勝であった。

④ 1485年幕府のひざ元で国人たちが両畠山氏の軍を国外に退去させた騒動が、山城の国一揆である。

E　戦国大名は城下町を中心とした領国経済圏を確立するため、宿駅や伝馬の交通制度を整え（　オ　）の廃止や市場の開設など商業取引の円滑化にも努力した。城下には主な家臣団が集められ、商工業者も集住して政治・経済・文化の中心としての城下町が形成された(e)。

問 5　下線部(e)に関連して戦国大名とその城下町の組合せとして正しいものを、一つ選びなさい。　20

① 今川氏 — 春日山　　② 上杉氏 — 一乗谷

③ 大内氏 — 府内　　④ 北条氏 — 小田原

3 次のA～Dの各文を読み、文中の(　ア　)～(　オ　)に適語を記入しなさい。

(ア) [21]　(イ) [22]　(ウ) [23]　(エ) [24]
(オ) [25]

また、下の問1～5に答えなさい。

A　1600年オランダ船リーフデ号が豊後に漂着すると、徳川家康は乗組員のうちオランダ人ヤン＝ヨーステンとイギリス人(　ア　)とを江戸に招いて外交・貿易顧問とした。一方幕府は日本人の海外進出に対しては朱印状を与え、朱印状をたずさえた貿易船を朱印船といった。朱印船貿易が盛んになると海外に移住する日本人も増え、南方の各地に自治制を敷いた<u>日本町がつくられた</u>(a)。

問1　下線部(a)に関連して述べた文として誤っているものを、一つ選びなさい。 [26]

① 山田長政はシャムのアユタヤに渡り、リゴール太守になった。
② ツーラン(ダナン)は現在のベトナム中部にあった日本町である。
③ マニラ郊外のフェフォ(ホイアン)は内藤如安らが住んだ日本町である。
④ 柬埔寨(カンボジア)のピニャルーやプノンペンに日本町ができていたことが知られている。

B　禁教・鎖国関係年表

1604　<u>糸割符制度</u>(b)を導入
1609　〈　ア　〉人に通商許可
1612　幕府、直轄領に禁教令
1613　〈　イ　〉人に通商許可
1616　中国船以外の外国船の来航を平戸・長崎に制限
1624　〈　ウ　〉船の来航を禁止
1639　〈　エ　〉船の来航禁止
1641　〈　ア　〉商館を出島に移す

問２　下線部(b)に関連して述べた文として誤っているものを、一つ選びなさい。 27

①　当時イギリス商人は中国産の生糸を日本に運んで巨利を得ていた。

②　幕府は糸割符仲間と呼ばれる特定の商人らに輸入生糸を一括購入させた。

③　五カ所商人とは京都、堺、長崎、江戸、大坂の商人のことである。

④　幕府はやがて中国、オランダにもこの制度を適用させた。

問３　〈　ア　〉から〈　エ　〉に該当する国名の組合せとして正しいものを、一つ選びなさい。 28

①　〈ア〉イギリス　〈イ〉オランダ　〈ウ〉ポルトガル　〈エ〉スペイン

②　〈ア〉オランダ　〈イ〉イギリス　〈ウ〉スペイン　〈エ〉ポルトガル

③　〈ア〉オランダ　〈イ〉スペイン　〈ウ〉イギリス　〈エ〉ポルトガル

④　〈ア〉ポルトガル　〈イ〉オランダ　〈ウ〉スペイン　〈エ〉イギリス

C　産業革命後ヨーロッパ列強やアメリカは資本主義が発達し、市場としてアジアに目を向けてきた。そして日本にも外国船が出没するようになってきた(c)。とくにロシアに接する蝦夷地やその周辺の防備は緊急の課題であった。幕臣（　イ　）は最上徳内とともに千島列島を探検し、択捉島に「大日本恵登呂府」の標柱を立てた。また、（　ウ　）は樺太を探査し、樺太が島であることを確認した。

問４　下線部(c)に関連して述べた文として正しいものを、一つ選びなさい。 29

①　ロシア使節ラックスマンは長崎に来航して漂流民大黒屋光太夫を引き渡し、通商を求めた。

②　ロシア使節レザノフは根室に来航し通商を求めたが、幕府はこれを拒否した。

③　イギリス軍艦フェートン号が、オランダ船を追って長崎港内に侵入した。

④　アメリカ船モリソン号が漂流民高田屋嘉兵衛を伴い来航するが、浦賀・山川で撃退された。

D　アメリカの初代総領事(　エ　)は通商条約締結を幕府に強く求めてきた。老中(　オ　)は条約調印の勅許を求めたが、孝明天皇の勅許は得られなかった。しかし大老についた井伊直弼は1858年に日米修好通商条約を調印した。幕府はついでオランダ、ロシア、イギリス、フランスとも同様の条約を締結した。(d)<u>こうして始まった外国との貿易は日本経済に大きな影響を与え、社会は混乱した</u>。

問5　下線部(d)に関連して述べた文として正しいものを、一つ選びなさい。　30

①　貿易は横浜を中心に始まり、アメリカとの取引が一番多くなった。

②　貿易開始から1866年まで輸入超過が続いた。

③　輸出品の取引は金貨を用いて行われ、このため一時大量の金貨が海外流出した。

④　生産地の在郷商人が商品を直接開港場へ運び外国商人と直接取引を始めるようになったため、幕府は五品江戸廻送令を出したが効果はなかった。

4 次のA～Eの各文を読み、文中の(　ア　)～(　オ　)に適語を記入しなさい。

(ア) 31　(イ) 32　(ウ) 33　(エ) 34
(オ) 35

また、下の問1～5に答えなさい。

A　征韓論争で敗れた前参議のうち土佐出身の(　ア　)や後藤象二郎らは民撰議院設立建白書を左院に提出した。これが新聞に掲載されて世論に大きな影響を与え、自由民権運動の口火となった。これに対して政府側も立憲制に移行していくことを明らかにして漸次立憲政体樹立の詔を出した。(a)その一方で政府は言論弾圧の施策を講じた。

問 1　下線部(a)に関連して古いものから年代順に正しく配列したものを、一つ選びなさい。　36

① 讒謗律・新聞紙条例　→　保安条例　→　集会条例
② 集会条例　→　讒謗律・新聞紙条例　→　保安条例
③ 讒謗律・新聞紙条例　→　集会条例　→　保安条例
④ 保安条例　→　讒謗律・新聞紙条例　→　集会条例

B　第2次山県有朋内閣は憲政党の支持を得て、地租増徴案を成立させた。また(b)政党の影響力を恐れ軍部や官僚の権力体制を固め、労働運動や社会運動を規制した。

このような政策に批判的になった憲政党は伊藤博文に接近し、1900年伊藤博文を総裁とする(　イ　)を結成した。

問 2　下線部(b)に関連して述べた文として誤っているものを、一つ選びなさい。　37

① 軍部大臣現役武官制を定め、陸・海軍大臣の就任資格を現役の大将・中将に限定した。
② 文官任用令を改正して、特別任用以外の勅任官を文官高等試験合格の奏

任官より任用する試験引用に拡大し、専門官僚としての知識・経験のない者が政党などの力で高級官吏になることができないようにした。

③　文官分限令と文官懲戒令を公布し、官僚機構の維持をはかるとともに官僚身分を保障した。

④　治安維持法を公布して、政治・労働運動の規制を強化した。

C　第一次世界大戦が勃発すると第２次大隈重信内閣は(　ウ　)を理由にドイツに宣戦布告し、中国におけるドイツの根拠地青島と山東省の権益を接収した。つづいて中国での権益拡大をねらって中国政府に対して二十一カ条の要求をおこなった(c)。

問３　下線部(c)に関連して述べた文として誤っているものを、一つ選びなさい。　38

①　これは北京の段祺瑞政権に対して要求された。

②　当時の日本外相は加藤高明である。

③　日本は軍事力を背景に1915年５月９日に強引に受諾させ、中国国民はこれに反発しこの日を「国恥記念日」とした。

④　山東省における旧ドイツ権益はワシントン会議の九カ国条約で中国に返還された。

D　米内光政内閣のあとを受けて1940年７月第二次近衛文麿内閣(d)が成立すると、ただちに新体制運動に乗り出した。既成の政党は自主解散し、同年10月(　エ　)が結成された。また部落会・町内会・隣組なども(　エ　)の下部組織として組み込まれていった。

問４　下線部(d)についてこの内閣の政策を述べた文として正しいものを、一つ選びなさい。　39

①　国家総動員法を成立させ、政府は議会の承認なしに戦争遂行に必要な物資や労働力を動員する権限を得た。

②　北部仏印に進駐し、ほぼ同時に日独伊三国同盟を締結した。

③　軍部大臣現役武官制を復活させ、軍国主義体制への道を開いた。

④　日本の勢力下にあったアジアの列国代表を東京に集め、大東亜会議を開催し大東亜共栄圏の結束を誇示した。

E　戦後沖縄はアメリカの施政権下におかれていた。ベトナム戦争では沖縄や日本本土はアメリカ軍の前線基地となり、とくに沖縄は基地用地の接収やアメリカ兵の犯罪の増加があり、祖国復帰運動が本格化した。(　オ　)内閣(e)は沖縄返還交渉を開始し、1971年沖縄返還協定が調印され翌年沖縄県として日本に復帰した。

問5　下線部(e)の時期より後に起こった出来事について述べた文として正しいものを、一つ選びなさい。　40

①　五カ国蔵相・中央銀行総裁会議(G5)でドル高是正のプラザ合意が実現すると、円高が一気に加速した。

②　IMF 8条国に移行するとともにOECDに加盟し為替と資本の自由化を実施した。

③　アメリカの施政権下にあった小笠原諸島の返還が実現した。

④　日韓基本条約を結び、韓国との国交を正常化した。

現代社会

(60分)

1 次の文章を読み、問いに答えなさい。

私たちは、地域の住民として生活を営んでいる。そして、地域に関する事柄はその地域に居住する住民自身の意思にもとづいて解決する仕組みがある。これを地方自治(a)という。イギリスの政治学者ブライスは「地方自治は、民主主義の【　A　】であるだけでなく【　B　】である」といった。今日でも、国の政治は行政国家(b)と呼ばれる性格が強まっているため、地方自治の確立は国の政治を民主的なものにするための基礎になると考えられている。

地方自治を行う単位を地方公共団体(c)といい、普通地方公共団体には【　C　】と【　D　】がある。地方公共団体は、その地方公共団体独自の事務を管理執行する(d)ほか、本来は国が果たすべき事務のうち法律で地方公共団体が管理執行することとされた事務を管理執行する(e)。

住民には、自らの居住する地方公共団体の自治に参加する(f)権利として、解職請求権と条例制定・改廃請求権など(g)が保障されている。さらに、原子力発電所の建設や公共事業の是非について住民に意思表明の機会を保障するため、住民投票条例を定めた地方公共団体もある。

問1　【A】と【B】に入る語句の組み合わせとして適切なものを次の①～④のうちから一つ選びなさい。　1

①　【A】供給源　【B】成果　　②　【A】源泉　【B】学校

③　【A】実験場　【B】工場　　④　【A】成功　【B】欠陥

問2　【C】と【D】に入る語句の組み合わせとして適切なものを次の①～④のうちから一つ選びなさい。　2

① 【C】市町村　【D】政令市　② 【C】政令市　【D】特別区
③ 【C】都道府県　【D】市町村　④ 【C】都道府県　【D】政令市

問 3　下線部(a)について、日本で地方自治の制度が発足したきっかけとして適切なものを次の①～④のうちから一つ選びなさい。　3

① 大日本帝国憲法の制定　② 大正デモクラシー
③ 日本国憲法の制定　④ 地方分権改革

問 4　下線部(b)について、行政国家の特徴に関する記述として適切でないものを次の①～④のうちから一つ選びなさい。　4

① 国の行政機能が拡大し、行政機関の数や規模が増大する。
② 国政において官僚が果たす役割が増大する。
③ 欧米では21世紀初頭から行政国家化の傾向が強まった。
④ 行政府に権力が集中する。

問 5　下線部(c)について、地方公共団体の組織に関する記述として適切でないものを次の①～④のうちから一つ選びなさい。　5

① 知事や市長などの首長は、地方公共団体の執行機関である。
② 県議会や市議会などの議会は、地方公共団体の議決機関である。
③ 地方裁判所は、地方公共団体の司法機関である。
④ 教育委員会や労働委員会は、地方公共団体の執行機関である。

問 6　下線部(d)について、地方公共団体が管理執行する事務のうち、その地方公共団体独自のものを何というか。適語を書きなさい。　6

問 7　下線部(e)について、地方公共団体が管理執行する事務のうち、本来は国が果たすべき事務のうち法律で地方公共団体が管理執行することとされた事務を何というか。適語を書きなさい。　7

問 8　下線部(f)について、地方公共団体の議員の被選挙権は満何歳以上の住民に

与えられるか。数字を書きなさい。 8

問 9 （設問省略）

問10 国政と地方自治に関する記述として適切でないものを次の①～④のうちから一つ選びなさい。 10

① 日本では、地方公共団体の行政府の長は住民の直接選挙で選出されるが、国の行政府の長を国民が直接選挙で選出することはできない。

② 内閣総理大臣は国会の解散を決めることができ、地方公共団体の長も議会を解散できる。

③ 国の立法・司法・行政の各統治機関がチェック・アンド・バランスの関係にあるように、地方自治も三権分立の原理で成り立っている。

④ 地方公共団体の議会は、国の法律の範囲内で、条例を制定することができる。

2 次の文章を読み、問いに答えなさい。

戦後日本では家族における性別役割分業(a)を前提に、男性の長時間労働が行われてきましたが、その見返りとして男性労働者には日本型雇用(b)が保障され、妻や子どもたちは夫・父に扶養される形で家族が維持されてきました。しかし近年では、生活のために男女がともに働く社会へと変容しています。にもかかわらず、家族生活との両立のために不可欠の労働時間規制(c)は行われず、むしろ男女が長時間労働に駆り立てられ、「総活躍」が求められているのです。皮肉にも「【　A　】」「一億総活躍」を進めることが、男女と家庭の生活を過酷なものにしているのです。

では、こうした社会のなかで、若い世代はどのように家族を考えているのでしょうか。家族をどうつくっていくのかをめぐって、若い世代の男女の意識のズレを表す興味深い調査結果があります。「夫は外で働き、妻は家庭を守るべき」という考え方をどう思うかを聞いているのですが、20代の男性では反対が48%から53%に増え(2002→2014年)ています。現代家族(d)の困難を夫婦の共働きで乗り切ろうとする意識が強まっていると言えるでしょう。ところが20代の女性では、性別役割分業賛成が33%から40%に増加しています(2002→2014年、内閣府『【　A　】社会に関する世論調査』、『女性の活躍推進に関する世論調査』)。これまで20代女性は、どの世代・性に増して、性別役割分業への否定意識が広がっていたのですが、最近は逆に性別役割分業意識が強まっているのです。これまで見たような働くことと家庭生活の両立の難しさのなかで、性別役割分業を強めることで乗り切ろうと見通す若い女性(e)が増えていると言えるでしょう。しかし現代の労働環境のもとで、こうした戦略が実を結ぶかを考えてみなくてはならないでしょう。

(出典：蓑輪明子「男女ともにフツーに生きられる社会」(池谷壽夫ほか編『男性問題から見る現代日本社会』、はるか書房、2016年))

問1　【A】には、男女が互いに互いの性を尊重し合い、同じ権利と責任をもつことができるような社会のあり方を指す用語が入る。【A】に入る適語を書きなさい。　11

問 2　下線部(a)について、セックス(生物学的な性)と異なり、社会的・歴史的な条件の下でつくられていく性役割によって生み出される性差を何というか。適語をカタカナで書きなさい。　12

問 3　下線部(b)について、日本型雇用とは日本的雇用慣行とも呼ばれるものである。下記の文章を読み、【B】～【F】に入る適語を書きなさい。

【B】 13　【C】 14　【D】 15
【E】 16　【F】 17

日本では、高度経済成長期を経て、【　B　】別労働組合が定着し、採用後は不況になっても容易に解雇されず定年まで働ける【　C　】制が大企業中心に定着した。勤続年数とともに給与が上昇し、退職金が付加される【　D　】型賃金制とあわせ、日本的雇用慣行と呼ばれた。

しかし、右肩上がりの経済成長が望めないなかで、将来の賃金の伸びを従業員に対して約束することは企業にとって大きな負担となった。そこで一年間の仕事の成果や貢献度によって、年間の給与総額を決める【　E　】制を採用する企業も増えている。

また、パート・アルバイト・派遣といった非正規雇用の形態で働く人の割合も増えている。労働者が景気悪化によりやむなく非正規雇用で雇われる例や、長時間働いても生活保護給付以下の所得しか得られない【　F　】と呼ばれる人びとも存在する。

問 4　下線部(c)について、労働基準法における労働時間の規制に関する記述として下線部が適切なものを次の①～④のうちから一つ選びなさい。　18

① 満18歳未満の者と女性は、午後10時から午前5時までの深夜労働が原則、禁止されている。

② 使用者は、原則、1週間に45時間、1日に9時間を超えて働かせてはいけない。ただし、労働時間を延長して働かせる場合は割増賃金を支払わなくてはいけない。

③ 賃金だけでなく、労働時間についても、男女同一の原則が示されてい

る。

④　使用者は、労働時間が6時間を超える時は少なくとも45分の休憩を与えなければならない。

問5　下線部(d)について、現代日本における家族のあり方に関する記述として適切なものを次の①～④のうちから一つ選びなさい。　19

①　今日の日本では女性の育児休業の取得は認められているが、男性の取得は認められていない。

②　今日の日本では、介護休業について男女の取得率に大きな差はない。

③　日本の合計特殊出生率は、1970年代以降、人口の維持が困難とされる2.08を下回っており、少子化が進展している。

④　国民の強い支持・要望があり、今日の日本では夫婦別姓や同性婚が法的に認められるようになり、家族の形態が多様になっている。

問6　下線部(e)について、女性の差別撤廃や社会進出に関する記述として下線部が適切なものを次の①～④のうちから一つ選びなさい。　20

①　クォータ制とは、すでに形成された社会的な差別によって不利益を受けてきた女性などに対して、積極的に機会均等を実現する特別措置のことである。

②　最高裁判決にもとづき、2016年に女性の再婚禁止期間を6ヶ月から100日に短縮する民法の改正がなされた。

③　世界食糧サミットにおいて、子どもを産むか産まないか、いつ何人産むかなど、女性が自分の身体や健康のことを自己決定するリプロダクティブ・ヘルス／ライツの概念が提唱された。

④　女子(女性)差別撤廃条約の批准に伴い、日本では労働基準法における女性の保護規定がすべて廃止された。

3 次の文章を読み、問いに答えなさい。

(a)19世紀以来の労働運動の積み重ねを踏まえて、第一次大戦後、なかんずく第二次大戦後の西欧諸国で憲法体系の中に取り込まれた経済社会像については、いろいろな言い方があります。ドイツで言えば「Sozialstaat(社会国家)」、フランスで言えば「régime mixte(混合体制)」、いちばん広く知られたイギリスについては(b)「Welfare State(福祉国家)」という言葉です。そのような国家のあり方が、ほかならぬ日本国憲法では、とりわけ(c)25条の生存権と(d)28条の労働基本権の中に受けとめられていたはずでした。けれども、憲法25条との関係はどうか、ましてや28条との関係はどうなのかという議論がほとんど聞かれないままに、一方的に(e)脱規制社会化が進行しました。2007年のアメリカ発の経済金融危機の衝撃を受けて、言論の世界でも若干の揺り戻しが見られますが、現在のところ、その行方はまだ定まっていないようです。

ところで、戦後、日本国憲法25条、28条を中心にする憲法論の基本は、日本社会ではごく素直に受け入れられました。…〔中略〕…ヨーロッパの場合には、その種の規定が第二次大戦後の憲法の中に公に取り入れられるためには、長い実現のための過程が必要だったのです。アメリカ合衆国では、その種の条文が今でもありません。その種の条文がないという状態のもとで、しかしアメリカ合衆国でも現実の必要は先進資本主義国に共通ですから、よく知られていることですけれども、1929年にはじまる世界恐慌の後に打ち出されたF・ルーズベルトの【　A　】政策の一環として、連邦政府が経済過程に関与、介入してこざるを得なくなります。それは、伝統的な経済領域における国家からの自由の発想からすると、簡単には認められない。当然、違憲訴訟が起こります。

ある時期、合衆国最高裁判所は、ルーズベルトの【　A　】政策の根幹をなす(f)一連の立法を次々に違憲と判断しました。直接の論点は連邦権力と州権力、ユナイテッドステーツとステーツの権力配分の問題が決め手とされたのですけれども、もとよりその背景には、実質論として、伝統的な経済領域における国家からの自由vs新しい考え方、という対立があったのでした。

(出典：樋口陽一『いま、憲法は「時代遅れ」か―＜主権＞と＜人権＞のための弁

明』、平凡社、2011年)

問1　文中のF・ルーズベルトとはアメリカのローズベルト大統領のことである。【A】に入る適語を書きなさい。　21

問2　下線部(a)について、労働運動に関する記述として下線部が適切なものを次の①〜④のうちから一つ選びなさい。　22

① 19世紀に生まれたエンゲルスは、労働者が置かれた過酷な状況を本に著すとともに、マルクスとともに空想的社会主義の理論をうち立てた。

② ドイツ帝国の首相となったビスマルクは、社会保険制度をつくる一方で、労働運動に関わる集会や出版を禁止する工場法を制定した。

③ 資本主義の発展が遅れた日本では、第二次世界大戦以前には労働運動は見られなかった。

④ 労働条件の改善を通じて社会正義を実現するために、1919年、国際連盟の機関としてILOが創設され、その本部がジュネーブに置かれた。

問3　下線部(b)について、福祉国家の特徴に関する記述として適切でないものを次の①〜④のうちから一つ選びなさい。　23

① 経済的弱者を保護するために、社会保険や公的扶助などの整備を最重要の課題としている。

② 国民の福祉を実現するために、国家はできるだけ国民の経済活動に介入しないようにしている。

③ 累進課税制度を強化し、所得の再分配の効果を高めるようにしている。

④ イギリスのベバリッジ報告やアメリカの社会保障法は福祉国家の構想と関係している。

問4　下線部(c)について、日本国憲法第25条の生存権に関する記述として適切なものを次の①〜④のうちから一つ選びなさい。　24

① 母子世帯の視覚障害者である原告が児童扶養手当法の規定をめぐり起こした裁判に朝日訴訟がある。

② 日本国憲法第25条は国家の努力目標を宣言したにとどまり、国民の具体的権利を保障するものではないとする考え方をプログラム規定説という。

③ 国家の積極的な介入により人間らしい生活を保障しようとする人権を自由権的基本権という。

④ 日本国憲法第25条に基づく日本の公的扶助は、生活・教育・住宅・医療・出産・生業・葬祭の7種類である。

問5　下線部(d)について、日本国憲法第28条の労働基本権に関する記述として適切なものを次の①～④のうちから一つ選びなさい。　25

① 労働組合法は、使用者による不当労働行為の禁止の規定を設け、労働者の権利を守っている。

② 地域別最低賃金は、労働者の生計費等を考慮して定められるが、パートタイマーには適用されない。

③ 厚生労働省調査(令和4年)によれば、労働組合の推定組織率は2000年以降一貫して上昇傾向にある。

④ 警察職員や消防職員は、団結権は認められているが、団体交渉権は認められていない。

問6　下線部(e)について、日本において1990年代以降に進んだ、企業や国民の様々な活動に対する国家の規制を緩める政策を総称して何というか。適語を漢字四文字で書きなさい。　26

問7　下線部(e)について、脱規制社会に関する下記の文章を読み、【B】～【D】に入る適語を次の①～⑦のうちから一つずつ選びなさい。

【B】 27　【C】 28　【D】 29

日本における脱規制社会化の動きは、2000年に中小小売業の保護を目的とした【　B　】が廃止され、新たな法律が制定されたことに見られるように、特に経済分野において顕著であった。【　B　】の廃止に関しては、同法が日本市場における【　C　】になっていると主張するアメリカの圧力も働いていた。また、労働分野においては、1985年に成立した【　D　】が、1999年に改正されてその適用がより幅広い業種へと拡大された。これによって、労働力の流動化は一層進んでいくことになった。

①　非正規雇用労働者法　　②　保護関税要因
③　労働者派遣法　　④　都市計画法
⑤　労働契約法　　⑥　大規模小売店舗法
⑦　非関税障壁

問 8　下線部(f)について、立法についての憲法判断に関する記述として適切なものを次の①～④のうちから一つ選びなさい。　30

①　日本国憲法でも、裁判所に法律が憲法に適合するかしないかを決定する権限が与えられているが、今までこの権限が行使されたことはない。

②　日本では違憲立法審査権が認められておらず、それにかわって憲法裁判所が置かれている。

③　日本における違憲立法審査権は、最高裁判所だけでなく下級裁判所にも認められているという考え方が通説である。

④　きわめて高度な政治性をもつ国の行為は司法審査の対象にならないという考え方を統治行為論といい、長沼ナイキ基地訴訟の札幌地裁による第一審判決はこれによって自衛隊の憲法判断を回避した。

4 次の年表は地球環境問題への対策に関するものである。これを見て、問いに答えなさい。

1971年	ラムサール条約採択
1972年	ロンドン条約採択 世界遺産条約採択 (a)国連人間環境会議開催 人間環境宣言採択
1973年	ワシントン条約採択
1985年	ウィーン条約採択
1987年	モントリオール議定書採択
1988年	【　A　】に関する政府間パネル(IPCC)設置
1989年	バーゼル条約採択
1992年	(b)国連環境開発会議開催 【　A　】枠組み条約採択 生物多様性条約採択
1994年	砂漠化対処条約採択
1997年	第3回【　A　】枠組み条約締約国会議(COP3)開催 【　B　】議定書採択
2010年	第10回生物多様性条約締約国会議(COP10)開催 【　C　】議定書採択
2015年	第21回【　A　】枠組み条約締約国会議(COP21)開催 【　D　】協定採択

問1　【A】に入る適語を漢字四文字で書きなさい。　31

問2　1997年に開催されたCOP3において、先進国における温室効果ガスの排出削減目標をはじめて定めた議定書を何というか。【B】に入る適語を書きなさい。　32

問 3　2010年に開催されたCOP10において、遺伝資源の取得の機会とその利用から生ずる利益の公正な配分に関する国際ルールを定めた議定書を何というか。【C】に入る適語を書きなさい。　33

問 4　2015年に開催されたCOP21において、発展途上国を含む国際社会全体が温室効果ガスの削減に取り組むための新たな枠組みとして採択された協定を何というか。【D】に入る適語を書きなさい。　34

問 5　次の文章を読み、【E】～【H】に入る適語を次の①～⑧のうちから一つずつ選びなさい。

【E】 35　【F】 36　【G】 37　【H】 38

地球環境問題に対して、これまでに世界全体で様々な対策が講じられてきた。

太陽光に含まれる有害な紫外線を吸収するオゾン層を保護するために、【　E　】などにより、オゾン層破壊物質であるフロンの使用が段階的に規制され、現在では、先進国におけるフロンの製造・使用が禁止されている。

生物の多様性を保全するための取り組みでは、野生生物の国際取引を規制する【　F　】や水鳥の生息地として国際的に重要な湿地とそこに生息する動植物の保全を目的とする【　G　】などがある。

このほか、有害廃棄物の国境を越える移動や処分を規制する【　H　】など、多くの条約が採択されている。

①　ラムサール条約　②　ロンドン条約　③　世界遺産条約
④　ワシントン条約　⑤　ウィーン条約　⑥　バーゼル条約
⑦　生物多様性条約　⑧　砂漠化対処条約

問 6　下線部(a)について、1972年にストックホルムで開催された国連人間環境会議での決議に基づいて設立された環境保護を目的とする国連の機関を何というか、次の①～④のうちから一つ選びなさい。　39

①　UNHRC　②　UNEP　③　UNDC　④　UNDP

問 7　下線部(b)について、1992 年にリオデジャネイロで開催された国連環境開発会議に関する記述として適切でないものを次の①～④のうちから一つ選びなさい。 40

①　国連環境開発会議は、「地球サミット」とも呼ばれている。

②　国連環境開発会議のスローガンは、「かけがえのない地球」である。

③　国連環境開発会議において、「環境と開発に関するリオ宣言」が採択されている。

④　国連環境開発会議において、持続可能な開発を実現するための具体的な行動計画である「アジェンダ 21」が採択されている。

数　学

（注）　工学部社会基盤学科都市デザイン専攻・建築学科住居デザイン専攻の文系受験，経営学部の文系受験，情報科学部情報科学科メディア情報専攻の文系受験は「**文系**」を，その他は「**理系**」を解答する。

◀理　　系▶

（90 分）

数学問題 1　**（(1)〜(5) は必答問題，(6)，(7) は選択問題）**

次の ［　　］ を適当に補え。

(1)　$x^4 - 2x^2 + 1$ を因数分解すると ［ア］ である。
$(x+1)(x-1)(x^2+x+1)(x^2-x+1)$ を展開して整理すると ［イ］ である。

(2)　初項が 2 で公差が -3 の等差数列を $\{a_n\}$，初項が 1 で公差が 2 の等差数列を $\{b_n\}$ とし，数列 $\{a_n\}$ の第 b_k 項を c_k $(k = 1, 2, 3, \cdots)$ とする。このとき，$b_3 =$ ［ウ］，$c_3 =$ ［エ］ である。また，数列 $\{c_k\}$ の初項から第 20 項までの和は ［オ］ である。

(3)　$y = \sqrt{3}\sin\theta + 3\cos\theta$ とおく。$\pi < \theta < \frac{3}{2}\pi$ において，y がとり得る値の範囲は ［カ］ であり，y が最小値をとるとき $\theta =$ ［キ］ である。

(4)　xy 平面において，連立不等式

$$\begin{cases} x^2 + y - 3 \leqq 0 \\ x - 2y + 2 \leqq 0 \end{cases}$$

が表す領域を D とする。このとき，D に含まれる点の x 座標の最小値は ［ク］

であり，最大値は [ケ] である。また，D に含まれる点(x, y)で，x，y が共に整数であるものは全部で [コ] 個である。

(5) $x \geqq 1$ において $f(x)=\int_1^x \frac{3-\log t}{t}\,dt$ とするとき，$f'(x)=$ [サ] であり，$f(x)$ の最大値は [シ] である。

次の(6)，(7)は選択問題である。1問を選択し，解答用紙の所定の欄のその番号を○で囲み，解答せよ。

(6) 1個のさいころを2回続けて投げて，出た目を順番に a，b とするとき，$|a-b|<3$ となる確率は [ス] であり，$|a-b|<3<a+b$ となる確率は [セ] である。

(7) n を自然数とする。$9n$ を101で割った余りが1となるような n のうち，最小のものは $n=$ [ソ] であり，2024以下で最大のものは $n=$ [タ] である。

数学問題2 **(必答問題)**

xy 平面において，曲線 $y=\sqrt{x}$ を C とし，点$(4, 2)$における C の接線を ℓ，直線 $y=2$ を m とする。また，曲線 C，接線 ℓ および y 軸で囲まれた部分を D とする。

(1) 接線 ℓ の方程式を求めよ。

(2) D の面積を求めよ。

(3) D を直線 m のまわりに1回転してできる立体の体積を求めよ。

◀文　系▶

(60 分)

数学問題 1　((1), (2), (3) は必答問題, (4), (5), (6) は選択問題)

次の [　　] を適当に補え。

(1)　$x^4 - 2x^2 + 1$ を因数分解すると [㋐] である。
$(x+1)(x-1)(x^2+x+1)(x^2-x+1)$ を展開して整理すると [㋑] である。

(2)　xy 平面において，放物線 $y = x^2 + x$ をまず x 軸に関して対称移動し，次に x 軸方向に -2 だけ平行移動した後，原点に関して対称移動して得られる放物線の頂点の座標は [㋒] である。その放物線ともとの放物線 $y = x^2 + x$ との交点の座標は [㋓] である。

(3)　30 人のクラスの各生徒に対して 2 つの変量 x, y を測定して得られたデータ (x_1, y_1), (x_2, y_2), …, (x_{30}, y_{30}) がある。x, y それぞれの平均値，標準偏差，x と y の共分散を調べたところ，下の表のようになった。このとき，x と y の相関係数の値は [㋔] である。

	x	y
平均値	7	4
標準偏差	3	6
共分散	-9	

また，新しい変量 u, v を $u = x + 3$, $v = 2y - 1$ とするとき，このクラスにおける u の平均値は [㋕]，v の標準偏差の値は [㋖]，u と v の共分散の値は [㋗] である。

次の(4), (5), (6)は選択問題である。2問を選択し，解答用紙の所定の欄のその番号を○で囲み，解答せよ。

(4) 1個のさいころを2回続けて投げて，出た目を順番に a, b とするとき，$|a-b|<3$ となる確率は [ケ] であり，$|a-b|<3<a+b$ となる確率は [コ] である。

(5) n を自然数とする。$9n$ を101で割った余りが1となるような n のうち，最小のものは $n=$ [サ] であり，2024以下で最大のものは $n=$ [シ] である。

(6) 半径がそれぞれ4，3である2つの円O，O′が外接しており，直線 ℓ が円O，O′と異なる2点T，T′でそれぞれ接しているとする。このとき，TT′ $=$ [ス] である。また，円O，O′および直線 ℓ に下の図のように接する円O″の半径は [セ] である。

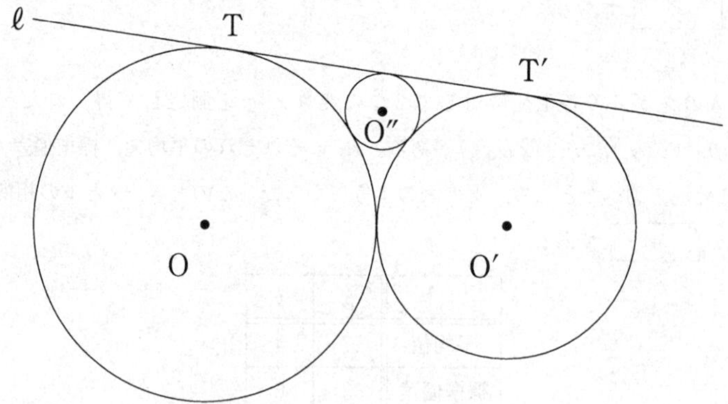

数学問題2 (必答問題)

aを定数とし，$f(x)=x^2-2|x-a|+a^2+a$とおく。また，関数$y=f(x)$の最小値を$m(a)$とする。

(1) $a=0$のとき，$y=f(x)$のグラフをかき，$m(0)$を求めよ。

(2) $m\left(\dfrac{1}{2}\right)$を求めよ。

2024年度

前期A方式 1月27日

物理

物　理

（60 分）

物理問題 1

次の空欄を補え。

(1)　図のように，なめらかで水平な床上に，床に垂直で北から東に曲がる壁がある。床上の質量 m の小物体が北向きに速さ v で壁に沿って入射した後，小物体は壁に沿って運動し，東向きに速さ v' となった。この間に，壁が小物体にした仕事は［　①　］であり，壁が小物体に与えた力積の大きさは［　②　］である。

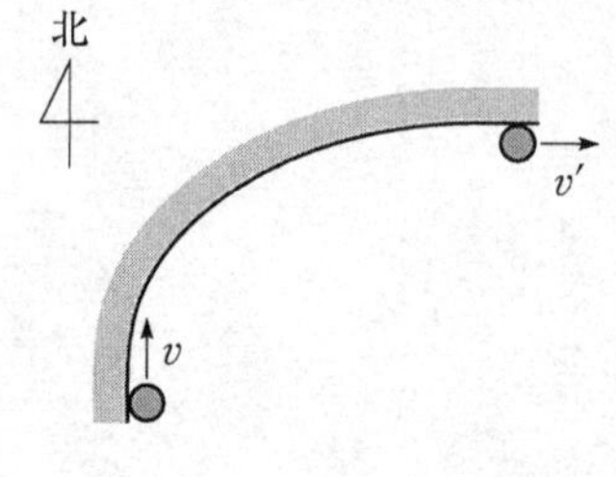

(2)　ある点電荷が原点にあるとき，原点を中心とするある半径の球面 S を N 本の電気力線が貫くとすると，同じ原点を中心とする半径が 2 倍の球面 S′ を貫く電気力線の本数は［　③　］本となる。また，球面 S′ 上での電場の強さは球面 S 上での電場の強さの［　④　］倍となる。

(3)　同じ面積の平行に向かい合った 3 枚の帯電していない金属板 A，B，C，起電力 V の電池，スイッチを用いて，図のような回路を組む。間隔 $2d$ の AB 間は比誘電率 ε_r の誘電体で満たされており，間隔 d の BC 間は真空であった。スイッチを閉じ

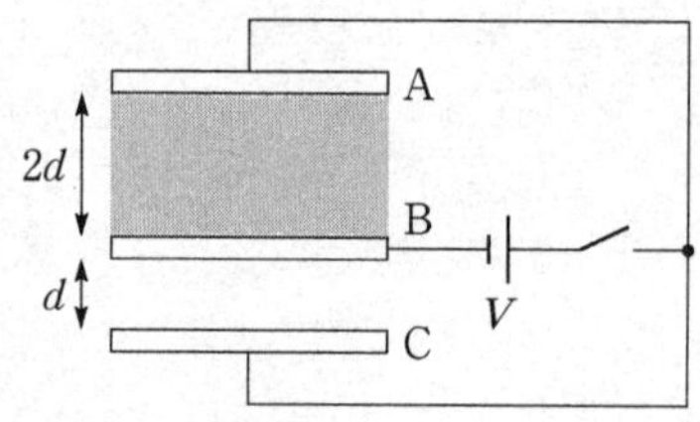

てから十分に時間がたった後，AB 間にできる電場の強さは [⑤] であり，A に蓄えられる電気量はCに蓄えられる電気量の [⑥] 倍である。

(4) 波長 10 cm の正弦波が x 軸の正の領域を負の向きに進んで，$x=0$ の原点で反射するとき，x が正の領域には定常波ができる。この反射が固定端反射であるとき，原点に最も近い定常波の腹の位置は，x 座標が [⑦] cm の位置である。また，この反射が自由端反射であるとき，原点に最も近い定常波の節の位置は，x 座標が [⑧] cm の位置である。

(5) 物質量 n [mol]，定積モル比熱 C_V [J/(mol·K)]，定圧モル比熱 C_p [J/(mol·K)] の理想気体がある。この気体を加熱し，気体の圧力を一定に保ったまま膨張させると，温度が ΔT [K] だけ上昇した。加熱前後の状態間における気体の内部エネルギーの変化量は [⑨] [J] である。また，気体が外部にした仕事は [⑩] [J] である。

物理問題 2

図のように，なめらかな水平面と点Oを中心とする半径rのなめらかな$\frac{3}{4}$円筒面PQRをOPが水平となるようにつないだ。点Pで質量mの小物体を静かにはなして円筒面をすべらせたところ，最下点Qを通過して円筒面をすべり上がった。重力加速度の大きさをgとして，次の問いに答えよ。

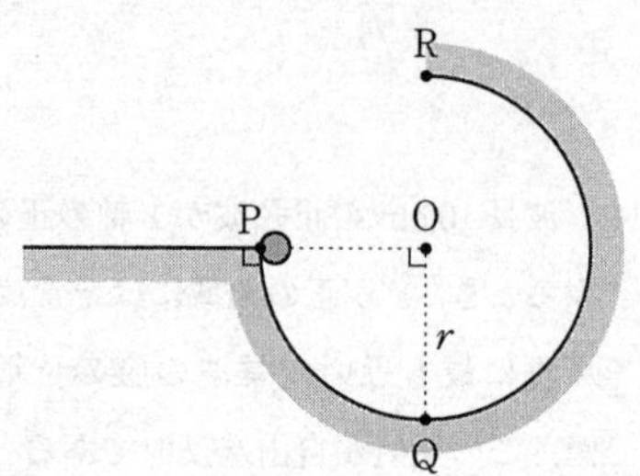

(1) 点Qにおける小物体の速さはいくらか。

次に，点Pで同じ小物体に$3\sqrt{gr}$の速さを鉛直下向きに与えて円筒面をすべらせたところ，点Qを通過して円筒面をすべり上がり，最高点Rに到達した。その後，点Rから円筒面を飛び出し，水平面に落下してはねかえった。

(2) 点Rに到達する直前で，小物体が円筒面から受ける垂直抗力の大きさはいくらか。

(3) 小物体が水平面に落下した位置の点Pからの距離はいくらか。

(4) 小物体と水平面との間の反発係数をeとすると，小物体が水平面ではねかえった後に達する最高点の水平面からの高さはいくらか。

化　学

（60 分）

解答用紙の所定の記入欄に，問題の答えをそれぞれ指示された通り記述しなさい。また，問題文中の体積の単位記号Lは，リットルを表します。

必要であれば，定数および原子量は問題中に指示がある場合をのぞき，次の値を用いなさい。

アボガドロ定数　$N_A = 6.02 \times 10^{23}$/mol

標準大気圧　1 atm = 1.013×10^5 Pa = 1013 hPa

気体定数　$R = 8.31 \times 10^3$ Pa·L/(K·mol) = 8.31 Pa·m^3/(K·mol)

　= 8.31 J/(K·mol)

圧力の単位に atm，体積の単位に L を用いると，

R = 0.0820 atm·L/(K·mol)

ファラデー定数　$F = 9.65 \times 10^4$ C/mol

原子量　H = 1.0，C = 12，N = 14，O = 16，Na = 23，

Cl = 35.5，Br = 80，Ag = 108

化学問題 1

2024年度 前期A方式 1月27日 化学

次の各問の空欄を補え。

問 1. 次の分子(a)〜(d)のうち，非共有電子対を 2 組もつものの記号だけをすべて記載すると [ ] である。

(a) 二酸化炭素 CO_2

(b) 窒素 N_2

(c) 水 H_2O

(d) 塩化水素 HCl

問 2. 次の記述①〜④のうち，下線部の数値が最も小さいものは [ ] である。

① 濃度 4.0×10^{-2} mol/L の酢酸水溶液の pH。ただし，このときの電離度を 0.025 とする。

② 濃度 1.0×10^{-2} mol/L の硝酸の pH。ただし，このときの電離度を 1.0 とする。

③ 水酸化物イオン濃度が 1.0×10^{-8} mol/L である水溶液の pH。

④ 過マンガン酸カリウム $KMnO_4$ 中のマンガン原子 Mn の酸化数。

問 3. 濃度不明の過酸化水素水 20.0 mL を希硫酸で酸性にして，0.0300 mol/L の過マンガン酸カリウム水溶液で滴定したところ，16.0 mL 加えたときに滴下した水溶液の赤紫色が消えなくなり終点に達した。この過酸化水素水の濃度は [ ] mol/L である。答えは有効数字 3 桁で記せ。ただし，希硫酸中で，過マンガン酸イオン，および過酸化水素は次のようにはたらく。

$$MnO_4^- + 8H^+ + 5e^- \longrightarrow Mn^{2+} + 4H_2O$$

$$H_2O_2 \longrightarrow O_2 + 2H^+ + 2e^-$$

問 4. 次の熱化学方程式を用いて炭素 C(黒鉛)の燃焼熱を求めると [ ] kJ/mol である。

$$C(黒鉛) = C(気) - 716\,\mathrm{kJ}$$

$$O_2(気) = 2O(気) - 498\,\mathrm{kJ}$$

$$CO_2(気) = C(気) + 2O(気) - 1608\,\mathrm{kJ}$$

問 5. 白金電極を用いて硝酸銀水溶液を電気分解したところ，陰極に銀が 4.32 g 析出した。このとき流れた電気量は [(ア)] C であり，陽極で発生した気体の体積は 0 ℃，1.013×10^5 Pa で [(イ)] L である。

問 6. アルミニウムとその化合物に関する次の記述(a)〜(c)の正誤の組み合わせとして正しいものは，下の①〜⑧のうち [ ] である。

(a) アルミニウムは 13 族の遷移元素であり，3 個の価電子をもち，3 価の陽イオンになりやすい。

(b) アルミニウムは，鉱石のボーキサイトからつくられる酸化アルミニウム Al_2O_3 を，氷晶石 Na_3AlF_6 とともに溶融塩(融解塩)電解して得られる。

(c) 硫酸カリウム K_2SO_4 と硫酸アルミニウム $Al_2(SO_4)_3$ の混合水溶液を濃縮すると，ミョウバン $AlK(SO_4)_2 \cdot 12H_2O$ の正八面体の結晶が得られる。

① a：正，b：正，c：正　② a：正，b：正，c：誤
③ a：正，b：誤，c：正　④ a：正，b：誤，c：誤
⑤ a：誤，b：正，c：正　⑥ a：誤，b：正，c：誤
⑦ a：誤，b：誤，c：正　⑧ a：誤，b：誤，c：誤

問 7. 次の記述(1)〜(3)に該当する分子式 C_6H_{14} の構造異性体は，A〜D のうちどれか。それらの組み合わせとして正しいものは，下の①〜⑫のうち [ ] である。ただし，光学異性体は考えないものとする。

(1) 紫外線を照射して塩素と反応させると，1 つの水素原子が塩素原子に置換したものが 2 種類得られる。

(2) 紫外線を照射して塩素と反応させると，1 つの水素原子が塩素原子に置換したものが 3 種類得られる。

(3) 紫外線を照射して塩素と反応させると，1 つの水素原子が塩素原子に置換したものが 4 種類得られる。

A

```
  H H H H H H
  | | | | | |
H-C-C-C-C-C-C-H
  | | | | | |
  H H H H H H
```

B

```
    H
    |
  H-C-H
H   |   H H H
|   |   | | |
H-C-C-C-C-C-H
| |   | | |
H H   H H H
```

```
      H
      |
    H-C-H
  H   |   H H H
  |   |   | | |
H-C---C---C-C-C-H
  |   |   | | |
  H   H   H H H
```

C

```
          H
          |
        H-C-H
  H H     |   H H
  | |     |   | |
H-C-C-----C---C-C-H
  | |     |   | |
  H H     H   H H
```

D

```
      H
      |
    H-C-H
  H   |   H H
  |   |   | |
H-C---C---C-C-H
  |   |   | |
  H   H   | H
          |
        H-C-H
          |
          H
```

	(1)	(2)	(3)
①	A	B	C
②	A	C	D
③	A	D	B
④	B	A	D
⑤	B	C	A
⑥	B	D	C
⑦	C	A	D
⑧	C	B	A
⑨	C	D	B
⑩	D	A	C
⑪	D	B	A
⑫	D	C	B

問 8. 次の文中の空欄(ア)～(ウ)に当てはまる最も適切な語句の組み合わせとして正しいものは，下の①～⑩のうちどれか。

第一級アルコールを酸化すると［(ア)］が得られる。［(ア)］はさらに酸化されて［(イ)］になりやすい。このとき，他の物質を［(ウ)］するので，［(ア)］は［(ウ)］性を示す。

	(ア)	(イ)	(ウ)
①	アルカン	アルケン	酸化
②	アルカン	アルケン	還元
③	アルケン	アルキン	酸化
④	アルケン	アルキン	還元
⑤	第二級アルコール	第三級アルコール	酸化
⑥	第二級アルコール	第三級アルコール	還元
⑦	カルボン酸	アルデヒド	酸化
⑧	カルボン酸	アルデヒド	還元
⑨	アルデヒド	カルボン酸	酸化
⑩	アルデヒド	カルボン酸	還元

化学問題 2

次の文を読み，各問に答えよ。

みそ汁の上澄み液を一定体積だけ量り取り，指示薬としてクロム酸カリウム(1)水溶液を適量加えたのち硝酸銀水溶液で滴定すると，塩分濃度(塩化ナトリウム濃度)を求めることができる。この沈殿滴定は，銀イオンが塩化物イオンと反応して水に難溶で(　ア　)色の(　イ　)が生じることを利用するものである。この沈殿滴定では，銀イオンとクロム酸イオンとで生じる赤褐色のクロム酸銀の沈殿生成(2)から終点を知ることができる。すなわち，終点に達するまではクロム酸銀ではなく(　イ　)の沈殿が生成する。この理由は，(　イ　)の飽和水溶液のモル濃度(mol/L)がクロム酸銀の飽和水溶液のモル濃度(mol/L)よりも(　ウ　)からである。この沈殿滴定は(　エ　)法とよばれる。

実験(A)～(C)の操作を下に示す。なお，みそ汁の上澄み液に含まれる塩化ナトリウム以外の物質はこの滴定に影響を及ぼさないものとする。

実験(A)　純粋な塩化ナトリウム 5.85 g を量り取り，水に溶かして全量を正確に 1000 mL とし，塩化ナトリウム標準溶液を調製した。

実験(B)　実験(A)で調製した塩化ナトリウム標準溶液5.0 mLをコニカルビーカーに量り取り，指示薬としてクロム酸カリウム水溶液を適量加え，濃度が定まっていない硝酸銀水溶液で滴定したところ，5.5 mLの滴下量で赤褐色の沈殿が生じたので滴定の終点とした。

実験(C)　みそ汁の上澄み液5.0 mLをコニカルビーカーに量り取り，指示薬としてクロム酸カリウム水溶液を適量加え，実験(B)で正確な濃度が判明した硝酸銀水溶液で滴定したところ，5.6 mLの滴下量で終点に達した。

問 1. 文中の(　ア　)，(　ウ　)，(　エ　)に適切な語句を，(　イ　)に適切な化学式を記せ。また文中の下線部(1)の化合物の化学式を記せ。

問 2. 文中の下線部(2)の沈殿生成反応をイオン反応式で記せ。

問 3. 実験(A)で調製した塩化ナトリウム標準溶液のモル濃度は何 mol/L か。答えは有効数字3桁で記せ。ただし，原子量は Na = 23.0, Cl = 35.5 とする。

問 4. 実験(B)で求められる硝酸銀水溶液のモル濃度は何 mol/L か。答えは有効数字2桁で記せ。

問 5. 実験(C)で求められるみそ汁の上澄み液中の塩分濃度(塩化ナトリウム濃度)は何 mol/L か。答えは有効数字2桁で記せ。

問 6. (　イ　)の飽和水溶液のモル濃度(mol/L)を求めよ。ただし，(　イ　)の溶解度積を $2.0 \times 10^{-10}\,(\text{mol/L})^2$, $\sqrt{2} = 1.4$ とする。答えは有効数字2桁で記せ。

化学問題3

次の文を読み，各問に答えよ。ただし，原子量は H = 1.0，C = 12.0，O = 16.0，Br = 80.0 とする。

ベンゼンは6個の炭素原子が［(a)］の頂点に位置し，それぞれの炭素原子に水素原子が1個ずつ結合しており，すべての原子が［(b)］上にある。6個の炭素原子間の結合は長さがすべて同等で，C−C 結合と C=C 結合の中間的な状態にある。このような，ベンゼンにみられる炭素骨格をベンゼン環といい，ベンゼン環をもつ炭化水素を［(c)］炭化水素という。

ベンゼンには C=C 結合が存在するが，アルケンとは異なり，付加反応はほとんど進行せずに，［(d)］が進行する。例えば，ベンゼンに濃硫酸を加えて加熱すると，強酸性の［(e)］が生じる。また，ベンゼンに鉄粉を触媒として塩素を作用させると，無色の液体で水に不溶な［(f)］が生じる。［(e)］に水酸化ナトリウム水溶液を作用させて塩としたのちに，固体の水酸化ナトリウムを加えて300℃前後で融解することで［(g)］が生じる。また，［(f)］を高温・高圧下で水酸化ナトリウム水溶液と反応させても［(g)］が生じる。［(g)］の水溶液に二酸化炭素を通じるとフェノールが遊離する。

問 1. 文中の空欄(a)〜(d)に当てはまる最も適切な語句は，それぞれ次の①〜④のうちどれか。

	①	②	③	④
(a)	正三角柱	正六面体	正六角形	正八面体
(b)	一直線	同一平面	同一円周	同一球面
(c)	脂肪族	脂環式	飽和	芳香族
(d)	置換反応	酸化反応	重合反応	縮合反応

問 2. 文中の空欄(e)〜(g)に当てはまる最も適切な化合物の名称を記せ。

問 3. ベンゼンに関する次の記述①〜⑤のうち，正しいものの記号だけをすべて記せ。

① 特有のにおいをもち，常温では有色の液体である。

② 水よりも密度が高く，水によく溶ける。

③ 引火しやすく，空気中では多量のすすを出しながら燃える。

④ 発がん性が高く，有毒である。

⑤ アセチレンと塩素の混合物に紫外線を照射すると，ベンゼンが生成する。

問 4. フェノールに関する次の記述①～⑤のうち，正しいものの記号だけをすべて記せ。

① 特有のにおいをもち，常温では無色の結晶である。

② 水にわずかに溶け，その水溶液は弱いアルカリ性を示す。

③ さらし粉の水溶液と反応させると，赤紫色を呈する。

④ 工業的には，クメン法により合成される。

⑤ 酢酸と容易に反応してエステルを生成する。

問 5. フェノール 18.8 g に十分な量の臭素水を反応させたところ，白色の沈殿が得られた。反応が完全に進行したとすると，得られた沈殿は何 g か。答えは有効数字 3 桁で記せ。

問 6. フェノール 18.8 g を十分な量の単体のナトリウムと反応させた。このとき発生した気体の体積は標準状態において何 L か。答えは有効数字 3 桁で記せ。ただし，発生した気体は理想気体とみなす。

d　社会のあらゆる領域に適用できる唯一の知見として利用する。

問8　傍線部(I)「政治的な論争を引き起こしやすい」のはなぜか。もっとも適当なものをa～dから一つ選びなさい。解答番号は 28 。

a　専門分化は、学問統一による全体性の理解を主張する科学者たちから批判され続けてきたから。

b　統一科学の理念を掲げる論理実証主義学派が、学問の統一を図ろうとしたから。

c　複合的な分野を根拠に、実用に留まらない何かしらの目的が付与されているから。

d　科学技術社会論における学際化の試みが、学問の統一の欲望につながるから。

問9　傍線部(G)「暗い歴史」について、本文で挙げられている例を、句読点も含めて二十字以上三十字以内で説明しなさい。解答は記述欄(二)に記入すること。

問5　傍線部(E)「そのこと」の内容としてもっとも適当なものを、a～dから一つ選びなさい。解答番号は 25 。

a　学問は本来つながっている、一つであるという主張が、いつから始まったかということ。

b　学問は一つであるという主張がなされてきたにもかかわらず、専門分化が進んだこと。

c　学問は本来つながっている、一つであるということを伝える表現が、多様であったこと。

d　学問は一つであるという主張が、なぜなされるようになったかということ。

問6　傍線部(F)「『統一された知、学問』の理念」とあるが、こうした理念との直接の関わりが言及されていない人を、a～dから一つ選びなさい。解答番号は 26 。

a　シェリング

b　アンリ・ベール

c　ルドルフ・カルナップ

d　ダーウィン

問7　傍線部(H)「ある種の『権威』として用いる」とはどういうことか。もっとも適当なものをa～dから一つ選びなさい。解答番号は 27 。

a　宗教的世界における真実として神聖視し、利用する。

b　学際的な試みの最も成功した事例として位置づけ、利用する。

c　万人が認め、従うのに値する、優れて信頼できるものとして利用する。

a　(A)　分解　(B)　知見
b　(A)　考察　(B)　把握
c　(A)　還元　(B)　理解
d　(A)　分離　(B)　認識

問3　傍線部(C)「歯が立ちません」とあるが、「歯が立たない」の類語として**適当でない**ものを、a～dから一つ選びなさい。解答番号は 23 。

a　とても手に負えない
b　太刀打ちできない
c　手につかない
d　手も足も出ない

問4　空欄(D)に入れる語としてもっとも適当なものを、a～dから一つ選びなさい。解答番号は 24 。

a　ひたすら
b　ひたむきに
c　一途に
d　真摯に

としてそれが、学問の枠を超えて、自然科学的知見を、(H)ある種の「権威」として用いる政治的なプロパガンダにつながっていったからです。

例をあげると、ナチス・ドイツは人種衛生学という複合的な分野を拠り所に、ユダヤ人を差別する政策を展開しました。人種衛生学は進化論と医学と人類学における当時の知見に、ナチスの政治改革志向が混ざったところに成立したものでした。科学技術社会論研究者のスティーヴ・フラーやダニエル・サレヴィッツは、学際化の試みが、実用を越えた「学問統一」への欲望と隣り合わせになりやすいことを指摘します。そして、しばしばそのような願望は実現しえないどころか、それが何らかの「全体性」を希求する場合ほど、(I)政治的な論争を引き起こしやすいことを示唆しています。

（隠岐さや香『文系と理系はなぜ分かれたのか』）

問1　空欄(1)～(4)に入れることばの組み合わせとしてもっとも適当なものを、a～dから一つ選びなさい。解答番号は 21 。

a　(1)　つまり　(2)　すなわち　(3)　さらに　(4)　しかし
b　(1)　とりわけ　(2)　さらに　(3)　ただし　(4)　つまり
c　(1)　しかし　(2)　特に　(3)　たとえば　(4)　ただし
d　(1)　けれども　(2)　ただ　(3)　すなわち　(4)　特に

問2　空欄(A)と空欄(B)に入れる語句の組み合わせとしてもっとも適当なものを、a～dから一つ選びなさい。解答番号は 22 。

(F)「統一された知、学問」の理念自体は、ガリレオやニュートンにもありました。彼らが自然の探求を行った背景には、数学により神の被造物を説明し尽くせるはずだとの信念があったのです（伝統的なアリストテレス主義では自然界を天文学や自然学などばらばらの科目で捉えており、数学の使用も限定されていました）。また、一九世紀初頭には哲学者のシェリングが熱を込めて、諸学に分かれているかのようにみえる知も究極的には一つであると説いていました。（(1)）、一九世紀において実際に進展したのは専門分化でした。

一九一〇～二〇年代の欧州において、既に専門分化の行きすぎは批判されていました。フランスの思想家アンリ・ベールは、哲学、歴史、科学史、科学認識論など広い分野の知識人を集めたサロン的活動を開催し、知の総合の必要性を説いていました。筆者の専門分野である科学史の創設者、ジョージ・サートンもその活動に恩恵を受けた人物の一人です。

また、同時期のドイツ語圏における哲学者と一部の社会科学者の間では、物理学や生物学分野の発展を受けて、人間社会の現象を自然科学的な原則に還元して理解しようとする「自然主義」の気運が本格的に高まっていました。

（(2)）、一九二九年にルドルフ・カルナップなどを中心としてウィーンで結成された、論理実証主義の学派は「統一科学」の理念を掲げ、影響力を持ちました。彼らは、科学は一つであり、社会学は心理学へ、心理学は生物学へ、生物学は化学へ、化学は物理学へと還元できるという見通し（還元主義）を持っていたのでした。物理学を基盤に考えるこのような立場を「物理主義」とも呼びます。

ダーウィンの進化論も、社会科学の諸分野に思想的な影響を与えました。（(3)）、進化論の自然選択プロセスを、経済成長のモデルや市場の選択メカニズムに重ねて考えた経済学者のヨーゼフ・シュンペーターやフリードリヒ・ハイエクのような人々がいます。

（(4)）、この時期の学際的な試み、とりわけ生物学的な自然主義が関わるものには、(G)暗い歴史もつきまとっています。時

二　次の文章を読んで、問いに答えなさい。

学問が様々な分野に分かれていったのは、純粋に制度的な要因から、人間の認識能力の限界に至るまで、様々な要因があります。たとえば、ある地域の大気汚染問題、経済状態、教育格差の問題などは、それぞれ環境学、経済学、社会学など、別々の分野で扱った方が深く理解できるでしょう。その一方で、調べる対象を要素に分けてしまうと、全体がどうなっているのかは、よくわからなくなります。

分けて考えないと情報量が多すぎるが、分けてしまうと元の姿がわからなくなる。要素への［(A)］と、全体性の［(B)］とは両立が難しいのです。異分野の知見を併せて、初めて全体像がわかり判明するということもあります。特に現実の社会には、あらゆる要素が混在していますので、何か問題が起きたとき、(C)一つの分野の知見では歯が立ちません。

二〇一一年に東日本大震災が起きたときには、津波の被害の範囲、原子力発電所の事故の原因究明、それらの経済的影響から、復興の地域格差の問題など、人文社会系・理工医系を超えたあらゆる範囲の知識が必要になりました。それはいわゆる実学的な分野に留まりません。たとえば、津波で流されてしまった地域の古文書を集めて修復する作業や、地域の災害に関する伝承を集めて防災に活かす試みなどには日本史や民俗学の専門知識が活かされました。

こうした実例を目の当たりにすると「学際化」、とりわけ人文社会系と理工医系をつなげる試みは、現実社会と向き合う上でも不可欠であり、［(D)］よいことばかりのように思えます。ただし、歴史を振り返ってわかるのは、やはり、話がそう単純でもないということです。

実は、学問は本来つながっている、あるいは一つであるという主張は、今世紀より前から様々な表現によりなされてきました。それにもかかわらず専門分化は進んで今に至っているのです。(E)そのことが何を意味するのかも考えなければいけません。

問11　本文の内容に合致するものをa～dから一つ選びなさい。解答番号は 20 。

a　シクリッドの仲間にも協同繁殖する種があるが、魚類で協同繁殖がはじめて見つかったのは、シクリッドの仲間ではなかった。

b　「ヘルパー」と呼ばれる複数の若魚が両親を手伝って子育てを行うという、プルチャーの習性を利用することで実験は行われた。

c　実験は、モニター画面でさまざまなタイプのモデル画像を動かし、それを水槽のガラス越しにプルチャーに見せるというものだった。

d　実験の結果、プルチャーは顔にある模様しか見ておらず、模様さえ同じならどんなものでも隣人と見なしたり、見知らぬ他人と判断したりすることが分かった。

問12　傍線部(I)「その逆もそうである」とはどういうことか。句読点も含めて三十五字以上五十字以内で説明しなさい。解答は記述欄(一)に記入すること。

問9　傍線部(F)「完璧である」とはどういうことか。もっとも適当なものをa～dから一つ選びなさい。解答番号は［18］。

a　写真がモニター上を移動しているだけなのに、本物の魚がそこにいて泳いでいるようにしか見えない映像ができたということ。

b　プルチャーの合成写真を見せられた同リョウ教員たちの反応が、理想的でけちのつけようのないものだったということ。

c　人間の目では見分けられないほど、プルチャーの顔模様をうまくまねて写真上に再現することができたということ。

d　顔模様を別個体のものと入れ替えているのに、そんな加工がされているとはまるで分からない写真ができたということ。

問10　空欄(G)と空欄(H)に入れることばの組み合わせとしてもっとも適当なものを、a～dから一つ選びなさい。解答番号は［19］。

a　(G)「隣人顔（模様）と隣人体」　(H)「隣人顔（模様）と他人体」

b　(G)「隣人顔（模様）と他人体」　(H)「他人顔（模様）と他人体」

c　(G)「他人顔（模様）と隣人体」　(H)「隣人顔（模様）と他人体」

d　(G)「隣人顔（模様）と他人体」　(H)「他人顔（模様）と隣人体」

b　プルチャーは顔の変異がある色彩模様で個体認識をしている
c　プルチャーは個体を認識する際に顔の模様以外は見ていない
d　プルチャーの顔の色彩模様は個体識別のために存在する

問7　傍線部(D)「まずはお隣さんを作ろう」とあるが、「お隣さんを作る」とはどういうことか。もっとも適当なものをa～dから一つ選びなさい。解答番号は 16 。

a　小さな水槽を2つ、隣り合わせに並べ、それぞれにプルチャーを1匹ずつ入れて飼育すること。
b　2匹のプルチャーを1つの水槽に入れて飼育し、隣接した縄張りを持たせること。
c　2匹のプルチャーの間に、「dear enemy 関係（親愛なる敵関係）」を形成させること。
d　それぞれの水槽内を縄張りとするプルチャーが、互いをはじめて見たときの行動をビデオ撮影すること。

問8　傍線部(E)「このこと」とはどのようなことか。もっとも適当なものをa～dから一つ選びなさい。解答番号は 17 。

a　隣人関係が形成されると、プルチャーは互いに寛容になり激しく攻撃し合うことはなくなること。
b　初対面だった2匹のプルチャーが、互いをお隣さんとして認め合うに至ったということ。
c　隣人関係にあるプルチャー間においても、攻撃行動が全く見られないというわけではないということ。
d　2匹のプルチャーの縄張り争いが決着し、「dear enemy 関係（親愛なる敵関係）」が形成されたということ。

a　同種の個体どうしが出会った場合、視覚によって、所属する群れが同じか違うかを互いに判断し合っている。
b　群れの個体が、同じ群れに所属するある個体と、また別の、同じ群れに所属する個体とを、視覚で区別している。
c　天敵や自然災害などによって群れが打撃を受けることが少なく、群れそのものが長期間維持されやすい。
d　同一個体が同一の群れに長く所属し、かつ、群れに所属する個体間にさまざまな社会的関係が存在する。

問5　傍線部(B)「このこと」とはどのようなことか。もっとも適当なものをa～dから一つ選びなさい。解答番号は［14］。

a　タンガニイカ湖のシクリッド科魚類の一部が、同種間において、互いの見た目で個体として区別しあっているということ。
b　タンガニイカ湖のシクリッド科魚類を対象に、日本人調査隊が長年にわたり継続的に現地での潜水調査を行ってきたこと。
c　タンガニイカ湖のシクリッド科魚類において、一夫一妻、ハレム型一夫多妻、ハレム型一妻多夫、共同的一妻多夫など、実に多様な社会行動が観察されること。
d　タンガニイカ湖のシクリッド科魚類の中に、相手の見た目がどうであるかではなく、相手が何者であるかによって行動を変える種が存在するということ。

問6　空欄(C)に入れるのにもっとも適当なものを、a～dから一つ選びなさい。解答番号は［15］。

a　プルチャーは目で見て互いに個体識別をしている

(4)　9
a　すると　b　そのため　c　そして　d　もし

(5)　10
a　ゆえに　b　例えば　c　このように　d　そこで

問3　傍線部①②の意味としてもっとも適当なものを、a～dからそれぞれ一つ選びなさい。解答番号は 11 ・ 12 。

①　寛容　11
a　仲良くすること
b　受け入れること
c　信用すること
d　無視すること

②　ランダム　12
a　選択や決定において、意思や意図が働いていないこと
b　どの場合についても同じようにすること
c　結果が偏らないように注意して、選択や決定を行うこと
d　すべての場合において異なるようにすること

問4　傍線部(A)「このような」の内容としてもっとも適当なものを、a～dから一つ選びなさい。解答番号は 13 。

(エ)　ヒン度　4

a　ヒン弱
b　ヒン客
c　ヒン脈
d　ヒン位

(オ)　同リョウ　5

a　本リョウ発揮
b　言語明リョウ
c　リョウ雄並び立たず
d　閣リョウ会議

問2　空欄(1)〜(5)に入れるのにもっとも適当なものを、a〜dからそれぞれ一つ選びなさい。解答番号は 6 〜 10 。

(1)　6

a　盲目的
b　経験的
c　実証的
d　結果的

(2)　7

a　はいる
b　もてる
c　つく
d　わかる

(3)　8

a　しかし
b　これに対し
c　したがって
d　もっとも

（幸田正典『魚にも自分がわかる――動物認知研究の最先端』）

問1　傍線部(ア)～(オ)を漢字で書いたときと同じ漢字を含むものをa～dからそれぞれ一つ選びなさい。解答番号は［1］～［5］。

(ア)　定ジュウ　［1］

a　会社のジュウ役
b　寺のジュウ職
c　主ジュウ関係
d　私生活のジュウ実

(イ)　タズサわる　［2］

a　ケイ行食
b　男女共同サン画社会
c　シュ芸用品
d　カイ護福祉士

(ウ)　ハイ撃　［3］

a　ハイ後の敵
b　ハイ水が悪い
c　ハイ棄物
d　指名手ハイ犯

調べたいのは、プルチャーが顔で相手を区別できるかどうかである。以前からの目論見とは、パソコンを使って、隣人と他人の写真で合成写真を作って、それを魚に見せることだ。寛容に接している隣人の写真の顔模様を他人の顔模様に入れ替えた合成写真と、他人の写真に親しい隣人の顔模様を入れ替えた合成写真をつくった。これが、実にうまくできているのだ。何人かの同(オ)リョウ教員に見せたところ、誰もどれが本物でどれが合成写真なのか答えられない。(F)完璧である。これらの写真を先ほどのモニター画面上で、画像として動かして、見せるのである。

もし、プルチャーが顔模様で隣人か他人かを見分けているのであれば、胴体には関係なく、隣人顔模様の画像には寛容に、他人顔模様の画像には警戒するはずだ。つまり、［ (G) ］の合成画像には寛容であり、［ (H) ］の合成画像は攻撃するはずである。もし、顔模様以外の体で認識しているなら、結果はその逆になるはずだ。加工していない本来の2つを含めた4つの画像のモデルを対象個体に②ランダムな順で提示し、その反応を見た。画像への慣れを防ぐため中2日開けて提示した。さあ結果やいかに。

まず、全身隣人の動く画像に対しては警戒時間が短く、全身他人画像には警戒時間が長かった。これは予備実験のとおりである。さてここからが本番。隣人顔模様と他人体の合成画像への警戒は、隣人画像に対する場合と差がなく低かったのだ。そして、他人顔模様と隣人体の合成画像には、他人の画像に対するのと違わないほど警戒の度合いが高かったのである。まったく予想どおりの結果となった。

もし体もある程度は判定基準にしているのなら、隣人顔模様と他人体の合成画像は、他人体の分、隣人画像より警戒が高くてもよさそうだが、そんなことにはなっていない。(I)その逆もそうである。つまり、画像の胴体部分はほとんど、あるいはまったく見ていないのである。（ (5) ）、プルチャーは顔の模様の変異だけを見て相手を識別していたのだ。実験は大成功といえる。そうなるだろうと思ってはいたが、結果が出たときはほんとうに嬉しかった。

てくる可能性が高く、危険だからである。

この関係を利用すればよい。もし、顔で相手を認識しているなら、お隣さんの顔だとあまり攻撃しないが、知らない個体の顔だと激しく攻撃するはずで、そうなれば仮説は検証されたことになる。

(D)まずはお隣さんを作ろう。小さな水槽を2つ並べ、その間に仕切りをしておく。それぞれにプルチャーを入れ数日飼っておく。水槽の底には隠れ家があり、気に入れば水槽内が自分の縄張りだと思ってくれる。そのころに仕切りを外し、互いにはじめて見る2匹の行動をビデオ撮影するのだ。

仕切りを開けた初日の朝は、お互いにはじめて見る未知個体であり、激しく攻撃し合った。しかしその翌日には攻撃(エ)ヒン度は大幅に下がり、そして4、5日後には攻撃ヒン度はほぼないほどに減少し、互いに寛容になってきた。おそらく隣人関係が形成されたのだ。ただし、攻撃自体を完全にしなくなるわけではない。(E)このことを確認するため6日目に、別の知らない個体が入った水槽を入れ替えて置いてみた。するとこの未知個体には激しく攻撃したのである。この実験でプルチャーが親愛なる隣人と他人とを区別していること、寛容あるいは攻撃的かの反応で、彼らがどう相手を認識しているのかが、我々にもわかることが示された。

もしプルチャーがお隣さんか見知らぬ相手なのかを姿で判別しているなら、写真でもできるかもしれない。より自然状態に近づけようと、水槽のガラス越しに、水槽の映像だけが流れているモニター画面を固定し、その画面上に写真を画像として動かした。画像がアニメーションとして、水槽の画面を移動するのだ。（　(4)　）、隣人の画像にはあまり攻撃や警戒をしないが、未知個体の画像にはかなり攻撃や警戒をしたのだ。これで、隣人と他人とを視覚的情報だけで認識し識別していることがわかった。モニター画像でも十分に認識できるのだ。そこで、以前から目論んでいた実験に移った。

見ているのか、体の一部を見ているのか、またどのように見ているのかなどは、まったくわかっていなかった。

脊椎動物（せきついどうぶつ）の社会のうち、最も複雑なもののひとつが協同繁殖と呼ばれる繁殖様式である。両親の他に、叔母や叔父や年上のきょうだいなどの主に血縁個体が、巣作りや給餌、保護など子育てに(イ)タズサわるのだ。狩猟採集時代に進化したヒトの本来の子育て様式がこの協同繁殖である。

実はシクリッドの仲間にも、協同繁殖する種が見つかっている。シクリッド科魚類には、巣場所に産卵し、孵化した子供を両親、あるいは雄親か雌親が単独で保護し育てる種類が多い。そのなかで、成長した子供が生まれた巣に留まり、弟や妹の世話を手伝う協同繁殖が進化したのである。鳥類や哺乳類ではかなりの種類で知られるが、魚類で協同繁殖がはじめて見つかったのがプルチャーである。

プルチャーの1つの集団には、両親のほか、「ヘルパー」と呼ばれる子育てを手伝う若魚が5～15匹ほどおり、彼らは互いに視覚により個体識別をしている。プルチャーの全身写真（全身8㎝ほど）を見てもらうと、顔の部分に茶色、黄色、青色の小さな模様があるが、体全体にはこれといった模様はないことがわかる。しかも、この顔の色彩模様は、よく見ると個体ごとに違うのだ。彼らが目で見て互いに個体識別ができるなら、それはこの顔の模様に基づくだろうと察しが（　(2)　）。そこで「　(C)　」という仮説を立てた。こんな小さい模様で識別するのは魚には無理かもしれない。けれど、この仮説には自信があった、というよりこれしかないと私は確信していた。顔の他には識別できる場所がないからだ。

さあ、どうやってこの仮説を検証するかが問題だ。なにせ相手は魚である。

まずは、プルチャーの習性を検討してみた。プルチャーの各個体も、縄張りを持ちながら暮らしている。このとき、お隣さんとは顔見知りの関係になり、お互いに縄張り境界を越えて侵入することはなくなる。そうなると信頼関係ができ、互いに寛①容になり、あまり攻撃しなくなる（まったくしないわけではない）。この寛容な隣人関係は「dear enemy 関係（親愛なる敵関

2024年度　1月27日　前期A方式　国語

国語

（六〇分）

一　次の文章を読んで、問いに答えなさい。

霊長類やライオン、ミーアキャット、ヒツジ、アカシカをはじめ社会性の哺乳類(ほにゅうるい)の多くは、メンバー構成が長期間にわたり安定した複雑な社会を形成している。(A)このような群れでは、メンバー同士は視覚で互いに相手が誰なのかを個別に認識している。調べられた限りでは、彼らのすべてが、互いの「顔」で仲間を個別に識別している。もちろん、同時に音声や匂いなどの個体特有の特徴も識別に使っているが、顔は共通した基本的な信号である。

魚でも、タンガニイカ湖のシクリッド科魚類やサンゴ礁魚類のうち、水底に縄張りを持ち定(ア)ジュウ生活をする種類は、長期にわたる安定した社会を形成している。タンガニイカ湖のシクリッド科魚類の社会構造は、これまで日本人調査隊が、過去40年あまりほぼ毎年現地調査に出かけ、潜水調査で明らかにしてきた。

彼らの社会行動は一夫一妻、ハレム型一夫多妻、ハレム型一妻多夫、共同的一妻多夫など、実に多様である。そこでも同種の同じ個体が繰り返し出会い、安定した社会関係を維持しており、視覚により互いに個体識別をしている。(B)このことは以前から多くの研究者は（　(1)　）に知っていた。しかし、その際、彼らが相手個体のどこを見て識別しているのか、例えば体全体を

2024年度 前期A方式 1月27日 英語

解答編

英語

A．(1)―c　(3)―b　(11)―b　(17)―d

B．(5)―b　(7)―d　(12)―c　(15)―a　(16)―b

C．(8)―c　(13)―d

D．1―b　2―a　3―c　4―a

E．1．ほとんどの人々は，あれやこれやの形で芸術から喜びを得る。

2．言語のように，音や考えなどを表し，人類が世界をどう見ているのかを表現するために使用される可能性があるから。

3．a sensual response

解説

《芸術の持つ機能》

A．(1)　空所を含む英文は，refer to *A* as *B*「*A* を *B* だと言及する」を受動態にした *A* be referred to as *B*「*A* は *B* だと言及される」である。よって，空所には c の前置詞 as が入る。

(3)　空所直前の delight は自動詞で，delight in *doing* の形で「～して喜ぶ」の意味となる。よって，b．in が正解。

(11)　他動詞 relate の本文での適切な形を選択する。英文の構造を分析すると be 動詞である is が空所の前に置かれていることから，進行形あるいは受動態とするのが適切だと判断できる。他動詞 relate は relate *A* to *B* の形で使用するが，本問では空所直後が前置詞 to になっているため，受動態にするのが適切である。よって，b．related が正解。

(17)　unfamiliar to ～ で「～にとってはなじみの薄い」，unfamiliar with ～ で「～に精通していない」の意味となる。本問の場合は，unfamiliar 以降が someone を修飾する部分となるため，「音楽的な美学に精通していない誰か」とするのが適切である。よって，d．with が正解となる。

B. ⑿　他動詞 appreciate は「～を正しく評価する」の意味であるが，音楽などを目的語とすると「～を鑑賞する」の意味となる。本問では opera が目的語となっているため，後者の意味とするのが適切である。よって，c が正解となる。

D. 1. 本問での下線部⑷ "This" を含む英文の意味は，「古代エジプトの象形文字のような文字の最初の形態において，芸術と文字の関係が見られるので，このことは驚くべきことではない」である。代名詞 this はすでに述べた内容を示し，本問では「芸術と文字の関係が見られる」ことが原因で示される内容を指す。直前の文（One of art's …）の内容がこれにあたり，b が正解となる。

2. 英文の主語は the artist，動詞は taps である。(注)にもあるように tap into ～ は「～を利用する」を意味する表現であるため，和訳の大きな骨組みは「芸術家は文化的な手がかりを利用する」となる。b は「手助けする」，d は「助ける」が動詞となっているため，誤りである。また，cultural cues に続く that は，主語が欠落した不完全文が続くことから関係代名詞だと判断できる。関係代名詞節内の構造は help *A do*「*A* が～するのを助ける」となっており，help the viewer fill in ～ で「見る人が～を埋めるのを助ける」の意味となる。よって，a が正解となる。c は「探すのを助ける」の部分が誤りである。

3. 空所直前の文の内容が「芸術は一度見ただけで完全に理解されることは滅多にない」となっており，これを受けた文が空所に入る。よって，a の「芸術を見た時に理解できる」と，b の「芸術を理解するには1回見れば十分である」は誤り。d は芸術理解ではなく外国語学習の内容となっているため誤り。よって，c の「繰り返し見ることが確実により意味を明らかにする」が正解。

4. a が第2段第3文（Visual arts …）の内容と一致するため正解となる。b は「常に再現することができる」の部分が第2段第4・5文（A painting is … object it portrays.）の内容と一致しない。c は「十分に理解している」の部分が，第1段最終文（Too often, …）に「芸術と言語の関係を考慮し損なう」とあるため誤り。d は「上品な芸術を生み出すこと」の部分が，第3段第5文（The affinity between …）の内容と一致しない。

E. 1. derive *A* from *B*「*B* から *A* を引き出す，得る」 in one form or another は「あれやこれやの形で」を意味する慣用表現。

2. 下線部に続く，第2段第1・2文（Art, … communicate their perceptions.）で，芸術（絵画）のコミュニケーション手段としての機能について言及されている。この箇所の内容を中心にまとめるとよい。

3. 下線部の代名詞 that を含む箇所は「絵画は描いた対象によって引き起こされるものと似た感覚反応を引き起こす」の意味である。よって，描いた対象によって引き起こされる「もの」は「感覚反応」であるため，a sensual response が正解となる。

A. (1)— a (2)— a (3)— b (4)— d (5)— d

B. (1)(a) gave (b) confidence (2)(c) very (d) for (3)(e) too (f) to

解説

A. (1) (Jose's dream for the future is) to have his <u>own</u> school to teach programming (to poor kids.)

英文では Jose's dream for the future が主語，is が動詞である。よって，並べ替えるのは補語となる部分である。和文では「自分の学校を持ち，貧しい子供たちにプログラミングを教えること」が相当する。まず，to have の後には his own school が続き，to teach の後には programming が続くとわかる。また，「貧しい子供たちにプログラミングを教える」となっているため，英文末の to poor kids の直前に to teach programming を入れ，to have his own school を is の直後に入れるとよい。

(2) (It was) a period when a renewed interest (in ancient Greek and Roman culture) <u>led</u> to many (cultural and intellectual achievements.)

和文を分析すると，「それ」が主語，「時代」が補語，「である」が動詞の第2文型で，「古代ギリシャ・ローマ文化への関心が再燃し，多くの文化的・知的成果をもたらした」の部分は「時代」を修飾する節であるとわかる。英文の書き出しの It was が主語と動詞であるため，直後に補語である a period をつなぐ。その後に関係副詞 when を用いて a period を修飾するとよい。関係副詞節の主語は，an interest in ～「～への関心」の表現を用いて，a renewed interest in ancient Greek and Roman culture「古代ギリシャ・ローマ文化へのよみがえった関心」とし，動詞は lead to ～「～に至る」の過去形 led to ～ とする。

(3)　The longer my grandfather lives(,) the more energetic he looks(.)

the＋比較級 ～, the＋比較級 …「～すればするほど，ますます…」の比較級を用いた頻出の基本構文。本問では「私の祖父は長生きをするほど」が前半部分，「ますます元気になっているように見える」が後半部分に相当する。

(4)　(Fred) helped her carry the heavy suitcase(.)

help *A do* で「*A* が～するのを助ける」を意味する基本表現。

(5)　(I) make it a rule to arrive ten minutes (ahead of the appointed time.)

make it a rule to *do* で「～することにしている」を意味する表現。

B. **(1)**　英文の主語が Winning the race であることと，和文の「彼に自信をつけた」の部分から，第4文型の英文となることが推測できる。よって，(b)には「自信」を意味する名詞 confidence が入る。英文の構造と和文を照らし合わせると，和文の意味は「レースでの勝利が彼に自信を与えた」と解釈できるため，(a)には「*A* に *B* を与える」の意味を持つ動詞 give の過去形 gave が入る。あるいは，和文を「レースでの勝利が彼を自信に満ちた状態にした」と解釈し，(b)には形容詞 confident，(a)には make の過去形 made を入れて第5文型の英文にしてもよい。

(2)　英文の構造から，(c)は直後の名詞 item を修飾する形容詞であり，「まさに」に当たる部分，(d)は和文の「探していた」に当たる表現であるとわかる。よって，(c)には「まさにその」の意味を持つ形容詞の very が入り，(d)には look for ～「～を探す」の成句表現を作る前置詞 for が入る。

(3)　「…すぎて～できない」を意味する too … to *do* の構文を否定文で用いた表現。よって，(e)には too，(f)には to が入る。

3 解答 (1)— a (2)— c (3)— b (4)— a (5)— c

解説

(1) a future を先行詞とする関係詞の問題。空所に続く節は，robots が主語，do が動詞，all the dangerous jobs が目的語で，文の要素に欠落のない完全文となっている。また，空所直前に前置詞 in があるため，前置詞とセットになり，関係副詞と同じ役割を果たすものを選択する。よって，a．which が正解。

(2) 空所を含む部分は，to 不定詞の副詞的用法で目的を示す。本問では，文後半の「ショーンは勉強するため自分の部屋に行った」という動作の目的を示している。空所直後の washing the dishes が，空所に入る動詞の目的語となるので，c．avoid を選択し，「皿洗いを避けるため」とするのが適切である。

(3) in the world は，最上級や疑問詞を強調する表現。本問では文頭の疑問詞 what が強調され，「あれはいったい何ですか」の意味となる。

(4) I が主語，have never met が動詞，anyone が目的語となっているため，空所を含む quite 以降の部分は代名詞 anyone を修飾する句となる。空所直後の代名詞 him を伴い名詞を修飾する修飾句を作るのは前置詞である。よって，c．not と d．enjoy は不適切。残りの like と as には前置詞としての用法があり，それぞれ「～のような」と「～として」の意味である。本問の場合，a．like を選択して anyone quite like him「本当に彼のような誰か」とし，「私は本当に彼のような人に出会ったことがない」とするのが適切。

(5) 空所は動詞 sound に続く補語であるため，形容詞が入る。d．badly は副詞であるため不適。a．worse と b．worst は，c．bad の比較級と最上級である。空所直前の very は原級と最上級を修飾するため，比較級である a．worse も不適切。very を用いて最上級を修飾する場合は，the very＋最上級＋名詞の語順で使用する。本文では，very の直後が空所に入る1語のみであるため，この最上級を修飾する形では使用できない。よって，正解は形容詞の原級である c．bad となる。

4 解答 (1)─ a (2)─ b (3)─ a (4)─ b (5)─ d

解説

(1) medium は「媒介」や「手段」の意味。意味が最も近いものは a. means「手段」である。

(2) critical は「批判的な」を意味する形容詞であるが,「重大な」や「決定的な」の意味もある。本問の英文は Getting enough sleep が主語で, critical の後に for your health が続くことから,「十分な睡眠をとることは,あなたの健康にとって重要だ」の意味とするのが適切である。よって, b. very important が正解。

(3) cope with ～で「～を処理する, ～に対処する」を意味する。本問ではこの表現が動名詞化されており,選択肢も全て動名詞化されている。意味が最も近いものは,動詞 handle「～を扱う」を動名詞化した a. handling となる。

(4) come across ～は「～に偶然出くわす, ～を見つける」を意味する成句表現である。過去形である came across と最も意味が近いものは, find の過去形である b. found である。

(5) figure out ～は「～を理解する」の意味を持つ成句表現。選択肢の表現の意味はそれぞれ, a. look out ～「～を捜し出す」, b. watch out「用心する」, c. take out ～「～を持ち出す」, d. make out ～「～をなんとか理解する」の意味である。よって, d が正解である。

5 解答 (1)─ e (2)─ b (3)─ g (4)─ c (5)─ a (6)─ d (7)─ f

解説

《久しぶりに会った友人同士の会話》

テイラー：やあ,アッシュ,久しぶりだね！

アッシュ：ええ,本当に！

テイラー：どうしてたの？

アッシュ：えーと,長い話なのよ。先々月,ママとパパがお姉ちゃんの家族を訪ねるためにサンフランシスコへ車で出かけたの。毎年行っているのよ。残念なことに,パパが病気になっちゃって,それでニューヨークに飛行機で戻ってきたの。

テイラー：それはお気の毒に。よくなればいいのだけど。

アッシュ：ああ，パパは元気。問題は車だったのよ。まだカリフォルニアにあったの。

テイラー：それで，車はどうなったの？

アッシュ：彼らは約2000ドルでこっちに送り返してくれる会社を見つけたの。

テイラー：うわあ！　かなり高額に思えるね。

アッシュ：私もそう思った。だからインターネットでチケット代と距離を調べたの。それから1200ドルで運転して帰ってくることを提案したの。

テイラー：ご両親は何て言ったの？

アッシュ：私の計画に賛成したわ。そのうえ，信じないかもしれないけど，私にさらに300ドルくれると言ったわ。

テイラー：でも，行っていたのは2日や3日ではなかったよね？

アッシュ：ええ，だいたい10日間行ってた。帰る途中で国立公園を訪問するのに1500ドル全額と自分のお金の幾らかを使ったの。

テイラー：当てさせて。君はヨセミテとメサ・ヴェルデに行ってきた。

アッシュ：ええ，行ってきた。それらの公園の両方と他のところにも行ったわ。

テイラー：オンラインで見たそれらの写真が気になってたんだ！　どうして君の計画について話してくれなかったの？　君と一緒に車で旅行に行きたかったよ。

アッシュ：電話を確かめて！　出発前に何度もメッセージを送ったけど，返事がなかったわよ。

テイラー：嘘でしょ！　それは電話をダメにした後に違いない。1週間かそこら修理でお店に出していたんだ。

アッシュ：でも，えーと，次があるかもしれないわ。両親が最近，私がもう一度それをするのを検討してみるかどうか尋ねてきたの。もしうまくいけば，私たちは交代で運転できるわ。

テイラー：それじゃ，連絡を取り続けよう。幸運を祈るよ，電話から目を離さずに。

〔選択肢訳〕

a．どうして君の計画について話してくれなかったの？

b．まだカリフォルニアにあったの。

c．当てさせて。

d．電話を確かめて！

e．えーと，長い話なのよ。

f．両親が最近，私がもう一度それをするのを検討してみるかどうか尋ねてきたの。

g．ご両親は何て言ったの？

日本史

1 解答 《原始・古代の文化》

(ア)完新世〔沖積世〕　(イ)中宮寺　(ウ)聖武　(エ)嵯峨　(オ)源信〔恵心僧都〕

問1．② **問2．**① **問3．**③ **問4．**④ **問5．**②

2 解答 《中世の政治・社会経済》

(ア)後白河法皇　(イ)借上　(ウ)半済令　(エ)惣〔惣村〕　(オ)関所

問1．④ **問2．**② **問3．**① **問4．**③ **問5．**④

3 解答 《江戸時代の外交・貿易》

(ア)ウィリアム=アダムズ〔三浦按針〕　(イ)近藤重蔵　(ウ)間宮林蔵

(エ)ハリス　(オ)堀田正睦

問1．③ **問2．**① **問3．**② **問4．**③ **問5．**④

4 解答 《近現代の政治・外交》

(ア)板垣退助　(イ)立憲政友会　(ウ)日英同盟　(エ)大政翼賛会　(オ)佐藤栄作

問1．③ **問2．**④ **問3．**① **問4．**② **問5．**①

現代社会

1 解答 《地方自治》

問1． ②　**問2．** ③　**問3．** ③　**問4．** ③
問5． ③　**問6．** 自治事務　**問7．** 法定受託事務
問8． 25　**問9．** （設問省略）　**問10．** ③

2 解答 《男女共同参画社会》

問1． 男女共同参画　**問2．** ジェンダー
問3． **B．** 企業　**C．** 終身雇用　**D．** 年功序列　**E．** 年俸
F． ワーキングプア　**問4．** ④　**問5．** ③　**問6．** ②

3 解答 《福祉国家》

問1． ニューディール　**問2．** ④　**問3．** ②
問4． ②　**問5．** ①　**問6．** 規制緩和
問7． **B**—⑥　**C**—⑦　**D**—③　**問8．** ③

4 解答 《地球環境問題》

問1． 気候変動　**問2．** 京都　**問3．** 名古屋
問4． パリ　**問5．** **E**—⑤　**F**—④　**G**—①　**H**—⑥
問6． ②　**問7．** ②

数学

◀理系▶

1 解答

(1)㋐ $(x+1)^2(x-1)^2$ ㋑ x^6-1

(2)㋒ 5 ㋓ -10 ㋔ -1100

(3)㋕ $-2\sqrt{3} \leqq y < -\sqrt{3}$ ㋖ $\dfrac{7}{6}\pi$

(4)㋗ $-\dfrac{1+\sqrt{33}}{4}$ ㋘ $\dfrac{-1+\sqrt{33}}{4}$ ㋙ 6

(5)㋚ $\dfrac{3-\log x}{x}$ ㋛ $\dfrac{9}{2}$ (6)㋜ $\dfrac{2}{3}$ ㋝ $\dfrac{7}{12}$ (7)㋞ 45 ㋟ 1964

解説

《小問6問》

(1)
$$x^4-2x^2+1=(x^2-1)^2=(x+1)^2(x-1)^2 \quad (\to ㋐)$$
$$\begin{aligned}&(x+1)(x-1)(x^2+x+1)(x^2-x+1)\\&=(x+1)(x^2-x+1)\cdot(x-1)(x^2+x+1)\\&=(x^3+1)(x^3-1)\\&=x^6-1 \quad (\to ㋑)\end{aligned}$$

(2)
$$a_n=2+(n-1)\cdot(-3)=-3n+5$$
$$b_n=1+(n-1)\cdot 2=2n-1$$
$$\therefore\ b_3=2\cdot 3-1=5 \quad (\to ㋒)$$
$$c_k=a_{b_k}=-3b_k+5=-3(2k-1)+5=-6k+8$$
$$\therefore\ c_3=-6\cdot 3+8=-10 \quad (\to ㋓)$$
$$\sum_{k=1}^{20}c_k=\sum_{k=1}^{20}(-6k+8)=-6\cdot\frac{20\cdot 21}{2}+8\cdot 20$$
$$=-1100 \quad (\to ㋔)$$

(3)
$$y=\sqrt{3}\sin\theta+3\cos\theta=\sqrt{3}(\sin\theta+\sqrt{3}\cos\theta)$$
$$=2\sqrt{3}\sin\left(\theta+\frac{\pi}{3}\right)$$

$\pi<\theta<\dfrac{3}{2}\pi$ より　　$\dfrac{4}{3}\pi<\theta+\dfrac{\pi}{3}<\dfrac{11}{6}\pi$

$\therefore\quad -1\leqq\sin\left(\theta+\dfrac{\pi}{3}\right)<-\dfrac{1}{2}$

よって　　$-2\sqrt{3}\leqq 2\sqrt{3}\sin\left(\theta+\dfrac{\pi}{3}\right)<-\sqrt{3}$

ゆえに　　$-2\sqrt{3}\leqq y<-\sqrt{3}$　（→㋕）

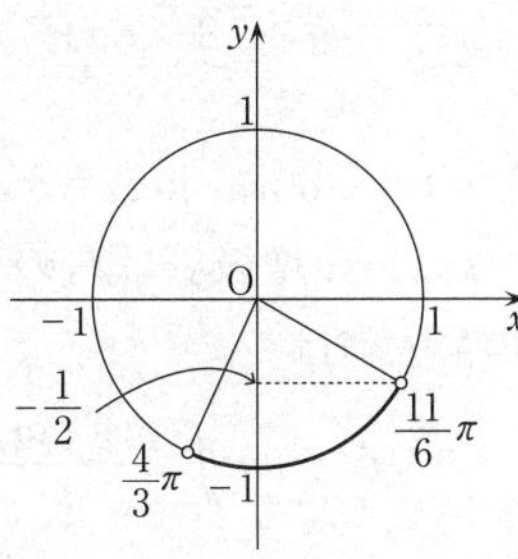

y が最小値をとるのは，$\theta+\dfrac{\pi}{3}=\dfrac{3}{2}\pi$ のときであるから

$\theta=\dfrac{7}{6}\pi$　（→㋖）

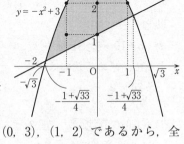

(4)　$D:\begin{cases}x^2+y-3\leqq 0\\ x-2y+2\leqq 0\end{cases}\iff\begin{cases}y\leqq -x^2+3\\ y\geqq\dfrac{1}{2}x+1\end{cases}$

$y=-x^2+3$ と $y=\dfrac{1}{2}x+1$ の交点の x 座標は

$-x^2+3=\dfrac{1}{2}x+1$　　$2x^2+x-4=0$

$\therefore\quad x=\dfrac{-1\pm\sqrt{33}}{4}$

領域 D は右図の網かけ部分（境界を含む）であるから，D に含まれる点の x 座標の

最小値は　　$-\dfrac{1+\sqrt{33}}{4}$　（→㋗）

最大値は　　$\dfrac{-1+\sqrt{33}}{4}$　（→㋘）

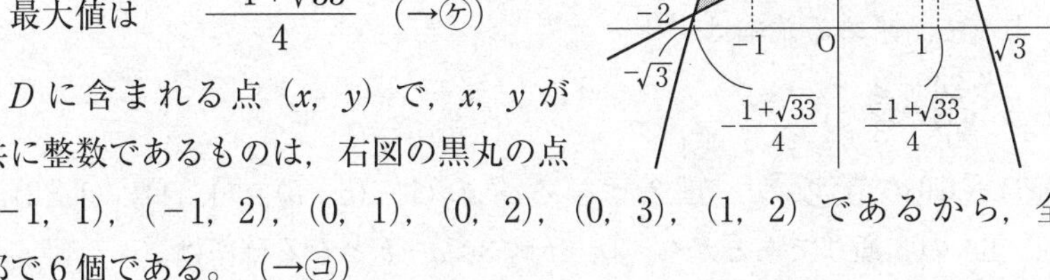

D に含まれる点 $(x,\ y)$ で，$x,\ y$ が共に整数であるものは，右図の黒丸の点 $(-1,\ 1)$，$(-1,\ 2)$，$(0,\ 1)$，$(0,\ 2)$，$(0,\ 3)$，$(1,\ 2)$ であるから，全部で6個である。（→㋙）

(5)　$f'(x)=\dfrac{d}{dx}f(x)=\dfrac{d}{dx}\displaystyle\int_1^x\dfrac{3-\log t}{t}dt$

$$=\frac{3-\log x}{x} \quad (\to ⓢ)$$

$f'(x)=0$ は，$\log x=3$ より　$x=e^3$

$f(x)$ の増減表は右のようになるから，$f(x)$ の最大値は

x	1	$\cdots$	e^3	$\cdots$
$f'(x)$		+	0	−
$f(x)$		↗	極大	↘

$$f(e^3)=\int_1^{e^3}\frac{3-\log t}{t}dt$$

$$=3\int_1^{e^3}\frac{1}{t}dt-\int_1^{e^3}(\log t)'\log t\,dt$$

$$=3\Big[\log t\Big]_1^{e^3}-\left[\frac{(\log t)^2}{2}\right]_1^{e^3}$$

$$=3\cdot(3-0)-\frac{1}{2}\cdot(3^2-0^2)$$

$$=\frac{9}{2} \quad (\to ⓢ)$$

(6)　$|a-b|<3$ より　$|a-b|=0,\ 1,\ 2$

(i) $|a-b|=0$ のとき

$(a,\ b)=(1,\ 1),\ (2,\ 2),\ (3,\ 3),\ (4,\ 4),\ (5,\ 5),\ (6,\ 6)$

(ii) $|a-b|=1$ のとき

$(a,\ b)=(1,\ 2),\ (2,\ 3),\ (3,\ 4),\ (4,\ 5),\ (5,\ 6),\ (2,\ 1),$
$(3,\ 2),\ (4,\ 3),\ (5,\ 4),\ (6,\ 5)$

(iii) $|a-b|=2$ のとき

$(a,\ b)=(1,\ 3),\ (2,\ 4),\ (3,\ 5),\ (4,\ 6),\ (3,\ 1),\ (4,\ 2),$
$(5,\ 3),\ (6,\ 4)$

以上(i)〜(iii)より

$6+10+8=24$ 通り

よって，求める確率は

$$\frac{24}{6^2}=\frac{2}{3} \quad (\to ⓢ)$$

(i)〜(iii)のうち，$a+b\leqq 3$ となるものは，$(a,\ b)=(1,\ 1),\ (1,\ 2),\ (2,\ 1)$ の3通りであるから，$|a-b|<3<a+b$ となる確率は

$$\frac{24-3}{6^2}=\frac{7}{12} \quad (\to ⓢ)$$

(7) $9n$ を 101 で割ったときの商を m（自然数）とすると

$$9n=101m+1 \qquad 9n-101m=1 \quad \cdots\cdots①$$

ここで，$101=9\cdot 11+2$ より

$$2=101-9\cdot 11 \quad \cdots\cdots②$$

さらに，$9=2\cdot 4+1$ より

$$1=9-2\cdot 4=9-(101-9\cdot 11)\cdot 4 \quad (\because \ ②)$$
$$=9\cdot 45-101\cdot 4 \quad \cdots\cdots③$$

①－③ より

$$9(n-45)-101(m-4)=0$$

よって

$$9(n-45)=101(m-4)$$

9 と 101 は互いに素であるから，k を整数として

$$n-45=101k \quad すなわち \quad n=101k+45 \quad \cdots\cdots④$$

と表せる。

$n\geqq 1$ より　　$k\geqq 0$

よって，n が最小となるのは，$k=0$ のときで　　$n=45$　（→ソ）

$n\leqq 2024$ のとき，④より

$$101k+45\leqq 2024 \qquad \therefore \quad k\leqq \frac{1979}{101}=19.5\cdots$$

したがって，2024 以下で n が最大となるのは，$k=19$ のときで

$$n=101\cdot 19+45=1964 \quad (\to タ)$$

2 **解答** **(1)** $f(x)=\sqrt{x}$　$(x\geqq 0)$ とおくと

$$f'(x)=\frac{1}{2}x^{-\frac{1}{2}}=\frac{1}{2\sqrt{x}} \quad (x>0)$$

よって，接線 l は

$$y-2=\frac{1}{2\sqrt{4}}(x-4) \qquad \therefore \quad y=\frac{1}{4}x+1 \quad \cdots\cdots(答)$$

(2) D の面積を S とすると

$$S=\int_0^4\left\{\left(\frac{1}{4}x+1\right)-\sqrt{x}\right\}dx$$

$$=\left[\frac{1}{4}\cdot\frac{x^2}{2}+x-\frac{x^{\frac{1}{2}+1}}{\frac{1}{2}+1}\right]_0^4$$

$$=\frac{2}{3}\quad\cdots\cdots(\text{答})$$

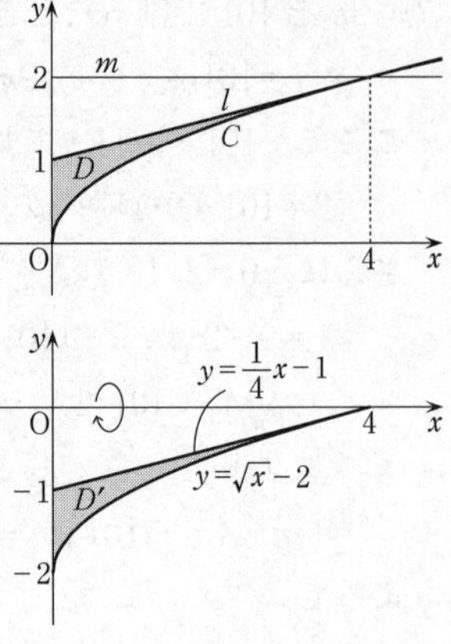

(3)　図形全体を y 軸方向に -2 だけ平行移動してできる右図の網かけ部分を D' とする。求める立体の体積を V とすると，D' を x 軸（$y=0$）のまわりに1回転してできる立体の体積に等しいから

$$V=\pi\int_0^4(\sqrt{x}-2)^2dx-\frac{1}{3}\cdot(\pi\cdot1^2)\cdot4$$

$$=\pi\int_0^4(x-4\sqrt{x}+4)\,dx-\frac{4}{3}\pi$$

$$=\pi\left[\frac{x^2}{2}-4\cdot\frac{x^{\frac{1}{2}+1}}{\frac{1}{2}+1}+4x\right]_0^4-\frac{4}{3}\pi$$

$$=\frac{4}{3}\pi\quad\cdots\cdots(\text{答})$$

解説

《曲線と接線と y 軸とで囲まれた部分の面積と回転体の体積》

(1)　微分法による接線の公式を用いる。

(2)　被積分関数は，「(上側のグラフの関数)－(下側のグラフの関数)」である。

(3)　回転軸を座標軸である x 軸にするため，図形全体を y 軸方向に -2 だけ平行移動する。回転体は，内側で円錐体がくり抜かれる形状であることに注意する。

◀文　系▶

1 **解答** (1)㋐ $(x+1)^2(x-1)^2$　㋑ x^6-1

(2)㋒ $\left(\frac{5}{2},\ -\frac{1}{4}\right)$　㋓ $(1,\ 2)$

(3)㋔ $-\frac{1}{2}$　㋕ 10　㋖ 12　㋗ -18

(4)㋘ $\frac{2}{3}$　㋙ $\frac{7}{12}$　(5)㋚ 45　㋛ 1964　(6)㋜ $4\sqrt{3}$　㋝ $84-48\sqrt{3}$

解説

《小問5問》

(1) ◀理系▶1(1)に同じ。

(2) $y=x^2+x$ を x 軸に関して対称移動すると

$$-y=x^2+x \qquad y=-x^2-x$$

次に，x 軸方向に -2 だけ平行移動すると

$$y=-\{x-(-2)\}^2-\{x-(-2)\}=-x^2-5x-6$$

さらに，原点に関して対称移動すると

$$-y=-(-x)^2-5\cdot(-x)-6 \qquad y=x^2-5x+6$$

$$\therefore\quad y=\left(x-\frac{5}{2}\right)^2-\frac{1}{4}$$

よって，頂点の座標は　$\left(\frac{5}{2},\ -\frac{1}{4}\right)$　(→㋒)

$y=x^2-5x+6$ と $y=x^2+x$ との交点の座標は

$$x^2-5x+6=x^2+x \qquad \therefore\quad x=1,\ y=2$$

よって　$(1,\ 2)$　(→㋓)

(3) x と y の相関係数 r は

$$r=\frac{(x\text{ と }y\text{ の共分散})}{(x\text{ の標準偏差})\cdot(y\text{ の標準偏差})}$$

$$=\frac{-9}{3\cdot6}=-\frac{1}{2} \quad (\to㋔)$$

$(u$ の平均値$)=(x$ の平均値$)+3=7+3=10$　(→㋕)

（v の標準偏差）$=|2|\cdot$（y の標準偏差）$=2\cdot 6=12$　（→㋖）

（u と v の共分散）$=1\cdot 2\cdot$（x と y の共分散）$=1\cdot 2\cdot(-9)=-18$　（→㋗）

(4)　◀理系▶ 1 (6)に同じ。

(5)　◀理系▶ 1 (7)に同じ。

(6)　点 O′ を通り直線 l に平行な直線と線分 OT との交点を S とすると，△SOO′ は∠S=90° の直角三角形で

$$\begin{cases} \mathrm{OS}=4-3=1 \\ \mathrm{OO'}=4+3=7 \end{cases}$$

であるから，三平方の定理を用いて

$$\begin{aligned} \mathrm{TT'}&=\mathrm{SO'} \\ &=\sqrt{\mathrm{OO'}^2-\mathrm{OS}^2} \\ &=\sqrt{7^2-1^2} \\ &=4\sqrt{3}\quad(\to ㋜) \end{aligned}$$

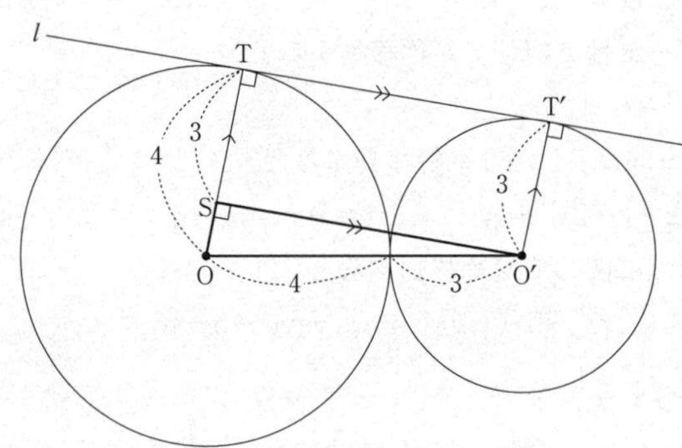

また，点 O″ を通り直線 l に平行な直線と線分 OT，OT′ との交点をそれぞれ H，H′ とすると，△HOO″ は∠H=90°，△H′O′O″ は∠H′=90° の直角三角形である。円 O″ の半径を r とすると

$$\mathrm{OH}=4-r,\ \mathrm{OO''}=4+r,\ \mathrm{O'H'}=3-r,\ \mathrm{O'O''}=3+r$$

であるから，三平方の定理を用いて

$$\begin{aligned} \mathrm{TT'}&=\mathrm{HH'}=\mathrm{HO''}+\mathrm{H'O''} \\ &=\sqrt{\mathrm{OO''}^2-\mathrm{OH}^2}+\sqrt{\mathrm{O'O''}^2-\mathrm{O'H'}^2} \\ &=\sqrt{(4+r)^2-(4-r)^2}+\sqrt{(3+r)^2-(3-r)^2} \\ &=4\sqrt{r}+2\sqrt{3}\sqrt{r} \\ &=2(2+\sqrt{3})\sqrt{r} \end{aligned}$$

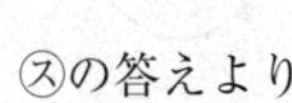

Ⓢの答えより

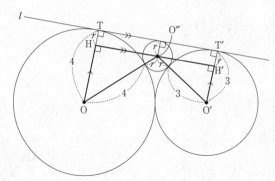

$$2(2+\sqrt{3})\sqrt{r}=4\sqrt{3} \qquad (2+\sqrt{3})^2 r=12$$

$$\therefore \quad r=\frac{12}{7+4\sqrt{3}}=12(7-4\sqrt{3})=84-48\sqrt{3} \quad (\to Ⓢ)$$

2 解答

(1)　$a=0$ のとき

$$f(x)=x^2-2|x|$$

(i) $x \geqq 0$ のとき

$$f(x)=x^2-2x=(x-1)^2-1$$

(ii) $x<0$ のとき

$$f(x)=x^2+2x=(x+1)^2-1$$

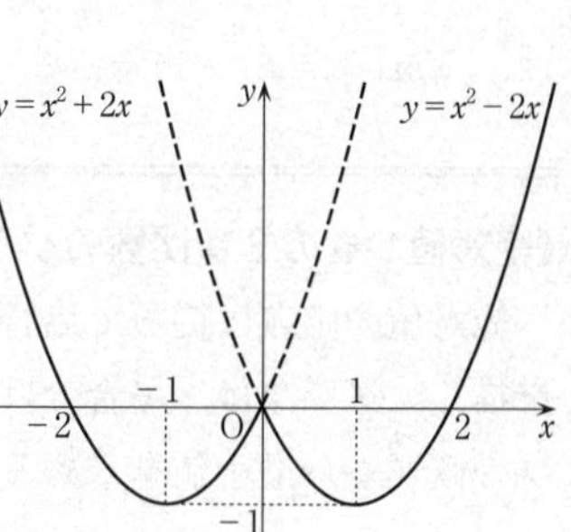

よって，(i)，(ii)より，$y=f(x)$ のグラフの概形は右図のようになる。

したがって，最小値は

$$m(0)=f(-1)=f(1)=-1 \quad \cdots\cdots(答)$$

(2)　$a=\frac{1}{2}$ のとき

$$f(x)=x^2-2\left|x-\frac{1}{2}\right|+\left(\frac{1}{2}\right)^2+\frac{1}{2}$$

$$=x^2-2\left|x-\frac{1}{2}\right|+\frac{3}{4}$$

(i) $x \geqq \frac{1}{2}$ のとき

$$f(x)=x^2-2\left(x-\frac{1}{2}\right)+\frac{3}{4}$$
$$=x^2-2x+\frac{7}{4}$$
$$=(x-1)^2+\frac{3}{4}$$

(ii) $x<\dfrac{1}{2}$ のとき

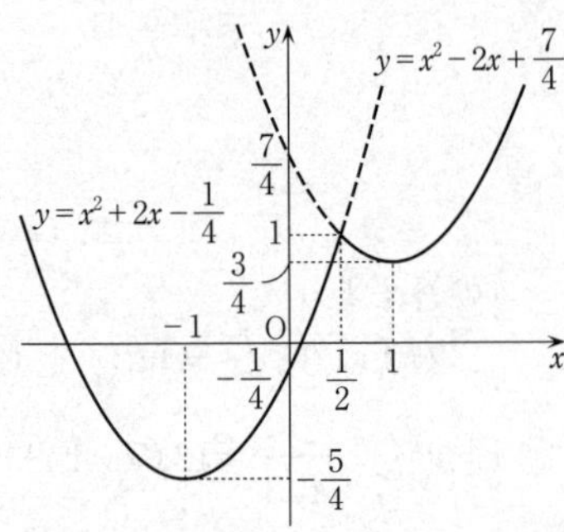

$$f(x)=x^2+2\left(x-\frac{1}{2}\right)+\frac{3}{4}$$
$$=x^2+2x-\frac{1}{4}$$
$$=(x+1)^2-\frac{5}{4}$$

よって，(i)，(ii)より，$y=f(x)$ のグラフの概形は上図のようになる。

ゆえに

$$m\left(\frac{1}{2}\right)=f(-1)=-\frac{5}{4} \quad \cdots\cdots(答)$$

解説

《絶対値つきの２次関数のグラフと最小値》

絶対値の定義に従って場合分けをして絶対値をはずし，各場合のグラフを描く。グラフは，場合分けの境目でつながる（連続な）形となる。グラフの概形から最小値を求めることができる。

物　理

1　解答　《小問5問》

(1)① $\dfrac{1}{2}m(v'^2-v^2)$　② $m\sqrt{v^2+v'^2}$

(2)③ N　④ $\dfrac{1}{4}$

(3)⑤ $\dfrac{V}{2d}$　⑥ $\dfrac{\varepsilon_r}{2}$

(4)⑦ 2.5　⑧ 2.5

(5)⑨ $nC_V\Delta T$　⑩ $n(C_p-C_V)\Delta T$

2　解答　《鉛直面内の円運動，床との衝突》

(1)　以下では，重力による位置エネルギーの基準を点Pとする。求める小物体の速さを v とおく。力学的エネルギー保存則より

$$0=\frac{1}{2}mv^2-mgr$$

$$\therefore\quad v=\sqrt{2gr}\quad\cdots\cdots(\text{答})$$

(2)　点Rにおける小物体の速さを v' とおく。力学的エネルギー保存則より

$$\frac{1}{2}m(3\sqrt{gr})^2=\frac{1}{2}mv'^2+mgr$$

$$\therefore\quad v'=\sqrt{7gr}\quad\cdots\cdots(*)$$

次に，求める垂直抗力の大きさを N とおく。中心方向についての運動方程式は

$$m\frac{v'^2}{r}=mg+N$$

$$\therefore\quad N=m\frac{v'^2}{r}-mg=7mg-mg=6mg\quad\cdots\cdots(\text{答})$$

(3)　小物体が点Rから飛び出して水平面に落下するまでの時間を t，求める距離を L とおく。鉛直方向についての等加速度運動の式より

$$r=\frac{1}{2}gt^2 \qquad \therefore \quad t=\sqrt{\frac{2r}{g}}$$

水平方向については速さ v' の等速度運動であるから，(＊)より

$$L=v't-r=\sqrt{7gr}\cdot\sqrt{\frac{2r}{g}}-r=(\sqrt{14}-1)\,r \quad \cdots\cdots(答)$$

(4)　小物体が水平面に衝突する直前の速度の鉛直成分の大きさを V とおくと，鉛直方向についての等加速度運動の式より

$$V=gt=\sqrt{2gr}$$

水平面と衝突した直後の小物体の鉛直成分の大きさは eV と表せるので，求める水平面からの高さを h とおくと，等加速度運動の式より

$$0^2-(eV)^2=2(-g)h$$

$$\therefore \quad h=\frac{e^2V^2}{2g}=e^2r \quad \cdots\cdots(答)$$

化　学

1 解答 《小問8問》

問1． (b), (c)　**問2．** ②　**問3．** 6.00×10^{-2}　**問4．** 394

問5． (ア) 3.86×10^{3}　(イ) 2.24×10^{-1}　**問6．** ⑤　**問7．** ⑩　**問8．** ⑩

2 解答 《沈殿滴定モール法による塩分濃度の測定》

問1． (ア)白　(イ) AgCl　(ウ)小さい　(エ)モール　(1) K_2CrO_4

問2． $2Ag^{+}+CrO_4{}^{2-}\longrightarrow Ag_2CrO_4$

問3． 1.00×10^{-1} mol/L

問4． 9.1×10^{-2} mol/L

問5． 1.0×10^{-1} mol/L

問6． 1.4×10^{-5} mol/L

3 解答 《ベンゼンおよびフェノールの性質と反応》

問1． (a)—③　(b)—②　(c)—④　(d)—①

問2． (e)ベンゼンスルホン酸　(f)クロロベンゼン

(g)ナトリウムフェノキシド

問3． ③, ④

問4． ①, ④

問5． 6.62×10 g

問6． 2.24L

二

出典 隠岐さや香『文系と理系はなぜ分かれたのか』（星海社新書）

解答

問1 c

問2 c

問3 c

問4 a

問5 b

問6 d

問7 c

問8 c

問9 ナチス・ドイツが人種衛生学を根拠に展開したユダヤ人差別政策。（二十字以上三十字以内）

国語

一

出典　幸田正典『魚にも自分がわかる――動物認知研究の最先端』（ちくま新書）

解答

問1　(ア)―b　(イ)―a　(ウ)―b　(エ)―c　(オ)―d

問2　(1)―b　(2)―c　(3)―b　(4)―a　(5)―c

問3　①―b　②―a

問4　d

問5　a

問6　b

問7　c

問8　b

問9　d

問10　d

問11　c

問12　他人顔模様と隣人体の合成画像には、他人の画像に対するのと差がなく警戒の度合いが高かったということ。（三十五字以上五十字以内）

一般選抜前期日程A方式：1月28日実施分

問題編

▶試験科目・配点

学　部	教 科	科　　目	配 点
全学部(全専攻)	外国語	コミュニケーション英語Ⅰ・Ⅱ，英語表現Ⅰ	200点
	数　学	数学Ⅰ・Ⅱ・Ⅲ・A・B（数列，ベクトル）	200点
	理　科	「物理基礎・物理」，「化学基礎・化学」から1科目選択	200点
工(都市デザイン・住居デザイン)・経営(全専攻)・情報科(メディア情報)	外国語	コミュニケーション英語Ⅰ・Ⅱ，英語表現Ⅰ	200点
	選　択	「日本史B，現代社会から1科目選択」，「数学Ⅰ・A」，「国語総合（古文・漢文を除く）・現代文B」から2教科選択	各200点

▶備　考

- 筆記試験（記述式／3教科）で判定。
- 工学部社会基盤学科都市デザイン専攻・建築学科住居デザイン専攻，経営学部（全専攻），情報科学部情報科学科メディア情報専攻は，出願時に「外国語，数学，理科」または「外国語必須で地理歴史・公民，数学，国語の3教科から2教科選択」のいずれかを選択することができる。
- **Aw方式（最高得点重視型）について**：前期日程A方式の高得点の1教科1科目を2倍にし，3教科3科目で判定。
- **共通テストプラスA方式について**：前期日程A方式の高得点の1教科1科目と大学入学共通テストの高得点の2教科2科目を利用して判定。

英　語

（60分）

1. 次の英文を読んでA～Eの設問に答えなさい。

The Buddha, Confucius, and Pythagoras. Plant-based diets have had no shortage(1) of well-known supporters, long before a distinguished journalist Michael Pollan simplified the difficult problem of eating: "Eat food. Not too much. Mostly plants." "Mostly plants" is the key(2), although some argue "all." Shifting to a diet rich in plants is a demand-side(3) solution to global warming that runs counter to the meat-centric, highly processed, often-excessive Western diet broadly on the rise today.【1】

That Western diet comes with a steep climate price tag. The most conservative estimates suggest that raising livestock accounts ((4)) nearly 15 percent of global greenhouse gases emitted each year; the most comprehensive(5) assessments of direct and indirect emissions say more than 50 percent. The production of meat and dairy contributes more emissions than growing vegetables, fruits, grains, and beans. Ruminants ((6)) cows are the most prolific offenders, generating the strong greenhouse gas methane as they digest their food. In ((7)), agricultural land use and associated energy consumption to grow livestock feed produce carbon dioxide emissions, while manure and fertilizer emit nitrous oxide.【2】

Overconsumption of animal protein also comes at a steep cost to human health. In many places around the world, the protein eaten daily goes well beyond dietary requirements. On average, adults require(8) 50 grams of protein each day; but in 2009, the average(9) per capita consumption was 68 grams per day — 36 percent higher than necessary. In the United States and Canada, (10)the average adult consumes more than 90 grams of protein per day. Where plant-based protein is abundant, human beings do not need animal protein for its nutrients (aside from vitamin B_{12} in strict vegan diets), and eating too much of it can lead to certain cancers, strokes, and heart disease. (11)Increased morbidity and health-care costs go hand in hand. 【3】

(12)With billions of people dining multiple times a day, imagine how many opportunities exist to turn the tables. It is possible to eat well, in terms of both nutrition and pleasure, while (13)eating lower on the food chain and thereby lowering emissions. According to the World Health Organization, only 10 to 15 percent of one's daily calories need to ((14)) protein, and a diet (15)primarily of plants can easily reach that percentage. Business-as-usual emissions could be reduced by as much as 70 percent through adopting a vegan diet and 63 percent for a vegetarian diet (which includes cheese, milk, and eggs) by 2050. 【4】

（注） The Buddha：ブッダ(仏教の開祖), Confucius：孔子,
Pythagoras：ピタゴラス, meat-centric：肉食中心の,
highly processed：加工度が高い,
often-excessive：しばしば食べ過ぎの, price tag：値札,
livestock：家畜, emitted：放出した, emissions：放出,
dairy：乳製品, ruminants：反芻(はんすう)動物, prolific：多産の,
offenders：違反者, generating：発生させる, methane：メタン,
carbon dioxide：二酸化炭素, manure：牛糞(ふん)などの肥料,
fertilizer：肥料, nitrous oxide：一酸化窒素,
overconsumption：過剰消費, protein：タンパク質,
dietary：食事の, per capita：一人当たり, abundant：豊富な,
nutrients：栄養素, vegan：完全菜食主義の, morbidity：疾病率,
thereby：それによって, vegetarian：菜食主義の

2024年度 1月28日 前期A方式 英語

出典追記：Drawdown : The Most Comprehensive Plan Ever Proposed to Reverse Global Warming by Paul Hawken, Penguin Books Ltd.

A．文中の空所(4)，(6)，(7)，(14)に入れるのにもっとも適当なものをａ～ｄから選びなさい。

(4)　a．for　b．to　c．in　d．with

(6)　a．such as　b．except
　　c．rather than　d．instead of

(7)　a．conclusion　b．addition　c．short　d．comparison

(14)　a．run out of　b．come from　c．go to　d．lead with

B．下線部(1)，(2)，(3)，(5)，(15)にもっとも意味の近いものをａ～ｄから選びなさい。

(1)　a．不足　b．短所　c．短期間　d．背が低いこと

(2)　a．重要な要素　b．なぞ
　　c．錠　d．鍵盤

(3)　a．需要の側の　b．供給側の
　　c．生産者から見た　d．運送業者の

(5)　a．精度の高い　b．採用された
　　c．理解力のある　d．包括的な

(15)　a．崇高に　b．お得なことに
　　c．主として　d．最盛期として

C．下線部(8)，(9)のもっとも強く発音する部分と同じ発音を含むものをａ～ｄから選びなさい。

(8)　a．iron　b．earn　c．keen　d．dish

(9)　a．age　b．revenue　c．era　d．animal

D．次の設問に答えなさい。

1．次の文が入るのにもっとも適当な箇所をａ～ｄから選びなさい。

If cattle were their own nation, they would be the world's third-largest emitter of greenhouse gases.

a．【1】　b．【2】　c．【3】　d．【4】

2. 下線部⑿について，文脈に則した解釈としてもっとも適当なものをａ～ｄから選びなさい。

ａ．何十億人もの人々が１日に何度も食事をする中で，ちゃぶ台をひっくり返す機会がどれだけ存在するか想像してみると良い。

ｂ．何十億人もの人々が１日に何度も食事をするのだから，食事の回数さえ減らすことができれば家事労働にかかるエネルギーを節約することができる。

ｃ．何十億人もの人々が１日に何度も食事をする中で，いったい何人の人が食事中に地球温暖化のことを考えているか想像してみると良い。

ｄ．何十億人もの人々が１日に何度も食事をするのだから，食事スタイルを変えることで地球温暖化を食い止めるチャンスがあると想像してみよう。

3. 本文の内容と一致しないものをａ～ｄから選びなさい。

ａ．ブッダや孔子，ピタゴラスなど菜食中心の食事を支持した著名人は昔からたくさんいた。

ｂ．もっとも控えめな推計でも，家畜の飼育により毎年排出される温室効果ガスは世界全体の15％近くにのぼる。

ｃ．牛の糞は適切に処理すれば，亜酸化窒素を出さずに，堆肥化することができる。

ｄ．動物性タンパク質の摂りすぎは，がん，脳卒中，心臓病になるリスクを高める。

4. 本文による“vegan”と“vegetarian”の説明としてもっとも適当なものをａ～ｄから選びなさい。

ａ．vegan は完全菜食主義者で動物由来のタンパク質や脂質を摂らないが，vegetarian は菜食主義でもチーズ・ミルク・卵などを食事に含めることがある。

ｂ．vegan は完全菜食主義のことをさすが，人間はタンパク質を含む必要な栄養素は全て野菜や果物や穀物から摂ることができる。

c．vegetarian は家庭菜園主義者をさし，自分の庭で大豆などのタンパク源を育てる人のことを言う。

d．vegan や vegetarian の食事法を採用しても，温暖化を食い止めるのは難しい。

E．次の設問に答えなさい。

1. 下線部⑽を和訳しなさい。
2. 下線部⑾を和訳しなさい。
3. 下線部⒀はどういう意味か説明しなさい。

2. A．次の日本文と同じ意味になるように英文を完成するには，(　　)にどの語句が入るか，a～f から選びなさい。なお，文頭に来る語句の頭文字も小文字表記である。

⑴ この城はもともと，ヴァイキングの攻撃からこの地域を守るために 1220 年に建てられたものです。

The castle was originally built in 1220 ______ ______ ______ (　　) ______ the Vikings.

a．defend　　b．attacks　　c．to
d．against　　e．the area　　f．by

⑵ 率直に言って，母の誕生日に何を買って良いのかわからない。

______ ______, I have ______ ______ ______ (　　) for my mother's birthday.

a．frankly　　b．what　　c．speaking
d．no　　e．to buy　　f．idea

⑶ 前にこの街を訪れたことがあるので，良いところを知っていますよ。

______ ______ (　　) ______, I know ______ ______ go.

a．this town　　b．a good place　　c．visited
d．before　　e．having　　f．to

(4) 待たせてごめんね。

I am ＿＿ ＿＿ （　　） ＿＿ ＿＿ ＿＿.

a．waiting　　b．to　　c．have
d．you　　e．kept　　f．sorry

(5) この通りを歩けば必ず知っている人に会いますよ。

You cannot walk ＿＿ ＿＿ ＿＿ （　　） ＿＿ ＿＿ know.

a．meeting　　b．you　　c．along
d．someone　　e．without　　f．this street

B．次の日本文と同じ意味になるように英文を完成するために，（　　）に適切な単語を一つ入れなさい。

(1) 計画を立てるのはたやすいが，それを実行するのは難しい。

It is easy to （ (a) ） a plan, but it is difficult to （ (b) ） it out.

(2) 彼がこれをしたという事実は変わらない。

The （ (c) ）（ (d) ） he did this does not change.

(3) 自分を他人と比べなくてもいいんだよ。

You don't have to （ (e) ）（ (f) ） with others.

3. 次の空所に入れるのに，もっとも適当なものをａ～ｄから選びなさい。

(1) In Southeast Asia, tigers are just a step away from (　　　) out.

a. die　　b. died　　c. dead　　d. dying

(2) I see (　　　) people walking their dogs in the early evening.

a. almost　　b. much　　c. every　　d. many

(3) A new house is (　　　) built in my neighborhood now.

a. much　　b. by far　　c. timely　　d. being

(4) Please (　　　) seated until the plane has come to a complete stop.

a. make　　b. remain　　c. find　　d. continue

(5) I don't want to (　　　) of the accident.

a. remember　　b. be recalled　　c. be reminded　　d. repeat

4. 次の下線部に，もっとも意味の近いものをａ～ｄから選びなさい。

(1) Shall we <u>go over</u> the plan for tonight together?

a．expand　　b．extend　　c．review　　d．rewrite

(2) I <u>guess</u> I shouldn't have done that.

a．know　　b．pretend　　c．suppose　　d．doubt

(3) Education plays <u>a vital role</u> in developing young minds.

a．an essential function　　b．an optional duty

c．a minor part　　d．an additional task

(4) I am <u>looking forward to</u> the event next month.

a．searching for　　b．concerned about

c．imagining　　d．excited about

(5) The President is <u>due</u> in Washington D.C. tomorrow morning.

a．done　　b．doing　　c．thriving　　d．arriving

5. 次の空所(1)〜(7)に入れるのに，もっとも適当なものをa〜gから選びなさい。

Ayumu: Hey, Chris! Wait up!

Chris: Hey, what's up?

Ayumu: I was wondering if you could help me with something.

Chris: Alright. I can't say that I can till I hear what this is about, though.

Ayumu: Your grandmother is Finnish, right?

Chris: She is indeed.

Ayumu: ((1))?

Chris: Yes, she does.

Ayumu: Well, I have this assignment for my geography class, and I was thinking of doing something about Finland.

Chris: Okay, I'm listening.

Ayumu: ((2)).

Chris: Wait, not so fast. "Something about Finland" sounds a bit too broad a topic!

Ayumu: Yep, I know. ((3)).

Chris: I see. If it has to be something that you can benefit from my grandma's experiences … hmm … let's see …

Ayumu: I know that Finland is famous for its education system, but it might not be appropriate in this case.

Chris: ((4)). My grandma's stories won't be enough if that's your topic. I think you need something more personal.

Ayumu: Like local dishes or local crafts? Does your grandma like to cook or knit or something?

Chris: ((5))! My grandma is an excellent cook! I bet you can learn a lot about Finland's local dishes from her. How do you wanna go about it?

Ayumu:　How is she with the internet? (　(6)　)?

Chris:　I'll give her a ring tonight and try to arrange the time and date then.

Ayumu:　(　(7)　), Chris. Can't thank you enough!

Chris:　Glad to be of some help!

a. There you've got a great topic

b. You're right about that

c. You're the best

d. Could we chat online sometime

e. So I thought it would be nice if I could talk to your grandmother

f. She still lives in Finland, doesn't she

g. So I want you to help me narrow it down first

(注)　Finnish：フィンランド(人[語])の

日本史

(60分)

1 次のA～Eの各文を読み、文中の(　ア　)～(　オ　)に適語を記入しなさい。

(ア) 1　(イ) 2　(ウ) 3　(エ) 4

(オ) 5

また、下の問1～5に答えなさい。

A　・・・・其の国(a)、本亦(もとまた)男子を以て王と為す。住(とど)まること七、八十年。倭国乱れ、相攻伐(こうばつ)して年を歴たり。乃(すなわ)ち共に一女子を立てて王と為す。名を(　ア　)と曰(い)ふ。鬼道(きどう)を事とし、能(よ)く衆を惑(まど)はす。・・・・

(『魏志』倭人伝)

問1　下線部(a)に関連して述べた文として誤っているものを、一つ選びなさい。 6

①　大人・下戸・生口といった身分秩序が存在した。

②　刑法的規範や租税が存在し、市も開かれていた。

③　当時の倭は、今のソウル付近の楽浪郡を通じて朝貢していた。

④　この国の所在については、近畿説と九州説の二説に大きく分かれている。

B　天智天皇の死後、天皇の子の大友皇子と弟の大海人皇子との皇位継承争いがおこり、畿内の豪族や中小の地方豪族を巻き込む壬申の乱となった。乱に勝利した大海人皇子は即位して(　イ　)天皇となった。彼は伝統的な豪族勢力を抑えて政治をおこない、(b)(　イ　)天皇と次の持統天皇の時代で天皇の権威も高められ、中央集権的な国家体制の形成が進んだ。

問 2　下線部(b)に関連して述べた文として誤っているものを、一つ選びなさい。 7

① 庚午年籍を作成し、氏姓を正す根本台帳として永久保存とされた。

② 八色の姓を定めて、豪族を天皇中心の新しい身分秩序に再編した。

③ 最初の本格的な都城である藤原京が造営され、新しい中央集権国家を象徴する首都となった。

④ 飛鳥浄御原令の編集がおこなわれ、この期間に施行された。

C　奈良時代の政治

710　平城京遷都

718　養老律令完成　・・・・・・①

723　三世一身法　・・・・・・②

741　国分寺建立の詔

743　墾田永年私財法、大仏造立の詔

752　東大寺大仏開眼供養　・・・・・・③

757　養老律令施行、橘奈良麻呂の変

764　(　ウ　)の乱

769　宇佐八幡宮神託事件　・・・・・・④

問 3　年表の①～④の出来事について、それぞれ関連する政治家と天皇の組合せとして正しいものを、一つ選びなさい。 8

① 藤原不比等 ― 元明天皇

② 長屋王 ― 元正天皇

③ 橘諸兄 ― 聖武天皇

④ 道鏡 ― 孝謙天皇

D　桓武天皇は律令体制の再建のために様々な改革をおこなった。農民の負担を軽くするため雑徭を30日に半減した。また、(　エ　)を設けて国司の交代に際する事務の引継ぎを厳しく監督させた。さらに東北や九州などの地域を除いて軍団を廃止し、かわりに郡司の子弟や有力農民の志願による健児を採用した。

一方東北地方では蝦夷が前代から乱をおこしていたので、度々鎮圧のための軍を派遣し、支配の浸透をはかった。(c)

問 4　下線部(c)に関連して述べた文として誤っているものを、一つ選びなさい。 9

① 奈良時代日本海側に出羽国がおかれついで秋田城が築かれた。太平洋側には多賀城が築かれて陸奥国の国府と鎮守府がおかれ、蝦夷経営の根拠地となっていた。

② 光仁天皇の時伊治呰麻呂が乱をおこし、一時多賀城をおとしいれた。

③ 桓武天皇は坂上田村麻呂を征夷大将軍に任命し、東北に派遣した。

④ 坂上田村麻呂は802年に胆沢城を築き、翌年にさらに北に志波城を築き鎮守府を志波城に移して東北経営の拠点とした。

E　10世紀の延喜・天暦の治の時代には摂政・関白がおかれず親政がおこなわれた。969年醍醐天皇の子で左大臣の(　オ　)が左遷された安和の変以後は藤原氏北家の地位は不動となり、摂関政治がおこなわれた。(d)

問 5　下線部(d)に関連して述べた文として誤っているものを、一つ選びなさい。 10

① 当時の貴族社会では母方の縁が重視され、外戚として天皇の後見人になることが重要であった。

② 藤原氏の氏長者は氏寺・氏社・大学別曹の管理をおこない、氏に属する人々の官位推挙をおこなったが、摂政・関白になることはなかった。

③ 藤原道長の子の頼通はおよそ半世紀間3代の天皇の摂政・関白をつとめ、大きな権力を維持した。

④ 摂関時代の政務は先例や儀式を重視した形式的・保守的な内容に終始し、新しい政策はおこなわれなくなっていた。

2 次のA～Eの各文を読み、文中の(　ア　)～(　オ　)に適語を記入しなさい。

(ア) 11　(イ) 12　(ウ) 13　(エ) 14

(オ) 15

また、下の問1～5に答えなさい。

A　日蓮は初め天台宗を学んだが、やがて天台宗の根本経典の(　ア　)を釈迦の正しい教えとして重視し、題目をとなえることで救われると説いた。日蓮は他宗派や幕府政治を厳しく批判したため幕府の迫害を受けたが、その教えは関東の武士や商人の間に広まっていった。(a)

問1　下線部(a)に関連して日蓮が『立正安国論』を幕府に提出した時期と最も近いものを、一つ選びなさい。　16

① 霜月騒動がおこり有力御家人の安達泰盛が滅んだ。

② 御成敗式目が制定され、裁判の基準などを明確にした。

③ 引付衆を設けて、裁判の公正と迅速化をはかった。

④ 御家人救済のために永仁の徳政令が発布された。

B　名門貴族の子として生まれた道元は初め比叡山で学び、のちに宋に渡って曹洞禅を学んで帰国した。やがて世俗の名利を避けて修行に専念するため越前に(　イ　)を開き、厳しい修行と弟子の育成に努めた。(b)

問2　下線部(b)に関連して述べた文として誤っているものを、一つ選びなさい。　17

① 『正法眼蔵』は道元の主要著書である。

② 坐禅の中で師から与えられる問題を解決して悟りに達することを主眼とした。

③ 道元が宋から帰国した時の執権は北条泰時である。

④ 臨済宗が中央の武家政権に支持されていたのに対して、曹洞宗は地方武士、一般民衆に広まっていった。

C　朝廷の儀式や先例を研究する学問を(　ウ　)という。平安時代中期から公家の間で先例を伝える知識の体系化が進み、その知識を有することが権威とされていた。鎌倉時代以降には専門分化して研究がさかんになった。(c)

問 3　下線部(c)に関連して代表的な書とその作者の組合せで誤っているものを、一つ選びなさい。　18

① 『禁秘抄』　— 順徳天皇
② 『建武年中行事』— 後醍醐天皇
③ 『職原抄』　— 北畠親房
④ 『公事根源』　— 今川了俊

D　南北朝期に連歌の地位を確立したのが(　エ　)である。彼は『応安新式』によって連歌の作法を定め、『菟玖波集』が勅撰に準じられる扱いを受けるなどの業績を残した。さらに応仁の乱の頃〈A〉が出て〈B〉を確立し、『新撰菟玖波集』を編集し、弟子たちと『水無瀬三吟百韻』をよんだ。その後〈C〉は滑稽な内容を求めた〈D〉をつくり出し、『犬筑波集』を編集した。

問 4　D文中の〈A〉～〈D〉に該当する語句の組合せとして正しいものを、一つ選びなさい。　19

① 〈A〉宗祇　〈B〉俳諧連歌　〈C〉山崎宗鑑　〈D〉正風連歌
② 〈A〉山崎宗鑑　〈B〉正風連歌　〈C〉宗祇　〈D〉俳諧連歌
③ 〈A〉宗祇　〈B〉正風連歌　〈C〉山崎宗鑑　〈D〉俳諧連歌
④ 〈A〉山崎宗鑑　〈B〉俳諧連歌　〈C〉宗祇　〈D〉正風連歌

E　15世紀に起こった(　オ　)により京都の町が荒廃すると、生活基盤を失った京都の公家や僧たちが地方の大名を頼って続々と地方へ下った。(d)地方の武士たちも中央の文化への強い憧れから積極的に彼らを迎え、中央の文化が地方に普及した。

問 5　下線部(d)に関連して室町時代の地方文化について述べた文として誤ってい

るものを、一つ選びなさい。　20

① 万里集九は薩摩の島津氏に招かれて朱子学を講じ、またそこで朱熹の『大学章句』を刊行した。

② 水墨画家の雪舟は山口の大内氏の庇護を受け、明に渡り帰国後も山口の雲谷庵に定住し『四季山水図巻(山水長巻)』を完成させた。

③ 関東管領上杉憲実によって足利学校が再興され、多くの僧侶など学生が学んだ。

④ 地方武士の間で『庭訓往来』や『御成敗式目』などが教科書として子弟の教育に用いられていた。

3 次のA～Eの各文を読み、文中の(　ア　)～(　オ　)に適語を記入しなさい。

(ア) 21　(イ) 22　(ウ) 23　(エ) 24

(オ) 25

また、下の問1～5に答えなさい。

A　江戸時代の経済は百姓から徴収する年貢米を中心にして成り立っていた。したがって幕府・諸藩の関心は農業振興に向けられた。17世紀後半から18世紀にかけて農業生産力は著しく増大した。その理由としては新田開発による耕地面積の増加である。なかでも商人資本によって開発が進められた(　ア　)は元禄の頃から増加していった。一方<u>農業技術の進歩もまた農業生産力の向上に貢献した</u>(a)。

問1　下線部(a)に関連して述べた文として誤っているものを、一つ選びなさい。

26

① 自給的な刈敷・草木灰のほか干鰯・油粕などが金肥として普及した。

② 唐箕は金網の上に穀類を流し、穀粒の大きさよって振るい分ける選別農具である。

③ 脱穀用に千歯扱が考案され、扱箸に代わり能率が倍増した。

④ 備中鍬の普及により深く耕すことが容易になり生産が向上した。

B 江戸時代、商品経済の発達により四木三草や木綿、菜種、たばこなど（ イ ）の栽培が盛んになり、各地に特産物が生まれた。(b)

問2 下線部(b)に関連して特産物とその産地の組合せとして誤っているものを、一つ選びなさい。 27

① 九谷焼 — 肥前

② 藍 — 阿波

③ 紅花 — 出羽

④ 鳥の子紙 — 越前

C 城下町、港町、宿場町や三都など都市が発達するとそこへ商品が流れ込むようになった。とくに海上・河川交通の整備は大量の商品を輸送するために必要であった。江戸時代のはじめ京都の商人（ ウ ）は高瀬川・富士川などの水路を開発した。また(c)江戸・大坂を中心とする海上交通網も整備されるようになった。

問3 下線部(c)に関連して述べた文として誤っているものを、一つ選びなさい。 28

① 江戸・大坂間の南海路には定期的に菱垣廻船と樽廻船が就航していた。

② 樽廻船は荷積みが迅速で早く着いたため、次第に菱垣廻船を圧倒した。

③ 江戸の商人河村瑞賢は東廻り航路、西廻り航路を整備した。

④ 北前船はおもに東廻り航路で活躍していた。

D 大名は領内の年貢米や特産物を江戸・大坂の蔵屋敷に運んで販売し現金化した。こうした蔵米や特産物を蔵物といい、蔵元・掛屋と呼ばれる商人が蔵物の保管・販売・送金などに当たった。また（ エ ）は旗本・御家人にかわって江戸浅草の蔵前で蔵米を受け取り米の売却をおこなった。

商品流通が盛んになるにつれ流通機構もととのい、商人の機能も問屋・仲買・小売と分業化・専門化していった。問屋の中には(d)株仲間という同業組合をつくって営業を独占して利益をあげる者たちもいた。

問 4　下線部(d)に関連して述べた文として誤っているものを、一つ選びなさい。

29

① 江戸の十組問屋や大坂の二十四組問屋は江戸・大坂間の物資輸送の問屋仲間の連合組織であった。

② 幕府は株仲間の営業を認めるかわりに運上・冥加金を納めさせた。

③ 株仲間が公認されたのは田沼意次時代からである。

④ 天保の改革で幕府は株仲間の解散を命じた。

E　江戸時代百姓は年貢や諸役など重い負担を課せられたが、過酷な年貢負担を強制する領主などに対し、ときには徒党を組んで要求を掲げて百姓一揆といわれる直接行動をおこした。(e)

一方都市では災害や飢饉などの影響で米価をはじめ諸物価が値上がり貧民の生活が苦しくなると、かれらは米屋や高利貸しなどの豪商を襲った。このような都市貧民の暴動を(　オ　)という。

問 5　下線部(e)に関連して述べた文として誤っているものを、一つ選びなさい。

30

① 百姓一揆は、とくに天明・天保の大飢饉のときに激増した。

② 村々の代表者が百姓全体の要求をまとめて領主に直訴する百姓一揆を、代表越訴型一揆という。

③ 広範な地域の百姓が団結しておこした惣百姓一揆は、17 世紀当初から頻発していた。

④ 世直し一揆は、世直しの実行など社会変革を求めておこした百姓一揆で幕末に頻発した。

4 次のA～Dの各文を読み、文中の(　ア　)～(　オ　)に適語を記入しなさい。

(ア) 31　(イ) 32　(ウ) 33　(エ) 34

(オ) 35

また、下の問1～5に答えなさい。

A　旧幕府が欧米諸国と幕末に結んだ不平等条約を改正することは、明治政府にとって重要な課題であった。1871年11月、条約改正の予備交渉と欧米視察を目的に(　ア　)を大使とする使節団がアメリカ・ヨーロッパに派遣された。(a) 1878年外務卿の寺島宗則は関税自主権の回復を優先させてアメリカと日米関税改定約書を調印したがイギリス・ドイツの反対で無効となった。その後も政府担当者によって条約改正交渉は続けられ(b)、第2次伊藤博文内閣の外相(　イ　)の時、日英通商航海条約が調印され領事裁判権の撤廃と税権の一部回復に成功した。

問1　下線部(a)に関連して使節の出発した1871年11月から帰国した1873年9月の間の明治政府の政策について該当しないものを、一つ選びなさい。　36

① 渋沢栄一を中心に国立銀行条例を制定し、国立銀行が兌換銀行券を発行することになった。

② 中央集権化を進めるために、まず版籍奉還をおこなった。

③ 暦法を改め旧暦を廃して太陽暦を採用した。

④ 地租改正条例を公布して地租改正に着手した。

問2　下線部(b)に関連して述べた文として誤っているものを、一つ選びなさい。　37

① 井上馨外務卿(のち外務大臣)は極端な欧化政策をとって鹿鳴館時代を現出したが、外国人判事を認めるなどの改正案に対する政府内部の反対やノルマントン号事件がおこり世論の反感を強めた。

② 大隈重信外相は井上案を修正し外国人判事を大審院に限るとしたが、かれ自身テロによって負傷すると交渉は中断した。

③　青木周蔵外相はシベリア鉄道を計画していたロシアとの交渉を進めたが、大津事件でロシア皇太子が負傷し引責辞職した。

④　関税自主権の回復は、1911年小村寿太郎外相のもとで実現した。

B　征韓論争で征韓派の参議が下野したが、1875年(　ウ　)を機に日本は朝鮮に開国をせまって日朝修好条規を締結した。条約締結後日本は朝鮮との貿易を拡大し、清も朝鮮に対し宗主国として積極的に関与するようになり日本と対立が深まった。一方朝鮮国内でも親日派と反日派の対立が続いた。(c)

問3　下線部(c)に関連して述べた文として誤っているものを、一つ選びなさい。 38

①　1882年朝鮮開港後親日政策をとる閔妃政権に対する不満が増し大院君一派が壬午事変をおこしたが、結果として日本と済物浦条約を締結した。

②　1884年独立党の金玉均らは日本公使館の援助を受けてクーデターである甲申事変をおこしたが、清国軍の介入によって失敗した。

③　1885年日清両国は天津条約を結び、両国軍の朝鮮からの撤兵と今後の派兵の際の事前通告を取り決めた。

④　1894年義和団の乱がおこり、これを契機に日清両国の緊張が高まり、日清戦争がはじまった。

C　関東軍は1931年9月奉天郊外の(　エ　)で南満州鉄道爆破事件をおこし、これを中国軍のしわざとして軍事行動を開始した。関東軍は戦線を拡大し、翌年になると満州の主要地域を占領し1932年3月清朝最後の皇帝であった溥儀を執政として満州国の建国を宣言させた。(d)

問4　下線部(d)に関連して述べた文として誤っているものを、一つ選びなさい。 39

①　こののち岡田啓介内閣は日満議定書を結んで満州国を承認した。

②　この時の日本の首相は、五・一五事件で海軍の青年将校らに暗殺された。

③　1933年2月の国際連盟臨時総会で、リットン報告書をふまえて日本の満鉄付属地への撤退と満州国承認の取り消しを求める勧告案を採択した。

④　日本は1933年3月国際連盟脱退を通告したが、ドイツも同年脱退を通告した。

D　1951年9月サンフランシスコで講和会議が開かれ、日本は連合国とサンフランシスコ平和条約を結んだ。翌年4月平和条約は発効し、日本は独立を回復した。(e) 平和条約調印の日と同日に(　オ　)が調印され、独立後もアメリカ軍が引き続き日本に駐留することになった。

問5　下線部(e)に関連して述べた文として誤っているものを、一つ選びなさい。 40

①　当時の首相は吉田茂であった。

②　連合国の多くは日本に対する賠償請求を放棄したが、日本軍の占領を受けたフィリピン、インドネシア、ビルマ、南ベトナムとは国ごとに賠償協定が結ばれた。

③　この会議にインド・ビルマ・ユーゴスラビアは出席を拒否し、ソ連・ポーランド・チェコスロバキアは条約の調印を拒否した。

④　奄美諸島、小笠原諸島、沖縄諸島はアメリカの信託統治となったが、その後日本に返還された。

現代社会

（60分）

1 次の問いに答えなさい。

問１　アメリカの心理学者マズローは、欲求は５つの階層からなり、各階層の欲求が現れることと心理的発達の間には関係があると述べた。心理的発達の最も初期の段階から現れる欲求はどれか。次の①～⑤のうちから一つ選びなさい。　1

①　生理的要求　②　自尊の欲求　③　所属と愛情の要求
④　自己実現の欲求　⑤　安全の要求

問２　アメリカの心理学者マズローが、最も高次と考えた欲求はどれか。次の①～⑤のうちから一つ選びなさい。　2

①　生理的要求　②　自尊の欲求　③　所属と愛情の要求
④　自己実現の欲求　⑤　安全の要求

問３　ある心理学者は、人は自分の思い通りにいかず欲求不満や葛藤の状態に陥ると、無意識のうちに心理的解決をはかろうとすると考えた。この心理学者は誰か。次の①～④のうちから一つ選びなさい。　3

①　ジャン・ピアジェ　②　エリク・H・エリクソン
③　ジークムント・フロイト　④　カール・グスタフ・ユング

問４　問３の心理的メカニズムには、さまざまな現れがある。それに<u>含まれない</u>のはどれか。次の①～④のうちから一つ選びなさい。　4

①　合理化　②　投　射　③　逃　避　④　困　惑

問5　青年に関する説明として<u>適切でない</u>ものはどれか。次の①〜④のうちから一つ選びなさい。　5

① バート・J・ハヴィガーストは、人間にはそれぞれの時期に見合った知識・技能や態度を身につける必要があるとし、それを発達課題と呼んだ。

② エリク・H・エリクソンは、青年期をモラトリアムの期間であると呼び、その時期の発達課題はアイデンティティの確立であると唱えた。

③ モラトリアムは元は経済用語であり、非常時において債権者が債務者に対して債務を前倒しで支払うよう要求することを意味する。

④ クルト・レヴィンは、青年期の人間は、完全には融合しない2つの社会あるいは2つの文化の境目に住み、両者の間で精神的動揺と強烈な自意識を経験すると考えて、青年をマージナルマンと呼んだ。

問6　心理学には「葛藤」という概念がある。「葛藤」に関する記述として適切なものはどれか。次の①〜④のうちから一つ選びなさい。　6

① 複数の好ましいもののなかからどれか一つを選択しなければならないときに生ずる葛藤を、接近—選択型という。

② 複数の好ましくないもののなかからどれか一つを選択しなければならないときに生ずる葛藤を、回避—回避型という。

③ 好ましいものと好ましくないもののなかからどれか一つを選択しなければならないときに生ずる葛藤を、接近—回避型という。

④ 好ましくないものと好ましいもののなかからどちらか一つを選択するときに生ずる葛藤を、回避—選択型という。

問7　次の文章の下線部①〜⑤には<u>適切でない</u>ものが1つある。その記号(①〜⑤)と適切な語句を書きなさい。　記号 7　適切な語句 8

自己形成の目標は、<u>個性</u>①の形成にある。個性は、<u>知識・技能</u>②、感情的側面、<u>意志的側面</u>③の3要素からなる。その形成には<u>学習</u>④や<u>環境</u>⑤が作用するが、個性はそれらによって決定されるものではなく、人間は自らの意志をもって新しい自分を形成することができる。

問 8　次の文章の下線部①～⑤には適切でないものが1つある。その記号(①～⑤)と適切な語句を書きなさい。　記号 [9]　適切な語句 [10]

人間は、①青年期にはさまざまな困難に直面し悩みを抱えながら、自分の心をコントロールし、②合理的な解決方法を探り、③自己形成の課題に取り組む。そして、この時期には、④社会における自分の位置づけを探し当てることを通じて、人間は自らの⑤モラトリアムを確立する。

2 次の文章は、ロシアの西隣に位置するフィンランドの中学校で使用される近現代史の教科書の一節である。これを読み、問いに答えなさい。

ソ連が1991年に崩壊すると、この条約[(1)]はすっかり効力を失してしまった。フィンランドは戦後常に(a)東西対立の狭間で均衡を保ってきた。今こそ、フィンランド政府は、はっきりと西側を向いて、西欧諸国の一員としてその共通の目標を達成したいと願った。1992年の春に、フィンランドは(b)欧州連合への加盟申請を行なった。

(中略)フィンランドでは、1994年秋にEU加盟のための諮問[(2)]的な(c)国民投票が実施された。加盟に賛成したのは、フィンランド人の57%で、反対は43%だった。南部フィンランドに住む、若くて教育水準の高い、都市部の人ほど、賛成する傾向にあった。一方、年配であまり教育を受けていない、北部フィンランドに住む人ほど、EUに不信感を抱いていた。過半数の意思を尊重して、フィンランドは1995年1月にEUに加盟した。

多くの経済問題において、フィンランドはヨーロッパの連携強化を支持してきた。フィンランド国民にとって、(d)ヨーロッパ経済統合の何よりも明確な一歩は共通通貨の使用開始だった。フィンランドは他の11カ国とともに、【　A　】紙幣と【　A　】硬貨を使い始め、フィンランドの通貨マルッカは、過去の歴史となった。

一方で、ヨーロッパ共通の外交・安全保障政策は、フィンランド人にとって難しい問題だった。(e)フィンランドは、スウェーデンおよびオーストリアとともに軍事同盟には関わりたくないと主張してきた。しかし、現在の中立政策が何をさすのかということについては、はっきりした答えを見つけるのは難しい。これについてフィンランドでは議論が続けられている。

(出典：ハッリ・リンタ＝アホほか著・百瀬宏監訳・髙瀬愛訳『世界史のなかのフィンランドの歴史(フィンランド中学校近現代史教科書)』、明石書店、2011年。出題にあたり、一部改めた。)

注

(1) 1948年にフィンランドとソ連の間で締結された友好条約のことであり、フィンランドもしくはフィンランド経由でソ連が侵略を受けた場合、フィンランドは必要ならばソ連の援助を受けて軍事的に抵抗する義務を負うとされていた。

(2) 意見を求めること。

問 1　【A】には、現在20カ国で使用されているヨーロッパの通貨単位が入る。【A】に入る適語をカタカナで書きなさい。　11

問 2　下線部(a)について、実際に軍事力を行使する戦争にまでは至らないが、軍拡競争やイデオロギー対立を起こしている状況を何というか。適語を書きなさい。　12

問 3　下線部(b)について、ヨーロッパ統合の歩みに関する記述として下線部が適切なものを次の①～④のうちから一つ選びなさい。　13

① 1952年にフランス・イギリス・西ドイツ・イタリア・ベルギー・オランダの6カ国がヨーロッパ石炭鉄鋼共同体を設立した。

② 1958年にフランス・西ドイツ・イタリア・ベルギー・オランダ・ルクセンブルクの6カ国がヨーロッパ経済共同体、ヨーロッパ原子力共同体を設立した。

③ 1967年に、マーストリヒト条約に基づいて、ヨーロッパ石炭鉄鋼共同体、ヨーロッパ経済共同体、ヨーロッパ原子力共同体が統合してヨーロッ

パ共同体(EC)が発足した。

④　ヨーロッパ共同体は、域内では関税を撤廃したが、域外に対しては加盟国が共同して共通の関税を設定することはできなかった。

問 4　下線部(b)について、ヨーロッパ連合に関する記述として適切でないものを次の①～④のうちから一つ選びなさい。　14

①　加盟国は西ヨーロッパだけでなく、東ヨーロッパの国々やトルコにまで拡大している。

②　ギリシアなどいくつかの加盟国で債務危機が起こり、ヨーロッパ共通通貨の信頼が大きく揺らいだ。

③　イギリスが加盟国としてはじめて脱退し、ヨーロッパ統合の求心力が大きく揺らいだ。

④　スイスやノルウェーはヨーロッパに位置するが、ヨーロッパ連合には加盟していない。

問 5　下線部(c)について、国民・住民にとって重大なテーマについて、国民・住民の投票によって賛否を求める直接民主制の制度を何というか。カタカナで書きなさい。　15

問 6　下線部(c)について、日本の国民投票・住民投票に関する記述として適切でないものを次の①～④のうちから一つ選びなさい。　16

①　その地域に深刻な影響を与える問題について住民の意思を直接問うことには意義があるが、国家全体の問題についてどこまで地方の自主性を認めるのかという意見もある。

②　日本国憲法には、国が特定の地方公共団体にのみ適用する特別法を定めるときは、住民投票を行い、過半数の同意がなければ、その法律を制定できないという規定がある。

③　2007年に憲法改正の手続きを定めた国民投票法が制定され、投票総数の過半数の賛成で憲法改正が成立することや、20歳以上の日本国民が投票権を持つことが定められた。

④ 地方公共団体における住民投票は、住民投票条例を制定して実施されるものであるが、投票結果に拘束力がないことや争点が単純化されてしまうなどの批判もある。

問 7 下線部(d)について、地域的経済統合に関する記述として下線部が適切でないものを次の①～④のうちから一つ選びなさい。 17

① アジア太平洋経済協力(APEC)は、1989年、オーストラリア首相の提唱で、日本を含む環太平洋地域の国・地域が参加して発足した。

② 環太平洋パートナーシップ(TPP)協定は、日本やアメリカなど12カ国で交渉が進められ、12カ国のままで署名され、発効した。

③ アメリカ・メキシコ・カナダは1994年に北米自由貿易協定(NAFTA)を締結したが、アメリカのトランプ大統領がメキシコ・カナダに再交渉を求めた。

④ 東南アジア諸国連合(ASEAN)の加盟国10カ国は、1992年にASEAN自由貿易地域(AFTA)を形成し、2015年にASEAN経済共同体(AEC)を発足させた。

問 8 下線部(d)について、下記のグラフの【B】～【E】に当てはまる国・地域経済統合の名称の組み合わせとして適切なものを次の①～④のうちから一つ選びなさい。 18

図 地域経済統合の規模(2017年値)

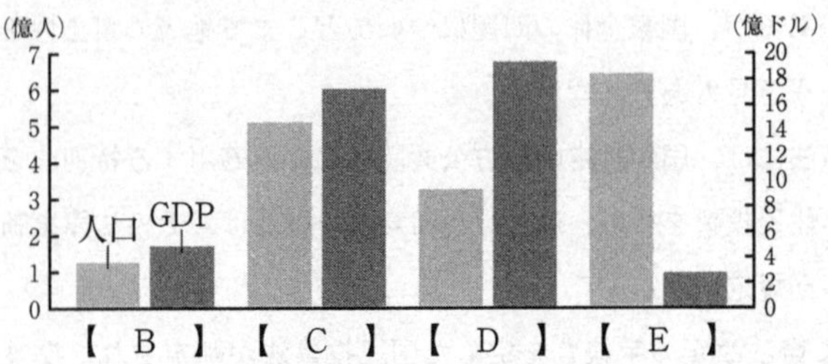

(出典：IMF WEO Database, April 2018、EURO STATS)

① 【B】日本　【C】EU　【D】アメリカ　【E】ASEAN
② 【B】日本　【C】アメリカ　【D】EU　【E】ASEAN
③ 【B】日本　【C】ASEAN　【D】アメリカ　【E】EU
④ 【B】アメリカ　【C】EU　【D】日本　【E】ASEAN

問 9　下線部(e)について、1949年、北米・西欧の西側諸国がソ連の脅威に対抗して結成し、2023年、ロシアのウクライナ侵攻をきっかけにフィンランドの加盟を認めた地域的・集団的防衛機構を何というか。適語を書きなさい。

19

問10　フィンランドなどの北欧諸国では、経済・社会政策について政府による積極的な介入が行われ、累進課税や社会保障費の充実によって所得の再配分が行われている。このような国のあり方を何というか。適語を書きなさい。

20

3 次の文章を読み、問いに答えなさい。

立憲主義(a)は、権力の濫用を阻止するために重要なものですが、それだけでは権力を国民のためのものとすることはできません。憲法自体が、国民の利益に反するような権力の組織や行使を許すしくみをもっていることもあるからです。一部の国では、いまなお憲法が独裁に近い政治を認めています。また、日本も、明治憲法(b)下ではにがい経験をもっています。そこで、人類の歴史は、立憲主義という政治のあり方をとり入れるだけでなく、憲法に一定の内容をあたえ、さらにその内容を豊かにしようとつとめてきました。その一つは、基本的人権を保障し強化するということでした。

基本的人権は、【　A　】権とか、たんに人権ともよばれます。それは、その出現の当初においては、人間として当然にもっている権利を意味する、と解されていました。それは、すべての人間が生存に必要な生命・自由・財産についての権利を生まれながらにしてもっている、とするロック(1632-1704)らの【　A　】法思想に由来しています。

人間として当然にもっている権利ですから、それは立法権を含めていかなる権力によっても奪ったり侵したりすることができないこと、つまり不可侵性を特色とします。アメリカの独立宣言は、このことを、「すべての人間は、平等につくられており、造物主によって一定の奪うことのできない権利を与えられている」と述べています。

(c)基本的人権についてのもう一つの特色は、それを保障することこそが政治の目的で、権力や政治はそれを保障するための手段だということです。権力や政治は、基本的人権の保障のために、したがって、それをもつ国民のために存在するのであって、国民が権力や政治のために存在するのではないということです。アメリカの独立宣言は、この点について、「これらの権利を確保するために人びとの間に政府が設けられた」と述べ、フランスの1789年人権宣言は、「あらゆる政治的結合の目的は、人間の時効によって消滅することのない【　A　】権を保持することである」としています。このような目的と手段の関係という考え方に立って、基本的人権を保障している近現代(近代と現代)の市民憲法(資本主義の憲法)は、その第一部または第一章を基本的人権の保障にあて、その第二部または第二章以下を(d)国会・内閣・裁判所などの統治機構にあてています。

(出典：杉原泰雄『憲法読本〔第4版〕』、岩波書店、2022年。出題にあたり、一部改めた。)

問1　【A】に入る適語を漢字二文字で書きなさい。　21

問2　下線部(a)について、立憲主義に関係する記述として適切なものを次の①～④のうちから一つ選びなさい。　22

①　立憲主義とは法律に基づいて統治することをいい、ヨーロッパにおいては王権神授説に対する戦いを通して形成されてきた考え方である。

②　ナチスの時代にはワイマール憲法という先進的な憲法があったが、ヒトラーはこれを廃止し、立憲主義を停止した。

③　17世紀頃のヨーロッパで展開された絶対主義の政治形態は、立憲君主制とも呼ばれており、立憲主義の一つの統治形態であった。

④　立憲主義の中には、外見的立憲主義と称される、立憲主義の体裁を形式的に整えるだけで内容は本来の立憲主義を否定するようなものも含まれている。

問3　下線部(b)について、明治憲法（大日本帝国憲法）に関する記述として適切なものを次の①～④のうちから一つ選びなさい。　23

①　明治憲法は1889年に君主権の強いフランス憲法をモデルに伊藤博文らが起草したものである。

②　明治憲法下では国民は「臣民」と呼ばれ、人権は規定されていたが、それは「法律の範囲内において」などの留保がつけられたものであった。

③　明治憲法は立憲主義を採用した日本で初めての近代憲法であり、国民から選挙された代表者によって制定された民定憲法であった。

④　明治憲法では天皇が元首として強大な権限をもっていたが、司法権だけは天皇の統治権から独立していた。

問4　下線部(c)について、この一文に関連して「社会契約説」という考え方がある。イギリスの社会契約説に関する下記の文章を読み、【B】～【E】に入る適語を次の①～⑩のうちから一つずつ選びなさい。また、【X】に入る適語を漢字二文字で書きなさい。

【B】 24　【C】 25　【D】 26
【E】 27　【X】 28

近代の社会契約説は、社会や政府は人々が自らの権利を守るために互いに社会契約を結ぶことで成り立っていることを説くものである。この考え方は、まず、政府や国家が成立する以前の人間の自然状態を想定することから始まる。その先駆けとなったトマス・ホッブズは、【　B　】という書物の中で、人間の自然状態は、その自己中心的な面が出ると「【　X　】の【　X　】に対する闘争」となり、こうした衝突を回避するために、人々は契約を結び、絶対的な統治者にその権利を譲渡しなければならないと説いた。続いて登場したジョン・ロックは、自然状態を比較的平和なものと考えたが、

【　C　】が存在するようになったことによって社会が不平等になり、争いが始まってしまったため、人々は契約を結んで政府をつくり、自らの権利をより確実なものとするために、その権利の一部を政府に信託したのだと主張した。ロックによれば、権利は決して譲渡してはならないものであり、もし政府が人々の意志に反して行動した場合には、人々には、信託した権利を取り戻すため、政府への【　D　】があるとも述べている。このロックの思想は、彼の存命中に起きた【　E　】の理論的基盤を提供したと言われている。

① 社会契約論　② 名誉革命　③ 身分制
④ 市民政府二論　⑤ 統治権　⑥ リヴァイアサン
⑦ 貨　幣　⑧ 請願権　⑨ 清教徒革命
⑩ 抵抗権

問 5　下線部(d)について、統治機構に関する記述として適切なものを次の①～④のうちから一つ選びなさい。　29

① 日本国憲法の統治機構に関わる部分は、国会・内閣・裁判所の３つの章で構成されている。

② フランスのモンテスキューは、権力の濫用を防ぐためには三権分立の統治機構が必要であると主張し、『法の哲学』を著した。

③ 日本は、アメリカとは異なり、議院内閣制をとっている。これによれば、内閣は国会から選任され、国会に対し責任を負っており、必要があれば、衆参両院は内閣に対し不信任決議を行うことができる。

④ 日本国憲法では行政権は内閣に属するが、国権の最高機関は国会であることから、財政については国会のコントロールを受けなければならないことになっている。

問 6　下線部(d)について、統治機構に関する記述として適切なものを次の①～④のうちから一つ選びなさい。　30

① アメリカの裁判所は参審制をとっており、参審員が裁判官から独立して有罪または無罪の判定を下す。

② 日本の裁判員制度は、国民から選ばれた裁判員が第一審において刑事裁判を担当し、有罪か無罪かの判断を行うが、量刑については裁判官の会議で決められる。

③ 三権分立が徹底したアメリカではすべての法案が議員提出法案であるが、日本の場合、法律については議員立法は少なく、そのほとんどが内閣立法である。

④ 日本では2001年に首相直属の機関としてオンブズマンが置かれ、複数の省庁にまたがる重要政策を総合調整する機能を果たしている。

4 次の文章を読み、問いに答えなさい。

資本主義経済は、18世紀後半から19世紀前半にかけてイギリスで起こった産業革命を経て確立した。イギリスの経済学者アダム・スミスは、個人や企業が自由な経済活動(a)を行う場合、それぞれが自らの利益だけを追求したとしても、「見えざる手」に導かれて、結果的に社会全体の利益を増進すると主張した。この考えは、政府は国防や治安維持など必要最小限の活動にとどまり(b)、経済活動へは干渉すべきでないとする【　A　】の思想に影響を受けたものである。産業革命の後、経済が発展するにつれて、不況期に失業者が大量に発生したり、資本家と労働者との間で貧富の差が拡大したりするなど、【　A　】による問題が顕在化した。

こうした問題に対して、ドイツの経済学者マルクスは、【　B　】を特徴とする社会主義を提唱した。1917年にはロシア革命により社会主義国家(c)ソ連が誕生した。

一方、イギリスの経済学者ケインズは、資本主義経済の枠内で、資本主義経済の欠陥を克服しようとした。ケインズは、有効需要の不足により、生産資源が活用されないことが失業の原因であり、政府による有効需要創出の必要性を主張した。この考えは修正資本主義(d)と呼ばれる。アメリカのローズベルト大統領は、1929年にはじまった世界恐慌の際に、不況を克服するために大規模な公共投資を行い(e)、失業者を救済しようとした。

修正資本主義の国々では、1970年代の石油危機(f)などを契機として低成長時代に入ると、財政赤字が問題となった。そこで、政府が介入する修正資本主義に代わり、政府事業の民営化や規制緩和を進める【　C　】の考え方が台頭した。

問1　【A】に入る適語を次の①～⑥のうちから一つ選びなさい。　31

①　共産主義　②　社会民主主義　③　直接民主主義

④　間接民主主義　⑤　新自由主義　⑥　自由放任主義

問2　【B】に入る適切な語句を次の①～④のうちから一つ選びなさい。　32

①　労働力の商品化と利潤追求の自由

②　生産手段の公有化と利潤追求の自由

③　労働力の商品化と計画経済

④　生産手段の公有化と計画経済

問3　【C】に入る適語を次の①～⑥のうちから一つ選びなさい。　33

①　共産主義　②　社会民主主義　③　直接民主主義

④　間接民主主義　⑤　新自由主義　⑥　自由放任主義

問4　下線部(a)について、自由な競争の下である商品の需要・供給と価格との間に下図のような関係が成り立っているとする。国民の所得が増加した場合、需要曲線と供給曲線のどちらの曲線が左右のどちらにシフトするか。適切なものを次の①～④のうちから一つ選びなさい。　34

①　需要曲線が右にシフトする

②　需要曲線が左にシフトする

③　供給曲線が右にシフトする

④　供給曲線が左にシフトする

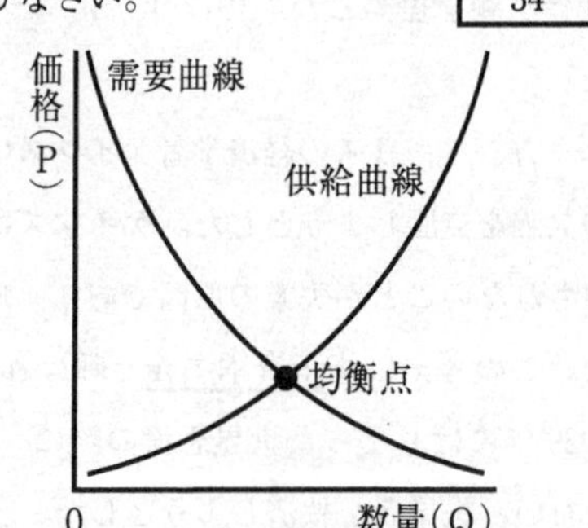

問 5　下線部(a)について、自由な競争の下で需要や供給に超過や不足が生じた場合、それを解消する方向に価格が変動するはたらきのことを何というか。適語を書きなさい。　35

問 6　下線部(b)について、国防や治安維持など必要最小限の機能しか持たない国家を何というか。適語を書きなさい。　36

問 7　下線部(c)について、社会主義国家の中には、市場メカニズムを導入して経済成長を実現した国もある。このような国家の経済体制を何というか。適語を書きなさい。　37

問 8　下線部(d)について、「修正資本主義」は民間経済部門と並んで政府部門が大きな役割を果たすことから、ほかに何と呼ばれるか。適語を書きなさい。　38

問 9　下線部(e)について、アメリカのローズベルト大統領が実施した不況政策を何というか。適語を書きなさい。　39

問10　下線部(f)について、1970年代の石油危機後、我が国ではスタグフレーションが深刻化した。スタグフレーションの状況を示すものとして適切なものを次の①～④のうちから一つ選びなさい。　40

①　好況下の物価上昇　　②　好況下の物価下落

③　不況下の物価上昇　　④　不況下の物価下落

数　学

（注）　工学部社会基盤学科都市デザイン専攻・建築学科住居デザイン専攻の文系受験，経営学部の文系受験，情報科学部情報科学科メディア情報専攻の文系受験は「**文系**」を，その他は「**理系**」を解答する。

◀理　系▶

（90分）

数学問題1　（(1)～(5) は必答問題，(6)，(7) は選択問題）

次の ［　　］ を適当に補え。

(1)　$\frac{15}{23}$ を小数で表して小数第2位を四捨五入するとその値は ［ ㋐ ］ である。また，分子と分母の和が54である既約分数があり，小数で表して小数第2位を四捨五入すると0.3になったとする。このような既約分数を2つ挙げると ［ ㋑ ］ である。

(2)　t を実数とする。空間において，点 $\mathrm{A}(1, -2, t)$ と点 $\mathrm{B}(2, -1, 1+t)$ を通る直線を ℓ とし，原点Oから直線 ℓ へ下ろした垂線の足をHとする。このとき，$\overrightarrow{\mathrm{OH}} = \overrightarrow{\mathrm{OA}} + s\,\overrightarrow{\mathrm{AB}}$ をみたす実数 s を t で表すと，$s =$ ［ ㋒ ］ となる。また，t が実数全体を動くとき，線分OHの長さの最小値は ［ ㋓ ］ となる。

(3)　$t = \log_3 x$ とおく。$\frac{1}{3} \leqq x \leqq 27$ のとき，t がとり得る値の範囲は ［ ㋔ ］ であり，関数 $y = (\log_3 x)^3 + 12\log_{\frac{1}{3}} x + 3$ の最小値は ［ ㋕ ］ である。

(4)　a，r を0でない実数とし，$-1 < r < 1$ とする。初項 a，公比 r の無限等比級数の和が3であるとき，a を r の式で表すと $a =$ ［ ㋖ ］ であり，さらに初項 a^3，公比

r^3 の無限等比級数の和が $\dfrac{675}{7}$ となるならば，a，r の値の組は $(a, r) =$ ［ ㋗ ］ である。

(5) k を0以上の定数とし，$f(x) = 2x - k$ とする。$\displaystyle\int_0^2 |f(t)|\,dt$ を k の整式で表すと，$k \geqq 4$ のとき ［ ㋘ ］ であり，$0 \leqq k < 4$ のとき ［ ㋙ ］ である。したがって，$f(x) = 2x - \displaystyle\int_0^2 |f(t)|\,dt$ をみたす k の値は $k =$ ［ ㋚ ］ である。

次の(6)，(7)は選択問題である。1問を選択し，解答用紙の所定の欄のその番号を○で囲み，解答せよ。

(6) 図の正方形ABCDのいずれかの頂点にある駒（こま）を，1個のさいころを投げて出た目の数だけ頂点上を反時計回りに移動させる操作を考える。例えば，出た目の数が3の場合，点Aにある駒は点Dに移動する。このとき，点Aにある駒に1回の操作をおこなった結果，駒が点Cにある確率は ［ ㋛ ］ である。また，点Aにある駒に2回の操作を続けておこなった結果，駒が点Aにある確率は ［ ㋜ ］ である。

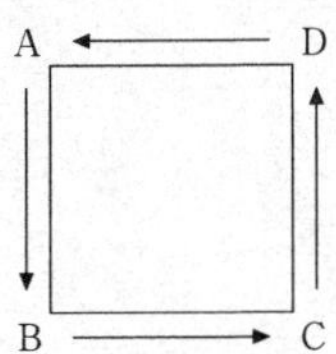

(7) $xy - x - 3y + 3$ を因数分解すると ［ ㋝ ］ であり，$\dfrac{3}{x} + \dfrac{1}{y} = 1$ をみたす整数 x，y の組は $(x, y) =$ ［ ㋞ ］ である。

2024年度　1月28日　前期A方式　数学

数学問題 2 （必答問題）

xy 平面において，曲線 $y = xe^x$ を C とする。ただし，e は自然対数の底である。

(1)　点 (t, te^t) における曲線 C の接線の方程式を求めよ。

(2)　(1)の接線が点 $\left(\dfrac{1}{2}, 0\right)$ を通るとき，その接線の方程式を求めよ。

(3)　曲線 C と(2)で求めた 2 本の接線で囲まれた部分の面積を求めよ。

◀文　系▶

（60分）

数学問題１　（(1), (2), (3)は必答問題，(4), (5), (6)は選択問題）

次の ［　　］ を適当に補え。

(1) $\dfrac{15}{23}$ を小数で表して小数第２位を四捨五入するとその値は ［ア］ である。また，分子と分母の和が54である既約分数があり，小数で表して小数第２位を四捨五入すると0.3になったとする。このような既約分数を２つ挙げると ［イ］ である。

(2) $\triangle ABC$ において，$\angle A = 60^\circ$，３辺の長さの和が20であり，$\triangle ABC$ の内接円の半径が $\sqrt{3}$ であるとする。このとき，内接円の中心から辺AB，辺BC，辺CAに下ろした垂線の足をそれぞれP，Q，Rとすると，$AP + BQ + CR =$ ［ウ］，$BC =$ ［エ］ である。

(3) あるお店で商品Aを１個当たり500円で売ったときの１日の売り上げ個数は60個であり，10円値下げするごとに売り上げ個数は２個増加し，10円値上げするごとに売り上げ個数は２個減少するという。商品Aの売り値を500円から10円単位で値下げまたは値上げするとき，商品Aの１日の売り上げ総額を最大にするには１個当たり ［オ］ 円で売ればよい。また，商品Aの１個当たりの仕入れ費用が420円であるとき，売り上げ総額から仕入れ費用の総額を引いた金額を最大にするには１個当たり ［カ］ 円で売ればよい。

次の(4), (5), (6)は選択問題である。２問を選択し，解答用紙の所定の欄のその番号を○で囲み，解答せよ。

(4)　図の正方形ABCDのいずれかの頂点にある駒(こま)を，1個のさいころを投げて出た目の数だけ頂点上を反時計回りに移動させる操作を考える。例えば，出た目の数が3の場合，点Aにある駒は点Dに移動する。このとき，点Aにある駒に1回の操作をおこなった結果，駒が点Cにある確率は [㋖] である。また，点Aにある駒に2回の操作を続けておこなった結果，駒が点Aにある確率は [㋗] である。

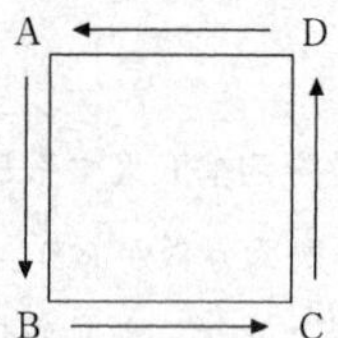

(5)　$xy - x - 3y + 3$ を因数分解すると [㋘] であり，$\dfrac{3}{x} + \dfrac{1}{y} = 1$ をみたす整数 x，y の組は $(x, y) =$ [㋙] である。

(6)　点Oを中心とする半径 $2\sqrt{7}$ の円と，その円に内接する四角形ABCDがある。四角形の辺ABと辺CDの長さの比は AB：CD = 1：4 であるとする。また，辺DAの延長と辺CBの延長との交点をPとする。PA = 2，PB = 3 のとき，BC = [㋚]，PO = [㋛] である。

数学問題2 (必答問題)

四角形ABCDにおいて，AD = 4，CD = 6，AB：BC = 1：$\sqrt{3}$，$\angle$B = 90°，$\angle$D = 120° とする。

(1)　対角線ACの長さを求めよ。

(2)　四角形ABCDの4辺の長さの和 ℓ を求めよ。

(3)　四角形ABCDの面積 S を求めよ。

物　理

（60 分）

物理問題 1

次の空欄を補え。

(1) 図のように，ばね定数 k の軽いばねの一端を壁に固定し，他端に質量 m の小物体を結び付けて水平な床上に置いた。床に右向き正の x 軸をとり，ばねが自然の長さになるときの小物体の位置を原点Oとした。$x>0$ の床は小物体と床との間の動摩擦係数が μ' であらく，$x<0$ の床はなめらかであった。小物体を $x=2d$ から静かにはなすと，小物体は左向きに動き出した。小物体が $x=d$ を通過するときの加速度は右向きを正として ① となった。その後，小物体がOを通過したとすると，$x=$ ② で初めて速度の向きを反転する。ここで，g は重力加速度の大きさである。

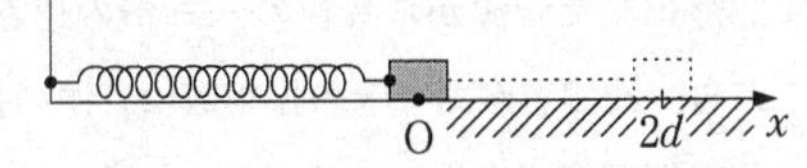

(2) 一様な電場中に距離 L だけ離れた点Oと点Aがあり，線分OAは等電位面に垂直であった。点O，Aの電位をそれぞれ V_O，V_A とすると，電気量 q の点電荷がこの電場から受ける静電気力の大きさは ③ である。また，この点電荷を点Oに置き，点Oから距離 $2L$ だけ離れた点Bまで移動させる。$\angle AOB=60°$ であったとすると，点電荷は電場から ④ だけの仕事をされたことになる。

(3)　抵抗値が同じ抵抗2個と，その2倍の抵抗値の抵抗1個，および電流計を図のように接続した。端子PQ間だけに6.0Vの電圧をかけた場合と，端子PR間だけに6.0Vの電圧をかけた場合では，ともに電流計を流れる電流は4.0Aであった。これより，小さい抵抗値をもつ抵抗の抵抗値は［⑤］Ωであり，端子QR間だけに6.0Vの電圧をかけた場合に回路全体で消費される電力は［⑥］Wである。

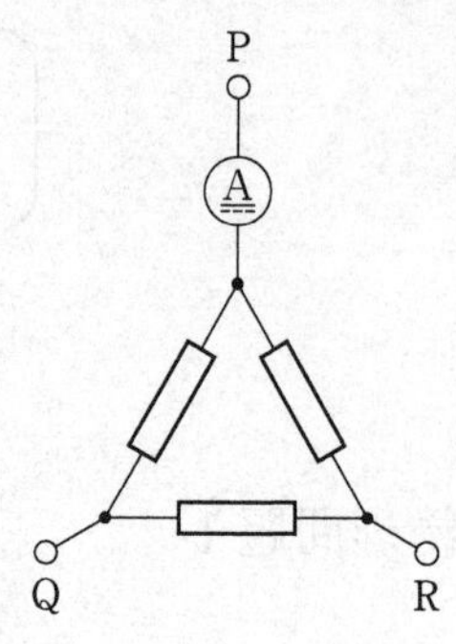

(4)　静止した音源から音速の$\frac{1}{5}$倍の速さで直線的に遠ざかる観測者がいる。このとき，観測者が聞く音の振動数は音源の振動数の［⑦］倍である。また，静止した観測者に向かって音速の$\frac{1}{4}$倍の速さで直線的に近づく音源がある。このとき，観測者が聞く音の振動数は音源の振動数の［⑧］倍である。

(5)　図は，熱効率eの熱機関とみなせる気体の状態変化を表すp-V図である。過程1および3は定積変化であり，気体の圧力変化の大きさはΔpである。また，過程2および4は定圧変化であり，気体の体積変化の大きさはΔVである。過程1から4までの1サイクルで，この熱機関が高温の物体から吸収する熱量は［⑨］であり，低温の物体へ放出する熱量は［⑩］である。

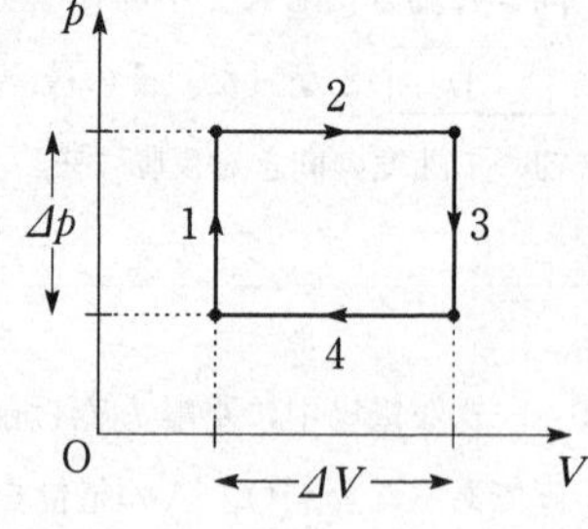

物理問題２

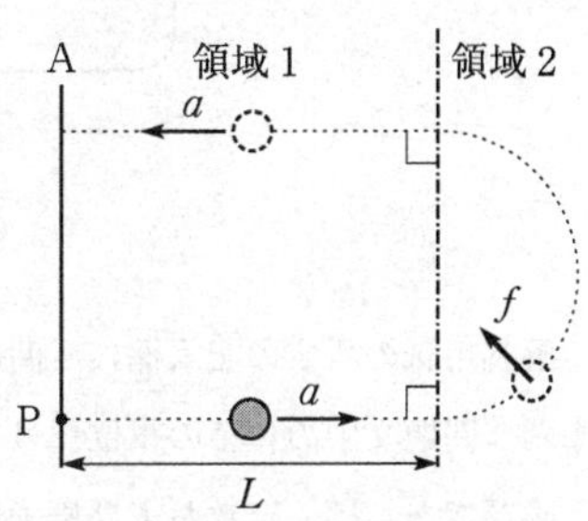

図のように，質量 m の小物体が水平面上を運動する。この水平面は，直線状の境界線で領域１と領域２に分かれている。領域１では小物体に一定の大きさ a の加速度が生じて直線運動し，領域２では常に進行方向と垂直な向きに一定の大きさ f の力がはたらき等速円運動をする。領域１内には，境界線から距離 L だけ離れた直線Aがある。小物体はA上の点Pから速さ０で出発して，図の矢印の向きに加速し，境界線に垂直に領域２に入射した後，領域１へ再び入射して，図の矢印の向きに加速して，再びA上の点に戻ってくる。

(1)　小物体が点Pを出発してから領域２に入射するまでの時間はいくらか。

(2)　小物体の領域２での一定の速さ，すなわち領域２に入射した時の小物体の速さはいくらか。

(3)　小物体が領域２に入射してから出るまでの時間はいくらか。

次に，a のみを変化させて別の一定値として同様の運動をさせると，小物体が点Pを出発してから再びA上の点に戻るまでの時間は変化する。

(4)　その時間が最短となる a の値はいくらか。ただし，x の関数 $y=p\sqrt{x}+\dfrac{q}{\sqrt{x}}$（$p$ と q は正の定数，$x>0$ とする）が最小となるのは，$p\sqrt{x}=\dfrac{q}{\sqrt{x}}$，すなわち $x=\dfrac{q}{p}$ のときであることを用いて良い。

化　学

（60 分）

解答用紙の所定の記入欄に，問題の答えをそれぞれ指示された通り記述しなさい。また，問題文中の体積の単位記号 L は，リットルを表します。

必要であれば，定数および原子量は問題中に指示がある場合をのぞき，次の値を用いなさい。

アボガドロ定数　$N_A = 6.02 \times 10^{23}$/mol

標準大気圧　1 atm = 1.013×10^5 Pa = 1013 hPa

気体定数　$R = 8.31 \times 10^3$ Pa·L/(K·mol) = 8.31 Pa·m^3/(K·mol) = 8.31 J/(K·mol)

圧力の単位に atm，体積の単位に L を用いると，

$R = 0.0820$ atm·L/(K·mol)

ファラデー定数　$F = 9.65 \times 10^4$ C/mol

原子量　H = 1.0，C = 12，N = 14，O = 16，S = 32，Cl = 35.5，Ca = 40，Ba = 137，Pb = 207

化学問題1

次の各問の空欄を補え。

問 1. 純物質と混合物に関する次の記述(a)～(c)の正誤の組み合わせとして正しいものは，下の①～⑧のうち［　　］である。

(a) 塩化ナトリウムは純物質であるが，塩化ナトリウム水溶液は純物質ではない。

(b) 固体が溶けた溶液や，液体どうしの混合物を加熱して沸騰させ，その蒸気を冷却して沸点の低い成分を分離する操作を再結晶という。

(c) 種々の成分を含む混合物を，適当な溶媒とともにろ紙やシリカゲルの中を移動させると，各成分が少しずつ分離していく。このような現象を利用して，物質を分離する操作をクロマトグラフィーという。

① a：正，b：正，c：正　　② a：正，b：正，c：誤
③ a：正，b：誤，c：正　　④ a：正，b：誤，c：誤
⑤ a：誤，b：正，c：正　　⑥ a：誤，b：正，c：誤
⑦ a：誤，b：誤，c：正　　⑧ a：誤，b：誤，c：誤

問 2. 次の①～⑧の結合のうち，極性が最も大きいものは，［　　］である。ただし，各元素の電気陰性度は下の表の通りとする。

① C−H　② N−H　③ O−H　④ H−F
⑤ H−Br　⑥ H−I　⑦ Br−Br　⑧ C−F

H	C	N	O	F	Br	I
2.2	2.6	3.0	3.4	4.0	3.0	2.7

問 3. 溶液の性質および気体の溶解度に関する次の記述(a)～(c)の正誤の組み合わせとして正しいものは，下の①～⑧のうち［　　］である。

(a) N_2 や O_2 などの溶解度の小さい気体では，温度が一定ならば，一定量の溶媒に溶ける気体の質量(あるいは物質量)は，その気体の圧力(混合気体の場合には分圧)に比例する。これをヘスの法則という。

(b) 純溶媒に不揮発性の物質を溶かした溶液の蒸気圧は，純溶媒の蒸気圧よりも低くなる。この現象を蒸気圧降下といい，これによって溶液の沸点は純溶媒の沸点よりも低くなる。

(c) 溶液のモル濃度を c(mol/L)，絶対温度を T(K)，気体定数を R(8.31×10^3 Pa・L/(K・mol))とすると，非電解質の希薄溶液の浸透圧 Π(Pa)は $\Pi = cRT$ と表すことができる。これをファントホッフの法則という。

① a：正，b：正，c：正　② a：正，b：正，c：誤
③ a：正，b：誤，c：正　④ a：正，b：誤，c：誤
⑤ a：誤，b：正，c：正　⑥ a：誤，b：正，c：誤
⑦ a：誤，b：誤，c：正　⑧ a：誤，b：誤，c：誤

問 4. 鉛蓄電池の構成は，次のように表される。

(－) Pb ｜ H_2SO_4 aq ｜ PbO_2 (＋)

放電後の鉛蓄電池に，外部電源から5.0 Aの一定電流を1時間4分20秒間流して充電した。この充電による負極の質量変化として最も適当なものは，下の①～⑫のうち［　　］である。

① 1.6 g 増加　② 2.4 g 増加　③ 3.2 g 増加　④ 4.8 g 増加
⑤ 6.4 g 増加　⑥ 9.6 g 増加　⑦ 1.6 g 減少　⑧ 2.4 g 減少
⑨ 3.2 g 減少　⑩ 4.8 g 減少　⑪ 6.4 g 減少　⑫ 9.6 g 減少

問 5. 温度25℃における質量パーセント濃度1.9％のアンモニア水溶液の水素イオン濃度は［　　］mol/Lである。答えは有効数字2桁で記せ。ただし，このアンモニア水溶液の密度は0.90 g/cm^3，アンモニアの電離定数は $K_b = 2.3 \times 10^{-5}$ mol/L，$\sqrt{23} = 4.8$ とする。

問 6. 金属A～Eはアルミニウム，金，銀，銅，ナトリウムのいずれかであり，次の

(ア)〜(エ)に示した性質をもつ。A〜Eに該当する金属の組み合わせとして正しいものは，下の①〜⑩のうち [ ] である。

(ア)　Aは常温の水と反応し水素を発生する。

(イ)　Bは常温の水とは反応せず，高温の水蒸気と反応して水素を発生する。

(ウ)　C，D，Eは塩酸と反応しない。

(エ)　Cは硝酸に溶けないが，Dは硝酸に溶け，またその溶液にEを加えるとEの表面にDが析出する。

	A	B	C	D	E
①	アルミニウム	ナトリウム	金	銀	銅
②	アルミニウム	ナトリウム	銅	金	銀
③	金	銀	銅	アルミニウム	ナトリウム
④	金	銀	銅	ナトリウム	アルミニウム
⑤	銀	銅	金	アルミニウム	ナトリウム
⑥	銀	銅	金	ナトリウム	アルミニウム
⑦	銅	銀	金	アルミニウム	ナトリウム
⑧	銅	銀	金	ナトリウム	アルミニウム
⑨	ナトリウム	アルミニウム	金	銀	銅
⑩	ナトリウム	アルミニウム	銅	金	銀

問 7. 次の金属元素(a)〜(e)のうち，両性を示すものの記号だけをすべて記載すると [ ] である。

(a)　ナトリウム　　(b)　マグネシウム　　(c)　アルミニウム

(d)　鉄　　(e)　亜鉛

問 8. アルコール発酵により，エタノール46 gを得るために必要なグルコースは [ ] gである。

化学問題２

次の文を読み，各問に答えよ。必要であれば，原子量 H = 1.0，C = 12.0，N = 14.0，O = 16.0，Ca = 40.0，Cl = 35.5 を用いよ。

周期表の２族元素はすべて金属元素で，原子は価電子を［(a)］個もち，［(b)］価の陽イオンになりやすい。［(c)］と［(d)］は他の２族元素と異なり炎色反応を示さず，それらの単体は常温の水とは反応しない。単体の融点を比較すると，２族元素の単体中では，［(c)］が最も高い。２族元素のうち地殻中に含まれる割合(質量％)の最も大きい［(e)］と，［(f)］，［(g)］，Raをアルカリ土類金属という。［(e)］の炭酸塩は，［(h)］石や大理石の主成分である。［(e)］の炭酸塩を強熱すると，熱分解し［(i)］を生じる。［(e)］の炭酸塩と炭素(コークス)を混合して2000℃以上で加熱すると，［(j)］が得られる。［(j)］に水を作用させると可燃性の気体である［(k)］が発生する。(1)<u>［(e)］の塩化物(無水物)は凍結防止剤(融雪剤)などに利用されている。</u>また，［(f)］の塩化物の水溶液に希硫酸または硫酸塩の水溶液を加えて生じる白色沈殿［(l)］は水に難溶で安定な物質であり，胃や腸のＸ線撮影の造影剤に用いられる。［(g)］の硫酸塩も水に難溶である。これらのアルカリ土類金属以外では，［(m)］の２価の陽イオンも硫酸イオンと反応して水に難溶な硫酸塩を生じる。

問 1. 文中の空欄(a)～(m)に当てはまる適切な数字，元素，物質あるいは語句を記せ。ただし，(a)および(b)については数字を記し，(c)～(g)および(m)については元素記号を記し，また(i)～(l)については化学式を記せ。

問 2. 文中の下線部(1)について水の凝固点の変化を調べた。［(e)］の塩化物(無水物)6.66 g を 900 g の水に溶かして水溶液を調製した。この水溶液の凝固点は何℃か。ただし，水溶液中の電解質はすべて電離するものとし，水のモル凝固点降下は 1.85 K･kg/mol とする。答えは有効数字３桁で記せ。

問 3. ①　塩化アンモニウムと［(e)］の水酸化物を混ぜて加熱すると，気体［(ア)］と水，および［(イ)］が反応により生成する。空欄(ア)および(イ)

に当てはまる適切な物質を化学式で記せ。

② 塩化アンモニウム 107 g と，[(e)] の水酸化物 37 g を混ぜて加熱し反応させた。気体 [(ア)] は何 g 生成するか。答えは小数点以下を四捨五入して整数で記せ。

問 4. 濃度 0.100 mol/L の [(f)] の水酸化物の水溶液 100 mL に，6.40×10^{-3} mol の二酸化炭素を吸収させると炭酸塩の白色沈殿が生じた。生じた沈殿はろ過して取り除いた。沈殿を取り除いた後のろ液中に含まれる残った未反応の水酸化物を 0.200 mol/L の塩酸で滴定した。滴定に要した塩酸は何 mL か。答えは小数点以下を四捨五入して整数で記せ。

化学問題 3

次の文を読み，各問に答えよ。

安息香酸，アニリン，ニトロベンゼン，フェノールを含むジエチルエーテル混合溶液がある。この溶液に対して，次の図のような操作を行った。

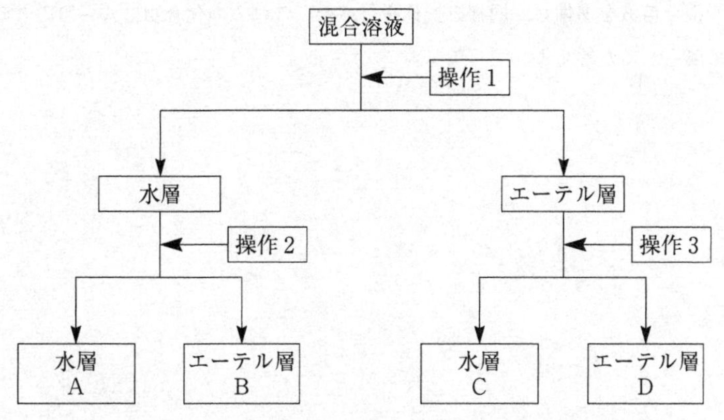

操作 1　ジエチルエーテル混合溶液を分液ろうとに入れ，水酸化ナトリウム水溶液を加えてよく振り混ぜた。水層とエーテル層に分かれたのでそれぞれを分取し

た。

操作２　水層に二酸化炭素を十分通じて反応させた。その後，分液ろうとに移し，ジエチルエーテルを加えてよく振り混ぜた。水層とエーテル層に分かれたので水層をA，エーテル層をBとして分取した。

操作３　操作１で得られたエーテル層を分液ろうとに移し，さらに十分な量の希塩酸を加えてよく振り混ぜた。水層とエーテル層に分かれたので水層をC，エーテル層をDとして分取した。

問 1. 水層Aと水層Cに含まれる化合物の名称をそれぞれ答えよ。

問 2. エーテル層Bとエーテル層Dに含まれる化合物の構造式をそれぞれ例にならって記せ。

例：　(benzene ring)—SO_3H

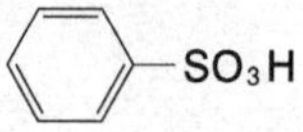

問 3. 操作１，操作２，操作３で起こったすべての変化をそれぞれ化学反応式で答えよ。

問 4. トルエン，サリチル酸，*o*-クレゾールの３種類の化合物を含むジエチルエーテル混合溶液を準備し，同様の操作を行った。これらの化合物はA～Dのどの層に分離されるか答えよ。

問4　傍線部(B)「正しさ」とあるが、脳が処理する正しさの説明としてもっとも適当なものを、a～dから一つ選びなさい。解答番号は 27 。

a　正しさに抗うと、ストレスは解消されるものの、苦痛は増すようだ。
b　モラルに合致する行動というのは、快楽に結び付くものである。
c　脳にとって正しい行動とは、快楽を感じさせる行為のことである。
d　いわゆる正しいことをすると、脳は安定し、むしろ不活発となる。

問5　傍線部(D)「規範意識が高まっている状況下で、いじめはより激化する」とあるが、それはなぜか。もっとも適当なものをa～dから一つ選びなさい。解答番号は 28 。

a　人の制裁はエスカレートする傾向があり、過激な制裁もいじめと思われず、正当化される傾向にあるから。
b　規範を守るためには我慢しなければいけないことがあるが、その反動として快楽に対する欲求が強まるから。
c　みんなの目をおそれるあまり、いじめがそれまで以上に陰湿化していくから。
d　自分が規範を守っている証明として、他者に対して今まで以上に制裁を加えるようになるから。

問6　傍線部(C)「矛盾した思考」とあるが、なぜ矛盾していると言えるのか。句読点も含めて二十字以上三十字以内で説明しなさい。解答は記述欄(二)に記入すること。

④　繙く　24

a　歩み寄って、理解しようとすること
b　説得して、相手の理解を求めること
c　古文書に当たって、理解を試みること
d　書物をひらいて読み、理解すること

問2　空欄(1)〜(4)に入れることばの組み合わせとしてもっとも適当なものを、a〜dから一つ選びなさい。解答番号は 25 。

a　(1) ただ　(2) そのうえ　(3) けれども　(4) あまりに
b　(1) しかし　(2) あまりに　(3) ひとえに　(4) だから
c　(1) が　(2) あまりに　(3) つまり　(4) しかし
d　(1) が　(2) さらに　(3) もしかしたら　(4) けれども

問3　傍線部(A)「空気」とあるが、その説明として**適当でない**ものを、a〜dから一つ選びなさい。解答番号は 26 。

a　それが強過ぎる場合は逆効果で、人が伸び伸びと業務に取り組めない事態を招いてしまう。
b　現場におけるさまざまな問題を個人が解決できるように、それは実に巧みに人々を導く。
c　さまざまな分野において人が広く共有できるように、それは明確に言語化されている。
d　クオリティーの高い仕事を実現し、責任ある業務をするようにと、それは人々を促す。

問1　傍線部①〜④の意味としてもっとも適当なものを、a〜dからそれぞれ一つ選びなさい（②、④は基本形で示している）。解答番号は 21 〜 24 。

① 気懸かり 21
a　抑えられないいら立ちのこと
b　取り越し苦労をすること
c　どうしても心に引っかかること
d　強い疑惑を持つこと

② 司る 22
a　激しくあおること
b　適度に促すこと
c　巧みに導くこと
d　統率し支配すること

③ 返り討ち 23
a　軽い気持ちで攻撃し、反撃されること
b　かたきを討った後、攻撃されること
c　軽い気持ちで攻撃しようとして結局、やめること
d　かたきを討とうとして結局、あきらめること

正義の味方として、みんなのルールから逸脱した誰かを見つけ、そこに制裁を加えるだけで、お手軽に快楽物質が分泌されるのだとしたら、こんなに手軽なエンタメは他にはないというわけだ。人間が今の姿である限り、週刊誌的な記事はこれからも書かれ続け、読まれ続けるだろう。

いじめ、と一口にいうけれど、子どもたちの間で起ころうとも、現象としては同じことだ。このことは、心理学者たちの研究をていねいに④繙(ひもと)けばわかることで、(D)規範意識が高まっている状況下で、いじめはより激化するという研究さえある。要するに、規範に従わない者はどんな目に遭わせてもいい、という圧が、規範意識が高い場ではより起こりやすくなってしまうという理屈である。

「正義の味方」たちは、正義を執行する快楽に飢えていて、みんなの正義、みんなのルールが守られない事例をいつも探していて、冷静な言葉も論理的な思考もこの人たちを止めることは難しい。遮ろうとする者に対しては、いかにそれが理性的であったとしても、むしろそれだからこそ、正義の鉄拳を寄ってたかって揮(ふる)いたがるものであるから、慎重に扱う必要があるだろう。

現代社会における一定数の国々では一夫一婦制が原則とされ、そのルールを守ることが倫理的に正しいと見なされている。（(4)）、人間の脳は一夫一婦制に完全対応してはいない。多夫多妻、一夫多妻、一妻多夫などの形態をとり得るし、離別、死別すれば再び別のパートナーを持つことが可能である。

厳格な一夫一婦制をとる動物ではそれが行われないので、比較するとヒトはかなり幅広い形態の性的関係を形成することができる種であるといえるだろう。この一夫一婦ルールに則していない個体は珍しくなく、みんなの正義をつきつけて制裁を加えるのに格好のターゲットとなってしまう。次から次へと現れるその人らを暴いてくれるメディアがある限り、正義を執行する快楽に飢えずに済むのだ。

（中野信子『脳の闇』）

脱した人を叩く行為が、この数年目立つようになった。「正しさハラスメント」とでも呼べばよいだろうか、時にはひどく息苦しく感じられる現象でもある。「正義のためなら誰かを傷つけてもいい」「平和のためなら暴力を行使してもいい」という思考をもつ人を、私は好きになれない。

脳ではこの(B)「正しさ」はどのように処理されているのだろうか。

前頭前野には、良心や倫理の感覚を②司っているとされる領域がある。これは前頭前皮質の一部にあたる場所で、内側前頭前皮質という。倫理的に正しい行動を取れば活性化され、快楽が得られる仕組みになっているようだ。「正しさ」に反する行いをした場合には逆に、ストレスを生じて苦痛を感じさせる。誰が見ていなくても、悪いことをするとうしろめたさを感じるものだが、それがこの苦痛だと考えてよいだろう。

これだけ書くと、人間の行動を「正しい」側に持っていこうと制御する素晴らしいシステムであると捉える人が多いかもしれない。が、実際の運用上はそうなっているとも限らないのがやっかいなところだ。この良心の領域は、自分が「正しさ」に反する行いをした場合だけでなく、自分ではない誰かが「正しさ」に反する行いをした場合にも苦痛を感じさせ、それを解消しようと時には攻撃的な行動を取らせたりもする。

（(3)）、正しさを逸脱した人物に対して制裁を加えたいという欲求が生じるのだ。「正義のためなら誰かを傷つけてもいい」という、よく考えれば(C)矛盾した思考の源泉の一つがここにあるといってよいだろう。

巷間よく言及されている、その人物に制裁を加えても自分の利益にはならないのに、なぜ攻撃するのかという問題に、これは一つの示唆を与える知見ではないかと思う。利益にならないどころか、③返り討ちに遭う可能性すらあるにもかかわらず、それでも、その人を罰せずにはいられないというのは、制裁が功を奏して、その人物が行動を改めれば、自らの苦痛は解消されて快楽物質ドーパミンが分泌されるからだと考えれば説明がつく。

二　次の文章を読んで、問いに答えなさい。

日本の鉄道の運行について面白いデータがある。

山手線が1周に要する時間は約60分である。乗り換えの有無にもよるが、1日に20周程度できる計算になる。この約20周分のうち、最も速い1周と、最も遅い1周の時間差はどれくらいになるか、想像がつくだろうか？　ある1日をサンプルとして実際に測定を行った人が出した答えは、15秒である。平均的にはどの程度になるか、確かめてみても面白いかもしれない。

1分程度の差があってもいいようなものだと多くの人は思うかもしれない。（ (1) ）、JRでは1分の遅延があれば「遅れ」とカウントすると聞いた。事故等がなければ、1周に要する時間の差は1分以内になるようあらかじめシステムが組み上げられ、制御されている、ということになる。その範囲に収まる「15秒」という数字は、日本の鉄道関係者の驚くべき努力と技術の結晶でもあり、これは技術を超越した何かを感じさせるデータにも見える。

極めて誤差の少ない正確な運行を可能にするこうした気質を、同じ日本人として誇らしく思う一方で、正確さが重視されるあまり、過剰な責任を現場の人々が負ってしまっているのではないかと、①気懸かりになることがある。2005年に起きたJR福知山線の脱線事故が思い起こされる。

鉄道を例に挙げたが、日本全体に、どの分野にも、独特の空気とでもいうべき言語化しにくい何かがあるように思う。この「(A)空気」は、人々が責任感を持って質の高い仕事を遂行したり、個人が努力して現場の課題を解決したりという大きな社会的利益をもたらすものでもあるのだが、（ (2) ）その濃度が濃いために、窒息しかけてしまっているような人もたびたび見かける。

誰もが認める「正しさ」という空気のような何かがある。ポリティカルコレクトネス、と呼ぶ人も多いようだ。そこから逸

c　書道
d　文字史

問9　空欄(F)に入れるものとしてもっとも適当なものを、a～dから一つ選びなさい。解答番号は 19 。
a　全部で二十八字のみで構成されている
b　子音と母音を区別せずに一字で表す
c　一音に対して一字をあてる
d　若干の言語による違いがある

問10　傍線部(G)「われわれ日本人が、世界の言語学界に貢献できる可能性を秘めている希望ある分野である」とあるが、文字論についてそのように言える理由としてもっとも適当なものを、a～dから一つ選びなさい。解答番号は 20 。
a　日本人は改めて漢字を学ばなくても、漢字とアルファベットを比較した研究ができるから。
b　日本人は文字に対する関心がもともと高く、しかも漢字についての素養を備えているから。
c　日本語は、漢字、ひらがな、カタカナを使い分けることで多様な言語を取り込むことができるから。
d　日本語の文字は多様であり、日本人はそのたくさんの文字を使いこなす能力を持っているから。

問11　文字論の困難さとはどのようなものか、本文に即して句読点を含めて三十五字以上五十字以内でわかりやすく説明しなさい。解答は記述欄(一)に記入すること。

問6　傍線部(C)「大切な意味を持っている」と言えるのはなぜか。もっとも適当なものをa～dから一つ選びなさい。解答番号は 16 。

a　文字研究と音を対象とする研究において、どちらに優位性があるかは言語により異なるということを示しているから。

b　音を対象とする研究は単音だけでなく語を表すものまで対象にするので、研究の困難さを示しているから。

c　意味の単位を対象とする研究は、客観的な自然科学に近い研究とはかけ離れてしまうことを意味するから。

d　文字を対象とする言語研究は音に関する研究とは異なり、言語ごとに個別のものになることを意味するから。

問7　傍線部(D)「音と文字との区別がつかなかった」とはどういうことか。もっとも適当なものをa～dから一つ選びなさい。解答番号は 17 。

a　音を理解できる現象として書き表したのが文字だと思っているため、音に意味があるという研究視点がなかった。

b　アルファベット方式以外の文字がなかったヨーロッパでは、文字研究が唯一の科学的研究となってしまっていた。

c　文字によって表現されたものを見ても音が書いてあるとしか見ていなくて、文字そのものに関心が向かなかった。

d　音か文字かはあくまで表現手段の相違ということであるため、両者の差異に対して注意を払わなかった。

問8　空欄(E)に入れるものとしてもっとも適当なものを、a～dから一つ選びなさい。解答番号は 18 。

a　書誌学

b　文字学

④ さしつかえない 13

a 自然であること
b 自由であること
c 支障がないこと
d 困難がないこと

問4 傍線部(A)「これ」の指す内容としてもっとも適当なものを、a～dから一つ選びなさい。解答番号は 14 。

a 聴覚で捕えられていたものを視覚で捕えられるように工夫したことで文字が成立したという一言語学者の考え。
b 一無名の言語学者によるシュメル文字発明の際の原理が、他の古代表語文字の発明にも適用されたということ。
c 古代表語文字は前史が知られていないので、実はシュメル文字の方が他の文字を利用した可能性があるということ。
d 古代表語文字は、聴覚で捕えていたものを視覚化する原理であったというアメリカの研究者ゲルプの考え。

問5 傍線部(B)「空間と時間の枠を超えた伝達が可能になり」とあるが、どうなったのか。その具体例として**適当でないもの**をa～dから一つ選びなさい。解答番号は 15 。

a 法令や条例を決めたときに、一度に大勢の人に周知させられるようになった。
b 手紙を書くことで、目の前にいない相手にも情報を伝達できるようになった。
c 約束や契約の内容の詳細について、個人の記憶に頼る必要がなくなった。
d 口伝えで行われてきた技術の伝承がマニュアル化できるようになった。

(4)　a　堪えられない　b　応えられない　c　他ならない　d　及ばない

9

問3　傍線部①～④の意味としてもっとも適当なものを、a～dからそれぞれ一つ選びなさい。解答番号は 10 ～ 13 。

①　無尽蔵　10

a　いつまでも不滅であるようす
b　ものの数がおびただしいようす
c　びっしりとつめ込まれているようす
d　いくら取ってもなくならないようす

②　とりも直さず　11

a　いうまでもなく
b　うそ偽りなく
c　すなわち
d　いわば

③　ユニバーサル　12

a　全方位的
b　普遍的
c　国際的
d　汎用的

(エ) セイ密 [4]

a ショウ細な記述
b ススキの群セイ
c セイ濁あわせのむ
d ショウ進料理

(オ) 固ジ [5]

a 誇ジ
b 謝ジ
c 酷ジ
d 堅ジ

問2 空欄(1)〜(4)に入れるのにもっとも適当なものを、a〜dからそれぞれ一つ選びなさい。解答番号は [6] 〜 [9]。

(1) [6]
a ただし　b もちろん　c それより　d しかも

(2) [7]
a 大雑把　b 短絡的　c 端的　d 単純

(3) [8]
a 援助　b 貢献　c 尽力　d 挑戦

の構造を知ることを要請して、むやみにこの領域に足を踏み入れることを固ジ(オ)させているのである。

（千野栄一『言語学を学ぶ』）

問1 傍線部(ア)〜(オ)を漢字で書いたときと同じ漢字を含むものをａ〜ｄからそれぞれ一つ選びなさい。解答番号は［1］〜［5］。

(ア) シャク用 ［1］
a シャク然としない
b 盤ジャクの地位
c 円シャッ款
d 執ジャクする

(イ) 寄ヨ ［2］
a ヨ党の第一党
b 執行猶ヨがつく
c 一考のヨ地がある
d 栄ヨに浴する

(ウ) イタっている ［3］
a シ高の存在
b 漱石に傾トウする
c 前人未トウ
d チ命傷となる

文字論が研究の対象としているのは、文字がどのように言語の構造と関連しているかの考察である。いわば［(E)］が文字の形式を扱う言語学の分野であるとすれば、文字論は文字の機能を扱うものといえないことはない。欧米の言語学では、文字はごく稀に研究対象としてとりあげられることがあっても、それは書かれた言語と話された言語とはどう違うかとか、古文書学以来の伝統を持つ、どのような文字があるかといった［(E)］的なもので、文字と言語構造との関係という視点が欠けていたのはアルファベット形式の文字——すなわち［(F)］——を使っていた国ではあり得ることであったといえよう。

アルファベット以外の文字を使う言語といっても、表語文字といわれる文字を使う言語の大部分は死語となった古代語で、現在も生きている言語としては中国語があるだけである。これは日本語の仮名が日本語の構造と深く関連しているからこそ可能であったのと同様に、現在においてもなお依然として単音節語が有力である中国語だからこそ可能なのである。

従って文字論を研究しようとしたらまず漢字について知らねばならない。ここには長い伝統の［(E)］があり、漢字を対象とした文字論の基礎になるような研究もある。例えば、六書(りくしょ)と名付けられる漢字の構成と使用にわたる伝統的な分類法がそれで、後漢の許慎(きょしん)の『説文解字(せつもんかいじ)』はまさにその一つである。ここでは四つの漢字構成の原理と、二つの使用法が説かれているが、この漢字で得られた認識がその他の文字にも適用され、その分類法が他の文字の研究にも役立つ広い基盤を持ち、一般的な原理として認められたとき文字論が成立したのである。

文字論は世界にも稀な文字体系を持つ日本語を使っている(G)われわれ日本人が、世界の言語学界に貢献できる可能性を秘めている希望ある分野である。

とはいえ、音標文字に通じさえすれば、こと記述に関してはどの言語でもとりあげられる音声学とは異なって、文字論はまず文字を覚えるという莫大な労力を要する壁によって、勤勉ならざる言語研究者を遠ざけているのであり、また、多くの言語

単なものではない。フランスの言語学者アンドレ・マルティネによるとすべての言語には意味を単位の基礎とする第一次分析と、その単位をさらに分析する音のレベルの第二次分析の二つのレベルが考えられるが、音を対象とする言語学の分野は第二次分析のレベルだけを取り扱うのに対して、文字を対象とする場合は第一次分析のレベルから第二次分析のレベルまでを取り扱わねばならない。すなわち、文字には単音を表すもの（p、t、あ、い）から、音節を表すもの（か、き、く）、形態素を表すもの（「高さ」のさ、「books」のs）、語を表すもの（「木」、「山」、「川」）などがある。この事実は見かけ以上に(C)大切な意味を持っている。言語単位としての音を研究する場合、その音を習得してしまえば、すべての言語の研究に利用できる。すなわち「音」は③ユニバーサルな基盤の上に立っている。このことは音に関する言語研究を自然科学に近い(エ)セイ密なものとしている。

一方、文字に関する言語研究は、ある種の文字がローマ字やアラビア文字のように一連の言語に適応されることがあるのは事実とはいえ、一つ一つの言語に固有の文字があっても（例えば、アルメニア文字）、④何らさしつかえない。ここではすべての文字に共通な単位というものは考えられない。これは文字が個々の言語のあり方に大きく依存しているからである。

文字の研究が音の研究より出遅れたもう一つの事情に、実際上科学としての言語学が成立したヨーロッパには、厳密な意味ではないにせよアルファベット方式以外の文字がなかったということをあげることができる。ヨーロッパでは長いこと文字が音であって、(D)音と文字との区別がつかなかったのである。これは漢字文化圏に属する諸国とは事情が大きく異なっている。ましてや日本のように複雑な文字体系を持った国では文字に対する関心が高くなるのは当然である。

日本における文字の関心がまず漢字に向けられたのは自然な歩みで、まず手近な漢字についての研究が、その他の古代表語文字より先に進められた。ところがここで注目されたのは、どんな文字が存在するか、そしてそれはどのように変わっていったかという面で、文字のこのような側面の研究は　(E)　といって、今ここで問題としている文字論とは異なるものである。

がないか、知られていないので、ポーランド生まれのアメリカの研究者イグネース・J・ゲルプは、シュメル文字以外の古代表語文字は、直接に文字そのものを(ア)シャク用していないにせよ、一つの感覚で捕えていたものを、他の感覚で捕えられるようにしたという原理が伝わったのではないかと推測している。(A)これは考え得る推論である。

文字が成立し、(B)人間は空間と時間の枠を超えた伝達が可能になり、文明の発展に大きく(イ)寄ヨすることになる。この文字の発明は言語そのものの研究にも大きな（　(3)　）をする。すなわち、これまで音形という形で捕えられていたにせよ、実際には連続していた空気の流れを一つ一つ区分されたものとして扱わねばならなくなったからである。ここで事実上、言語学の基礎の一つである言語の記述がスタートする。

文字のうち一番古いといわれるシュメル文字の成立から今日までには約五千年の時間が横たわっている。この五千年の間に人類はいくつもの文字を作り出して今日に(ウ)イタっている。しかし、現在この地球上にあるという、一万とも八千ともいわれている言語の数と比べて、文字の数は数百、あるいはかなり低い千の単位でしかないのは驚くべきことといわねばならない。そして依然として多くの言語が文字を持っていないというのは、さらに一層驚くべきことである。そしてまた現存の言語でかつて文字を持っていたが、現在では文字を持っていないというケースはごく稀にしかない。従って民族や言語そのものが亡んでしまったケース、他の文字へと移行したケースを除けば、文字を持つ言語の数は増え続けているわけである。それにも拘らず文字を持つ言語の数が少ないのは、②とりも直さず一無名言語学者の発明がいかに優れたものであったかを証明するものに（　(4)　）。

言語研究の歴史において、音を研究対象とする言語学と文字を研究する言語学とは、言語を研究対象とするという共通の基盤の上に立ちながらも、お互いにかなり異なっている。これにはいろいろな理由がある。

まず研究の素材となる音と文字の違いがある。一般に文字とは音を表現するものと考えられているが、この関係はそんな簡

国語

（六〇分）

一

次の文章を読んで、問いに答えなさい。

言語の基本的な機能は伝達である。伝達のための最も基本的な手段は空気の波を素材として分節され記号化された音形を伝えることにある。この音形は相手の聴覚器官によって捕えられなければならない。人間は長い間この手段により伝達を行ってきたが、この手段にはいくつもの長所がある。例えば、伝達の素材が空気の波なのでその材料は①無尽蔵にあり、そして無料である。（　(1)　）非常に速く多くのことを伝達することが可能である。また、われわれはこの手段による発音の器官を絶えず身に備えている。

しかし、一方でまた空気の波を素材にすることには欠点もある。発音された音が相手の耳に達するためには、空間的にも限られているし、時間的にはより一層限られている。そこであるとき歴史上最大の言語学的発明をした無名の一言語学者が現れることになる。彼は感覚の一つである聴覚で捕えられていたものを、他の感覚である視覚で捕えられるような工夫を行った。すなわち、文字を発明したのである。この間の事情はあまりよく分かってはいないが、およそ七つあるといわれる古代表語文字のうち、シュメル文字だけに文字が成立するまでの長い前史があり、その他の文字の場合はごく（　(2)　）にいってその前史

解答編

英語

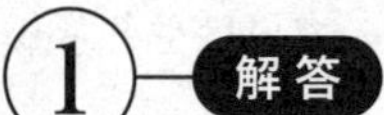

A. (4)─a　(6)─a　(7)─b　(14)─b

B. (1)─a　(2)─a　(3)─a　(5)─d　(15)─c

C. (8)─a　(9)─d

D. 1─b　2─d　3─c　4─a

E. 1. 平均的な大人は1日あたり90グラム以上のタンパク質を消費する。

2. 疾病率と医療費の増加には密接な関係がある。

3. 食物連鎖の下位の方にあるもの，つまり野菜や果物，穀物を食べること。

解説

《菜食主義の地球温暖化への影響》

A. (4) account for＋割合の形で「〜(割合) を占める」の意味。

(6) 空所の直前はRuminants，直後はcowsとなっている。cowsはruminantsの具体例であるため，such as〜「〜のような」を選択し，「牛のような反芻動物」とするのが適切。

(7) それぞれの選択肢は前置詞inと組み合わせると，aはin conclusion「終わりに」，bはin addition「くわえて」，cはin short「要約すると」，dはin comparison「比較すると」の意味となり，接続詞的な意味を持つ。本問では，空所を挟む前後の文が「牛のような反芻動物は最も多産の違反者で，食べ物を消化するときに最も強い温室効果ガスのメタンを発生させている」と，「家畜飼料を育てるための農地使用と関連するエネルギー消費は二酸化炭素を産み出し，牛糞などの肥やしや化学肥料の使用は一酸化窒素を排出する」となっている。このことから，空所以降は追加で述べられている内容であるとわかる。よって，b．addition を入れて，文をつなぐのが最適である。

⒁ それぞれの選択肢の意味は，a．run out of ～「～を使い果たす」，b．come from ～「～に由来する」，c．go to ～「～へ行く」，d．lead with ～「～でリードする」である。本問では英文の主語が only 10 to 15 percent of one's daily calories で，空所直後が protein である。b．come from を入れて，文意を「毎日のカロリーのうちたった 10 から 15 パーセントがタンパク質由来であればよい」とするのが適切。

B．⑵ 名詞 key には，「鍵」の他に，「重要なもの」の意味がある。c の「錠」は鍵ではなく，鍵で開閉する装置のことであるので，はやとちりしないように注意する。

⑸ 形容詞 comprehensive は「包括的な」と「理解力のある」の意味がある。本問では assessments of direct and indirect emissions「直接的・間接的排出の評価」が後続することから，前者の意味とする方が適切である。よって，d が正解。

D．1．挿入する英文は「もし牛たちを国とするならば，温室効果ガスを世界で３番目に多く排出するだろう」の意味である。この内容から，この１文は牛と温室効果ガスについて述べられている箇所に入れるのが適切である。その内容が述べられているのは第２段である。よって，b が正解。

2．全ての選択肢の内容を比較すると，前半部分の意味はほぼ共通しているが，後半部分がそれぞれ異なっている。英文では imagine how many opportunities exist to turn the tables となっている。turn the table は「形勢を逆転する」を意味する表現で，文意は「形勢を逆転するため，どのくらい機会があるのかを想像しなさい」となる。本文は食生活と地球温暖化について述べたものであるため，「形勢を逆転する」とは温暖化を食い止めることを意味すると推測できる。よって，d が正解となる。a は「ちゃぶ台をひっくり返す機会」としているため，b は「家事労働にかかるエネルギーを節約する」としているため，c は「何人の人が地球温暖化のことを考えているか」としているため，誤りである。

3． a は第１段第１文から第２文前半（The Buddha, … problem of eating:）の内容と一致する。b は第２段第２文（The most conservative …）の内容と一致する。c は本文では言及されていない内容である。d は第3段第5文（Where plant-based protein …）の内容と一致する。よって，正解はc。

4．まず，（注）にveganは「完全菜食主義の」とある。また，第4段第4文（Business-as-usual emissions could …）によると，vegetarianの食事はチーズとミルクと卵を含むとある。aがこれらの内容に一致し，正解となる。bは第3段第5文（Where plant-based protein …）の内容と一致しない。cのvegetarianの定義については，本文では言及されていないので誤りである。dは第4段第4文（Business-as-usual emissions could …）の内容と一致しない。

E．**1**．the average adultが主語，consumesが動詞，more than 90 grams of proteinが目的語となる第3文型の英文である。average「普通の，平均的な」 consume「消費する」 per day「1日あたり」

2．go hand in handで「密接な関係にある」の意味となる定形表現。morbidity「疾病率」

3．the food chainは「食物連鎖」の意味で，下線部の意味は「食物連鎖のより下の方を食べる」である。植物連鎖の下位層にあるものは植物である。よって，下線部で示される内容は「植物を食べること」，つまりは「野菜や果物，穀物を食べること」と解釈できる。

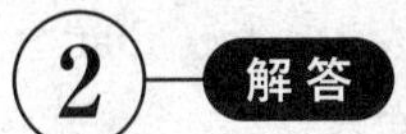

A．(1)―b　(2)―e　(3)―a　(4)―c　(5)―a

B．(1)(a) make　(b) carry　(2)(c) fact　(d) that　(3)(e) compare　(f) yourself

解説

A．(1)（The castle was originally built in 1220）to defend the area against attacks by（the Vikings.）

並べ替えるのは和文の「（ヴァイキング）の攻撃からこの地域を守るために」の部分である。よって，defend *A* against *B*「*A*を*B*から守る」をto不定詞の副詞的用法で用いるとよい。

(2) Frankly speaking（, I have）no idea what to buy（for my mother's birthday.）

frankly speakingで「率直に言って」を意味する定形表現。また，have no ideaで「わからない」の意味があり，have no idea what to *do*

で「何を～すべきかわからない」を意味する表現となる。

(3)　Having visited this town before(, I know) a good place to (go.)

和文の「前にこの街を訪れたことがあるので」の部分は理由を示す従属節となるが，a～fに従属接続詞はない。代わりにhavingがあることから，この部分を従属接続詞と従属節の主語を省略した完了形の分詞構文で組み立てるとよい。完了形の分詞構文を用いた文は，Having *done*～, S V …の形となる。よって，英文の前半部分がHaving visited this town beforeとなり，すでに英文に訳出されているI knowが主節の主語と動詞となる。knowの直後には目的語となる名詞a good placeが入る。

(4)　(I am) sorry to have kept you waiting(.)

be sorry to have *done*「～してすまなく思う」と，keep *A doing*「*A*に～させておく」を組み合わせるとよい。

(5)　(You cannot walk) along this street without meeting someone you (know.)

cannot *do*～without *doing*…「～すれば必ず…する」を意味する構文。

B. (1)　to不定詞が真主語となる形式主語itを用いた構文が，等位接続詞butで接続された文。「計画を立てる」と「それを実行する」がそれぞれ真主語となる。よって，(a)にはmakeを入れてmake a planとし，(b)にはcarryを入れてcarry out～「～を実行する」の表現を作るとよい。

(2)　「～という事実」は同格を表す接続詞thatを用いたthe fact that～の形で表現する。よって，(c)にはfactが，(d)にはthatが入る。

(3)　compare *A* with *B*で「*A*と*B*を比べる」の意味となる。よって，(e)はhave toの直後なので動詞の原形となるためcompareが入る。(f)には「自分」を意味する再帰代名詞*oneself*が入るが，*oneself*は主語に合わせて形を変えなければならない。本問での主語はYouであるため，yourselfあるいはyourselvesとなる。

3　解答　(1)—d　(2)—d　(3)—d　(4)—b　(5)—c

解説

(1)　die out「絶滅する」　空所が前置詞fromの直後であるため，動詞を入れる場合は動名詞化しなければならない。よって，d．dyingが正解。

また，a step away from ～は「～まであと一歩のところ」の意味となる表現であることも覚えておくとよい。

(2)　空所直後の people を修飾する適切なものを選択する。people は複数扱いされる名詞であるため，副詞である a．almost，単数形の名詞を修飾する c．every は不適切。また，b．much は不可算名詞を修飾するため不適切。よって，可算名詞の複数形を修飾する d．many が正解となる。

(3)　A new house が主語となる受動態の英文。副詞 now があるため進行形の受動態 be being *done* となる。よって，d．being が正解。

(4)　Please で始まる命令文。until「～するまでずっと」という接続詞があることから，席についた状態を継続するという意味になるものを選択する。「～の状態のままである」という意味を持つ b．remain が正解。d．continue も補語を伴って「引き続き～のままである」という意味で使われることはあるが，機内アナウンスなどの場合 remain を使うのが一般的。

(5)　空所直後に前置詞 of があることに注意する。自動詞の a．remember と d．repeat には of を伴う用法がないので不適切。b．be recalled は recall *A* to *B* の受動態，c．be reminded は remind *A* of *B* の受動態である。前置詞 of をつなげられるのは c．be reminded である。

4　解答　(1)―c　(2)―c　(3)―a　(4)―d　(5)―d

解説

(1)　go over ～は「～を復習する」を意味する成句表現。c．review が最も意味が近い。

(2)　他動詞 guess は「～を推測する」の意味で，c．suppose と同義語である。

(3)　vital は「きわめて重要な」や「不可欠の」を意味する形容詞であり，名詞 role は「役割」の意味である。よって，本問の a vital role は「きわめて重要な役割」の意味となる。形容詞 vital は形容詞 essential と意味が近く，名詞 role は名詞 function と意味が近い。正解は a．an essential function である。

(4)　look forward to ～は「～を楽しみにする」という意味の頻出の成句表現。d．excited about を選択すると，be excited about ～の形で「～

のことでうきうきする」の意味となり，最も意味が近くなる。

(5) 形容詞 due は be due の形で「到着予定だ」の意味となる。本問の英文は「大統領は明朝ワシントン D.C. に到着予定だ」の意味である。よって，最も意味が近いのは d. arriving である。

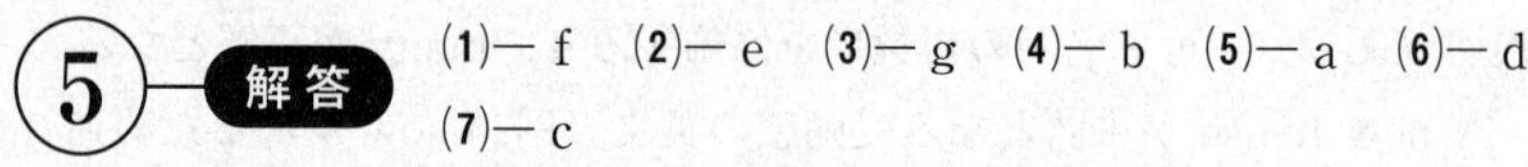

5 解答 (1)— f (2)— e (3)— g (4)— b (5)— a (6)— d (7)— c

解説

《地理の宿題についての学生同士の会話》

アユム：ねえ，クリス！ 待って！

クリス：やあ，どうしたんだい？

アユム：ちょっと手伝ってもらえないかな？

クリス：いいよ。でも何についてか聞くまでは，できるとは言えないけれどね。

アユム：あなたのおばあさんはフィンランド人なんだよね？

クリス：確かにそうだよ。

アユム：彼女はまだフィンランドに住んでるよね？

クリス：うん，住んでるよ。

アユム：えっと，地理の授業でこの宿題があって，フィンランドについて何かやろうと考えてるんだ。

クリス：うん，聞いてるよ。

アユム：だからもしあなたのおばあさんと話せるといいなと思ったんだ。

クリス：待って，そう慌てないで。「フィンランドについて何か」って，テーマが少し広すぎるように聞こえるよ！

アユム：ええ，わかってる。じゃあ，まずはそれを狭めるのを手伝ってほしいな。

クリス：わかった。おばあちゃんの経験から君に役立つものでなければならないならば，うーん，そうだなあ…

アユム：フィンランドが教育制度で有名だとは知ってるけど，今回の場合ではふさわしくないかも。

クリス：それについてはそうだね。それが君のテーマならば，おばあちゃんの話では十分でないだろう。もっと個人的なものが必要だろうね。

アユム：郷土料理や地元の工芸品のような？　あなたのおばあさんは料理や編み物とかは好き？

クリス：ほら君はいいテーマを手にしたよ！　おばあちゃんは素晴らしい料理人なんだ！　彼女からフィンランドの郷土料理についてたくさん学べるに違いないよ。君はどうしたい？

アユム：彼女はインターネットは大丈夫？　いつかオンラインでチャットできるかな？

クリス：今晩，彼女に電話して，その時に日時を手配してみるよ。

アユム：君，最高だよ，クリス。感謝しきれないほどだよ！

クリス：お役に立てて嬉しいよ！

〔選択肢訳〕

a．ほら君はいいテーマを手にしたよ

b．それについてはそうだね

c．君，最高だよ

d．いつかオンラインでチャットできるかな

e．だからもしあなたのおばあさんと話せるといいなと思ったんだ

f．彼女はまだフィンランドに住んでるよね

g．じゃあ，まずはそれを狭めるのを手伝ってほしいな

日本史

1 解答 《原始・古代の政治》

(ア)卑弥呼　(イ)天武　(ウ)恵美押勝〔藤原仲麻呂〕　(エ)勘解由使　(オ)源高明

問1．③　**問2．**①　**問3．**②　**問4．**④　**問5．**②

2 解答 《中世の文化》

(ア)法華経〔妙法蓮華経〕　(イ)永平寺　(ウ)有職故実　(エ)二条良基
(オ)応仁の乱

問1．③　**問2．**②　**問3．**④　**問4．**③　**問5．**①

3 解答 《近世の社会経済》

(ア)町人請負新田　(イ)商品作物　(ウ)角倉了以　(エ)札差　(オ)打ちこわし

問1．②　**問2．**①　**問3．**④　**問4．**③　**問5．**③

4 解答 《近現代の政治・外交》

(ア)岩倉具視　(イ)陸奥宗光　(ウ)江華島事件　(エ)柳条湖　(オ)日米安全保障条約

問1．②　**問2．**③　**問3．**④　**問4．**①　**問5．**④

現代社会

1 解答 《青年期の課題》

問1. ①　**問2.** ④　**問3.** ③
問4. ④　**問5.** ③　**問6.** ②
問7. ④：遺伝　**問8.** ⑤：アイデンティティ

2 解答 《ヨーロッパの政治》

問1. ユーロ　**問2.** 冷戦　**問3.** ②　**問4.** ①
問5. レファレンダム　**問6.** ③　**問7.** ②　**問8.** ①
問9. NATO〔北大西洋条約機構〕　**問10.** 福祉国家

3 解答 《憲法》

問1. 自然　**問2.** ④　**問3.** ②
問4. **B**－⑥　**C**－⑦　**D**－⑩　**E**－②　**X.** 万人
問5. ④　**問6.** ③

4 解答 《資本主義経済》

問1. ⑥　**問2.** ④　**問3.** ⑤　**問4.** ①
問5. 価格の自動調節機能　**問6.** 夜警国家
問7. 社会主義市場経済　**問8.** 混合経済
問9. ニューディール政策　**問10.** ③

数学

◀理　系▶

1 **解答** (1)㋐ 0.7　㋑ $\frac{13}{41}$, $\frac{11}{43}$　(2)㋒ $-\frac{1}{3}t+\frac{1}{3}$　㋓ $\frac{3\sqrt{2}}{2}$

(3)㋔ $-1 \leqq t \leqq 3$　㋕ -13　(4)㋖ $3(1-r)$　㋗ $\left(5,\ -\frac{2}{3}\right)$

(5)㋘ $2k-4$　㋙ $\frac{1}{2}k^2-2k+4$　㋚ 2, 4

(6)㋛ $\frac{1}{3}$　㋜ $\frac{1}{4}$　(7)㋝ $(x-3)(y-1)$　㋞ $(6,\ 2)$, $(4,\ 4)$, $(2,\ -2)$

解説

《小問6問》

(1)　$\frac{15}{23}=0.65\cdots$

小数第2位を四捨五入すると　0.7　(→㋐)

$1 \leqq a \leqq 53$ を満たす自然数 a を用いて，題意の既約分数を A とおき，

$A=\frac{54-a}{a}$ と表すと，条件より

$$0.25 \leqq A < 0.35$$

$$0.25 \leqq \frac{54-a}{a} < 0.35$$

分母を払って整理すると

$$5a \leqq 20(54-a) < 7a \qquad a \leqq 43.2 \text{ かつ } 40 < a$$

であるから　$41 \leqq a \leqq 43$

∴　$a=41,\ 42,\ 43$

(i) $a=41$ のとき

$$A=\frac{13}{41}=0.31\cdots$$

となり適する。

(ii) $a=42$ のとき

$$A=\frac{12}{42}=\frac{2}{7}$$

となり，A は既約分数なので不適。

(iii) $a=43$ のとき

$$A=\frac{11}{43}=0.25\cdots$$

となり適する。

以上(i)〜(iii)より，$a=41$，43 が適するから，求める既約分数 A は

$$A=\frac{13}{41},\ \frac{11}{43}\quad(\to ㋑)$$

(2) $\overrightarrow{\mathrm{OH}}\perp\overrightarrow{\mathrm{AB}}$ より，$\overrightarrow{\mathrm{OH}}\cdot\overrightarrow{\mathrm{AB}}=0$ であるから

$$(\overrightarrow{\mathrm{OA}}+s\overrightarrow{\mathrm{AB}})\cdot\overrightarrow{\mathrm{AB}}=0$$

$$\overrightarrow{\mathrm{OA}}\cdot\overrightarrow{\mathrm{AB}}+s|\overrightarrow{\mathrm{AB}}|^2=0$$

ここで

$$\overrightarrow{\mathrm{AB}}=(2-1,\ -1-(-2),\ (1+t)-t)=(1,\ 1,\ 1)$$

を用いて

$$1\cdot1+(-2)\cdot1+t\cdot1+s(1^2+1^2+1^2)=0$$

よって　$s=-\frac{1}{3}t+\frac{1}{3}\quad(\to ㋒)$

$t=-3s+1$ より，点 A$(1,\ -2,\ -3s+1)$，点 B$(2,\ -1,\ -3s+2)$ と表し，このとき

$$\begin{aligned}\overrightarrow{\mathrm{OH}}&=\overrightarrow{\mathrm{OA}}+s\overrightarrow{\mathrm{AB}}\\&=(1,\ -2,\ -3s+1)+s(1,\ 1,\ 1)\\&=(1+s,\ -2+s,\ 1-2s)\end{aligned}$$

$$\begin{aligned}\therefore\quad|\overrightarrow{\mathrm{OH}}|^2&=(1+s)^2+(-2+s)^2+(1-2s)^2\\&=6s^2-6s+6\\&=6\left(s-\frac{1}{2}\right)^2+\frac{9}{2}\end{aligned}$$

したがって，OH の長さの最小値は　$\sqrt{\frac{9}{2}}=\frac{3\sqrt{2}}{2}\quad(\to ㋓)$

(3) $\frac{1}{3}\leqq x\leqq 27$ より

$$\log_3\frac{1}{3} \leqq \log_3 x \leqq \log_3 27$$

$\therefore\quad -1 \leqq t \leqq 3$　(→㋔)

$$\log_{\frac{1}{3}} x = \frac{\log_3 x}{\log_3 \frac{1}{3}} = -\log_3 x = -t$$

これより

$$y = (\log_3 x)^3 + 12\log_{\frac{1}{3}} x + 3$$
$$= t^3 - 12t + 3$$

これを $f(t)$ とおくと

$$f'(t) = 3t^2 - 12 = 3(t+2)(t-2)$$

$f(t)$ の増減表は右のようになる。

t	-1	$\cdots$	2	$\cdots$	3
$f'(t)$		$-$	0	$+$	
$f(t)$		↘	極小	↗	

よって，$f(t)$ すなわち y の最小値は

$$f(2) = 2^3 - 12\cdot 2 + 3$$
$$= -13$$　(→㋕)

(4)　$-1<r<1$ で，無限等比級数の和が 3 であるから

$$\frac{a}{1-r} = 3 \qquad \therefore\quad a = 3(1-r) \quad \cdots\cdots ①$$　(→㋖)

$-1<r^3<1$ であるから，条件より

$$\frac{a^3}{1-r^3} = \frac{675}{7} \qquad \therefore\quad 7a^3 = 3^3\cdot 5^2(1-r)(1+r+r^2)$$

①を代入して

$$7\cdot 3^3(1-r)^3 = 3^3\cdot 5^2(1-r)(1+r+r^2)$$

$r \neq 1$ より

$$7(1-r)^2 = 25(1+r+r^2)$$
$$6r^2 + 13r + 6 = 0$$
$$(3r+2)(2r+3) = 0$$

$-1<r<1$ より　$r = -\dfrac{2}{3}$

①より　$a = 3\left\{1-\left(-\dfrac{2}{3}\right)\right\} = 5$

よって　$(a,\ r) = \left(5,\ -\dfrac{2}{3}\right)$　(→㋗)

(5)　$f(t)=2t-k$ の t 切片は　　$t=\dfrac{k}{2}$

$k\geqq 4$ のとき，$2\leqq \dfrac{k}{2}$ より

$$\int_0^2 |f(t)|\,dt=\int_0^2 -f(t)\,dt$$
$$=\int_0^2 -(2t-k)\,dt$$
$$=\left[-2\cdot\frac{t^2}{2}+kt\right]_0^2$$
$$=2k-4\quad(\to ㋘)$$

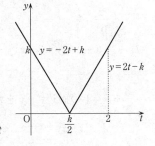

$0\leqq k<4$ のとき，$0\leqq \dfrac{k}{2}<2$ より

$$\int_0^2 |f(t)|\,dt=\int_0^{\frac{k}{2}} -f(t)\,dt+\int_{\frac{k}{2}}^2 f(t)\,dt$$
$$=\int_0^{\frac{k}{2}}(-2t+k)\,dt+\int_{\frac{k}{2}}^2(2t-k)\,dt$$
$$=\left[-2\cdot\frac{t^2}{2}+kt\right]_0^{\frac{k}{2}}+\left[2\cdot\frac{t^2}{2}-kt\right]_{\frac{k}{2}}^2$$
$$=\frac{1}{2}k^2-2k+4\quad(\to ㋙)$$

$$f(x)=2x-\int_0^2 |f(t)|\,dt=2x-k$$

これより　　$k=\displaystyle\int_0^2 |f(t)|\,dt$

(i) $k\geqq 4$ のとき

$k=2k-4$　　$k=4$

これは，$k\geqq 4$ を満たす。

(ii) $0\leqq k<4$ のとき

$$k=\frac{1}{2}k^2-2k+4$$

$k^2-6k+8=0$　　$(k-4)(k-2)=0$

$0\leqq k<4$ より　　$k=2$

以上(i)，(ii)より　$k=2,\ 4$　(→㋚)

(6)　1回の操作で点Aから点Cに移動するのは，さいころの目が2か6の2通りあるから，求める確率は

$$\frac{2}{6}=\frac{1}{3}\quad (\to ㋛)$$

また，2回の操作で点Aから点Aに移動するのは，2回のさいころの目の和が4か8か12の場合があるので，2回の目の組合せは

(1回目，2回目)＝(1，3)，(2，2)，(3，1)，(2，6)，(3，5)，(4，4)，(5，3)，(6，2)，(6，6)

の計9通りあるから，求める確率は

$$\frac{9}{6^2}=\frac{1}{4}\quad (\to ㋜)$$

(7)　$xy-x-3y+3=x(y-1)-3(y-1)$
$=(x-3)(y-1)$　……(＊)　(→㋝)

$\dfrac{3}{x}+\dfrac{1}{y}=1$ の両辺に xy をかけて分母を払うと

$$3y+x=xy \iff xy-x-3y=0$$

(＊)より

$$(x-3)(y-1)-3=0 \qquad (x-3)(y-1)=3$$

よって

$(x-3,\ y-1)=(3,\ 1),\ (1,\ 3),\ (-1,\ -3),\ (-3,\ -1)$
$(x,\ y)=(6,\ 4),\ (4,\ 4),\ (2,\ -2),\ (0,\ 0)$

したがって，$x\neq0$，$y\neq0$ より，求める x，y の組は

$(x,\ y)=(6,\ 4),\ (4,\ 4),\ (2,\ -2)$　(→㋞)

2 解答

(1)　$y'=1\cdot e^x+x\cdot e^x=(1+x)e^x$

点 $(t,\ te^t)$ における曲線 C の接線の方程式は

$$y-te^t=(1+t)e^t(x-t)$$

$\therefore$　$y=(1+t)e^tx-t^2e^t$　……①　……(答)

(2)　(1)の接線が点 $\left(\dfrac{1}{2},\ 0\right)$ を通るから，①に代入して

$$0=(1+t)e^t\cdot\frac{1}{2}-t^2e^t$$

$e^t \neq 0$ より

$$0=\frac{1}{2}(1+t)-t^2 \qquad 2t^2-t-1=0$$

$$(2t+1)(t-1)=0 \qquad \therefore \quad t=-\frac{1}{2},\ 1$$

$t=-\frac{1}{2}$ のとき，①より

$$y=\frac{1}{2}e^{-\frac{1}{2}}x-\frac{1}{4}e^{-\frac{1}{2}}$$

$$=\frac{1}{2\sqrt{e}}x-\frac{1}{4\sqrt{e}} \quad \cdots\cdots(答)$$

$t=1$ のとき，①より

$$y=2ex-e \quad \cdots\cdots(答)$$

(3)　$y'=(1+x)e^x=0$ より　　$x=-1$

曲線 C の増減表は右のようになる。

x	$\cdots$	-1	$\cdots$
y'	$-$	0	$+$
y	↘	極小	↗

C と(2)の２本の接線の概形は下図のようになり，求める面積は網かけ部分になる。

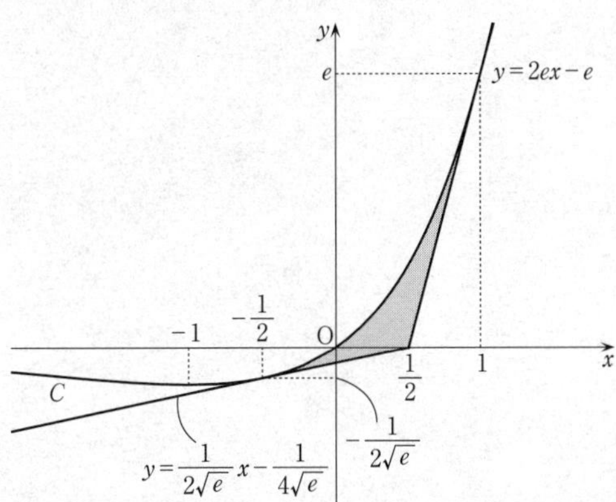

よって，求める面積を S とすると

$$S=\int_{-\frac{1}{2}}^{\frac{1}{2}}\left\{xe^x-\left(\frac{1}{2\sqrt{e}}x-\frac{1}{4\sqrt{e}}\right)\right\}dx+\int_{\frac{1}{2}}^{1}\{xe^x-(2ex-e)\}dx$$

$$=\int_{-\frac{1}{2}}^{1}xe^x dx-\int_{-\frac{1}{2}}^{\frac{1}{2}}\left(\frac{1}{2\sqrt{e}}x-\frac{1}{4\sqrt{e}}\right)dx-\int_{\frac{1}{2}}^{1}(2ex-e)\,dx$$

$$=\left[xe^x\right]_{-\frac{1}{2}}^{1}-\int_{-\frac{1}{2}}^{1}1\cdot e^x dx+\left[\frac{1}{4\sqrt{e}}x\right]_{-\frac{1}{2}}^{\frac{1}{2}}-\left[2e\cdot\frac{x^2}{2}-ex\right]_{\frac{1}{2}}^{1}$$

$$=e-\left(-\frac{1}{2\sqrt{e}}\right)-\left[e^x\right]_{-\frac{1}{2}}^{1}+\frac{1}{4\sqrt{e}}\left\{\frac{1}{2}-\left(-\frac{1}{2}\right)\right\}$$

$$-\left[(e\cdot1^2-e\cdot1)-\left\{e\cdot\left(\frac{1}{2}\right)^2-e\cdot\frac{1}{2}\right\}\right]$$

$$=\frac{7}{4\sqrt{e}}-\frac{e}{4}\quad\cdots\cdots(\text{答})$$

解説

《曲線と 2 本の接線とで囲まれた部分の面積》

(1)　微分法による曲線の接線の公式を利用する。

(2)　通る点が与えられたときの接線は，本問の誘導のように接点 $(t,\ f(t))$ における接線の式を立ててから，その式に通る点の座標を代入して t の方程式を解き，先の接線の式に t の値を代入して求める。

(3)　曲線と接線とで囲まれた部分の面積であるから，グラフの位置関係を明確にするためにグラフの概形を示すとよい。

◀文　　系▶

1 解答

(1)㋐ 0.7　㋑ $\frac{13}{41}$, $\frac{11}{43}$　(2)㋒ 10　㋓ 7

(3)㋔ 400　㋕ 610　(4)㋖ $\frac{1}{3}$　㋗ $\frac{1}{4}$

(5)㋘ $(x-3)(y-1)$　㋙ $(6,\ 2)$, $(4,\ 4)$, $(2,\ -2)$　(6)㋚ 5　㋛ $2\sqrt{13}$

解説

《小問5問》

(1)　◀理系▶ 1(1)に同じ。

(2)　BC$=a$, CA$=b$, AB$=c$, △ABC の 内接円の半径を r とおくと，条件より

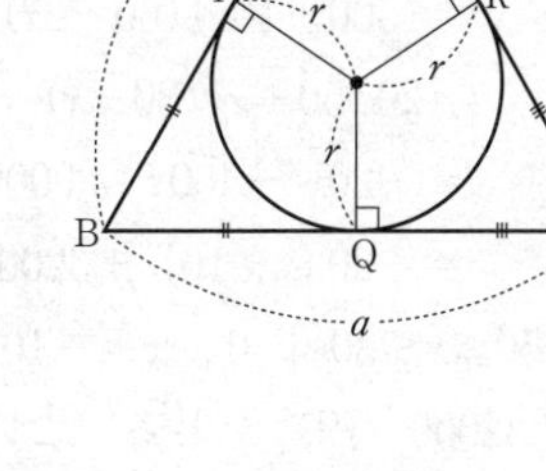

$$a+b+c=20 \quad \cdots\cdots①$$

$$r=\sqrt{3} \quad \cdots\cdots②$$

AP$=$AR, BP$=$BQ, CQ$=$CR より

$$\begin{aligned} &a+b+c \\ &=(\mathrm{BQ}+\mathrm{CQ})+(\mathrm{CR}+\mathrm{AR})+(\mathrm{AP}+\mathrm{BP}) \\ &=2(\mathrm{AP}+\mathrm{BQ}+\mathrm{CR}) \end{aligned}$$

よって

$$\mathrm{AP}+\mathrm{BQ}+\mathrm{CR}=\frac{1}{2}(a+b+c)=\frac{1}{2}\cdot 20 \quad (\because\ ①)$$

$$=10 \quad (\to ㋒)$$

△ABC で余弦定理より

$$\begin{aligned} a^2&=b^2+c^2-2bc\cos 60° \\ &=b^2+c^2-bc \quad \cdots\cdots③ \end{aligned}$$

①より　　$b+c=20-a$

$$(b+c)^2=(20-a)^2 \qquad b^2+c^2+2bc=(20-a)^2 \quad \cdots\cdots①'$$

また

$$(\triangle \mathrm{ABC}\ の面積)=\frac{r}{2}(a+b+c)=\frac{\sqrt{3}}{2}\cdot 20 \quad (\because\ ①,\ ②)$$

$$=10\sqrt{3} \quad \cdots\cdots④$$

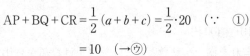

一方

$$(\triangle \mathrm{ABC}\text{の面積}) = \frac{1}{2}bc\sin 60^\circ = \frac{\sqrt{3}}{4}bc \quad \cdots\cdots⑤$$

④=⑤ より

$$10\sqrt{3} = \frac{\sqrt{3}}{4}bc \qquad \therefore \quad bc = 40 \quad \cdots\cdots⑥$$

⑥を③，①′ に代入して

$$\begin{cases} a^2 = b^2 + c^2 - 40 & \cdots\cdots③' \\ (20-a)^2 = b^2 + c^2 + 80 & \cdots\cdots①'' \end{cases}$$

①″−③ より

$$400 - 40a = 120 \qquad \therefore \quad a = 7$$

よって　　BC＝7（→㊍）

(3)　x を $-50 \leqq x \leqq 30$ を満たす整数として，$10x$ 円値上げ（負数のときは値下げ）するとする。1日の売り上げ総額を y として

$$\begin{aligned} y &= (500+10x)(60-2x) \\ &= 20(50+x)(30-x) \\ &= -20x^2 - 400x + 30000 \\ &= -20(x+10)^2 + 32000 \end{aligned}$$

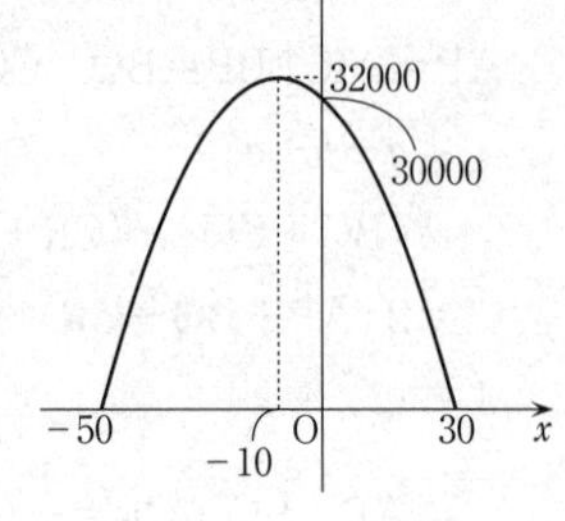

$-50 \leqq x \leqq 30$ より，$x=-10$ のとき，y は最大値 32000（円）をとる。このとき，1個当たりの値段は

$$500 + 10 \times (-10) = 400 \text{円} \quad (\to ㊎)$$

また，x を $-8 \leqq x \leqq 30$ を満たす整数として，売り上げ総額から仕入れ費用の総額を引いた金額を Z とすると

$$\begin{aligned} Z &= y - 420 \times (60-2x) \\ &= (500+10x)(60-2x) - 420(60-2x) \\ &= 20(8+x)(30-x) \\ &= -20x^2 + 440x + 4800 \\ &= -20(x-11)^2 + 7220 \end{aligned}$$

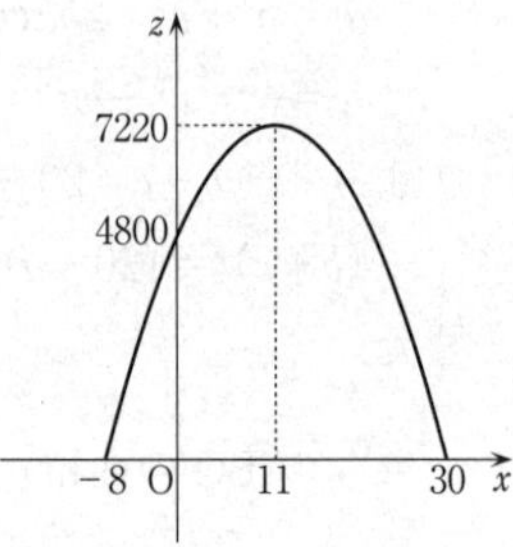

$-8 \leqq x \leqq 30$ より，$x=11$ のとき，Z は最大値 7220（円）をとる。このとき，1個当たりの値段は

$500+10\times 11=610$ 円　(→㋕)

(4)　◀理系▶ 1 (6)に同じ。

(5)　◀理系▶ 1 (7)に同じ。

(6)　四角形 ABCD は円に内接するから

$\angle\mathrm{PAB}=\angle\mathrm{PCD}$

また　$\angle\mathrm{APB}=\angle\mathrm{CPD}$（共通）

したがって，$\triangle\mathrm{PAB}\backsim\triangle\mathrm{PCD}$ より

$\mathrm{PA}:\mathrm{PC}=\mathrm{AB}:\mathrm{CD}$　　$2:\mathrm{PC}=1:4$

よって　$\mathrm{PC}=2\cdot 4=8$

ゆえに　$\mathrm{BC}=8-3=5$　(→㋚)

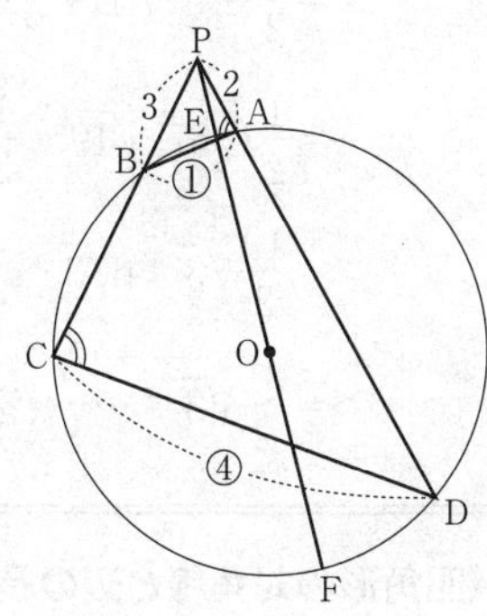

直線 PO と円 O との 2 交点のうち点 P に近い方を E，遠い方を F とし，$\mathrm{PE}=a$ とおいて方べきの定理を用いると

$\mathrm{PE}\cdot\mathrm{PF}=\mathrm{PB}\cdot\mathrm{PC}$

$a\cdot(a+2\cdot 2\sqrt{7})=3\cdot 8$　　$a^2+4\sqrt{7}a-24=0$

$a>0$ より　$a=-2\sqrt{7}+2\sqrt{13}$

よって

$\mathrm{PO}=\mathrm{PE}+\mathrm{EO}=(-2\sqrt{7}+2\sqrt{13})+2\sqrt{7}=2\sqrt{13}$　(→㋛)

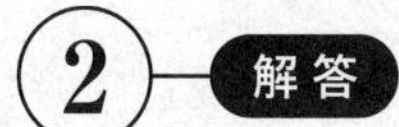

(1)　$\triangle\mathrm{ACD}$ で余弦定理より

$\mathrm{AC}^2=4^2+6^2-2\cdot 4\cdot 6\cos 120^\circ$

$=76$

$\mathrm{AC}>0$ より

$\mathrm{AC}=\sqrt{76}=2\sqrt{19}$　……(答)

(2)　$\mathrm{AB}:\mathrm{BC}=1:\sqrt{3}$，$\angle\mathrm{B}=90^\circ$ より

$\mathrm{AB}:\mathrm{BC}:\mathrm{AC}=1:\sqrt{3}:2$

$\mathrm{AB}=\dfrac{1}{2}\mathrm{AC}=\dfrac{1}{2}\cdot 2\sqrt{19}=\sqrt{19}$

$\mathrm{BC}=\sqrt{3}\,\mathrm{AB}=\sqrt{3}\sqrt{19}=\sqrt{57}$

よって

$l=\mathrm{AB}+\mathrm{BC}+\mathrm{CD}+\mathrm{DA}=\sqrt{19}+\sqrt{57}+6+4$

$=10+\sqrt{19}+\sqrt{57}$　……(答)

(3)　$S=\triangle$ABC の面積 $+\triangle$ACD の面積

$$=\frac{1}{2}\cdot \mathrm{BC}\cdot \mathrm{AB}+\frac{1}{2}\cdot \mathrm{DA}\cdot \mathrm{DC}\cdot \sin 120^\circ$$

$$=\frac{1}{2}\cdot\sqrt{57}\cdot\sqrt{19}+\frac{1}{2}\cdot 4\cdot 6\cdot\frac{\sqrt{3}}{2}$$

$$=\frac{19}{2}\sqrt{3}+6\sqrt{3}$$

$$=\frac{31}{2}\sqrt{3}$$　……(答)

解説

《四角形の対角線と辺の長さ，面積》

(1)　2辺とその間の角から対辺の長さを求めるには，余弦定理が利用できる。

(2)　直角三角形 ABC の2辺の比から，$\angle$BAC$=60^\circ$ の直角三角形であることがわかる。

(3)　対角線 AC によって二分割された三角形の面積の和として求める。

物　理

1 解答 《小問5問》

(1)① $\mu' g-\dfrac{kd}{m}$　② $-2\sqrt{d^2-\dfrac{\mu' mgd}{k}}$

(2)③ $\left|\dfrac{q(V_O-V_A)}{L}\right|$　④ $q(V_O-V_A)$

(3)⑤ 2.0　⑥ 18

(4)⑦ $\dfrac{4}{5}$　⑧ $\dfrac{4}{3}$

(5)⑨ $\dfrac{1}{e}\Delta p\Delta V$　⑩ $\left(\dfrac{1}{e}-1\right)\Delta p\Delta V$

2 解答 《等加速度運動と等速円運動》

(1)　求める時間を t_1 とおく。等加速度運動の式より

$$L=\frac{1}{2}at_1{}^2\qquad \therefore\quad t_1=\sqrt{\frac{2L}{a}}\quad \cdots\cdots(答)$$

(2)　求める速さを v とおく。(1)の結果と等加速度運動の式より

$$v=at_1=\sqrt{2aL}\quad \cdots\cdots(答)$$

(3)　等速円運動の半径を r とおく。中心方向についての運動方程式は

$$m\frac{v^2}{r}=f\qquad \therefore\quad r=\frac{mv^2}{f}$$

次に，求める時間を t_2 とおく。半円を一定の速さ v で運動することと(2)の結果より

$$t_2=\frac{\pi r}{v}=\frac{\pi mv}{f}=\frac{\pi m\sqrt{2aL}}{f}\quad \cdots\cdots(答)$$

(4)　小物体が領域2から出てA上の点に戻るまでの時間を t_3 とおくと，等加速度運動の式より

$$L=vt_3+\frac{1}{2}at_3{}^2 \qquad \therefore \quad t_3=\frac{-v+\sqrt{v^2+2aL}}{a} \quad (\because \quad t_3>0)$$

vを代入して整理すると

$$t_3=\frac{-\sqrt{2aL}+\sqrt{2aL+2aL}}{a}=2\sqrt{\frac{L}{a}}-\sqrt{\frac{2L}{a}}$$

次に，小物体が点Pを出発してから再びA上の点に戻るまでの時間をTとおくと

$$T=t_1+t_2+t_3=\sqrt{\frac{2L}{a}}+\frac{\pi m\sqrt{2aL}}{f}+2\sqrt{\frac{L}{a}}-\sqrt{\frac{2L}{a}}$$

$$=\frac{\pi m\sqrt{2aL}}{f}+2\sqrt{\frac{L}{a}}=\frac{\pi m\sqrt{2L}\cdot\sqrt{a}}{f}+\frac{2\sqrt{L}}{\sqrt{a}}$$

したがって，Tが最短となるaの値は

$$a=\frac{2\sqrt{L}}{\frac{\pi m\sqrt{2L}}{f}}=\frac{\sqrt{2}f}{\pi m} \quad \cdots\cdots(答)$$

化　学

1 解答 《小問8問》

問1. ③　**問2.** ④　**問3.** ⑦　**問4.** ⑫　**問5.** 2.1×10^{-12}　**問6.** ⑨
問7. (c), (e)　**問8.** 90

2 解答 《2族元素の単体および化合物の性質と反応》

問1. (a) 2　(b) 2　(c) Be　(d) Mg　(e) Ca　(f) Ba　(g) Sr　(h)石灰
(i) CO_2　(j) CaC_2　(k) C_2H_2　(l) $BaSO_4$　(m) Pb

問2. -3.70×10^{-1}℃

問3. ①(ア) NH_3　(イ) $CaCl_2$　② 17 g

問4. 36 mL

3 解答 《芳香族化合物の分離》

問1. 水層A：安息香酸ナトリウム　水層C：アニリン塩酸塩

問2. エーテル層B：C_6H_5-OH　エーテル層D：$C_6H_5-NO_2$

問3. 操作1：$C_6H_5-OH + NaOH \longrightarrow C_6H_5-ONa + H_2O$

$C_6H_5-COOH + NaOH \longrightarrow C_6H_5-COONa + H_2O$

操作2：$C_6H_5-ONa + CO_2 + H_2O \longrightarrow C_6H_5-OH + NaHCO_3$

操作3：$C_6H_5-NH_2 + HCl \longrightarrow C_6H_5-NH_3Cl$

問4. トルエン：エーテル層D　サリチル酸：水層A
o-クレゾール：エーテル層B

出典 中野信子『脳の闇』（新潮新書）

解答

問1 ①－c ②－d ③－a ④－d

問2 c

問3 c

問4 b

問5 a

問6 誰かを傷つけるのは正義に反する行為だから。（二十字以上三十字以内）

2024年度　1月28日　前期A方式　国語

国語

一

出典　千野栄一『言語学を学ぶ』（ちくま学芸文庫）

解答

問1　(ア)―c　(イ)―a　(ウ)―a　(エ)―d　(オ)―b

問2　(1)―d　(2)―a　(3)―b　(4)―c

問3　①―d　②―c　③―b　④―c

問4　b

問5　a

問6　d

問7　c

問8　b

問9　c

問10　b

問11　まず文字を覚えるという莫大な努力が必要なうえに、その文字を使う言語の構造を知る必要もあるという困難。（三十五字以上五十字以内）

一般選抜前期日程M方式

問題編

▶試験科目・配点

学　部	教　科	科　　　　目	配　点
全学部(全専攻)	外国語	コミュニケーション英語Ⅰ・Ⅱ，英語表現Ⅰ	200 点
	数　学	数学Ⅰ・Ⅱ・Ⅲ・A・B（数列，ベクトル）	200 点
	理　科	「物理基礎・物理」，「化学基礎・化学」から1科目選択	200 点
工(都市デザイン・住居デザイン)・経営（全専攻）・情報科(メディア情報)	外国語	コミュニケーション英語Ⅰ・Ⅱ，英語表現Ⅰ	200 点
	選　択	「日本史B，現代社会から1科目選択」，「数学Ⅰ・A」，「国語総合（古文・漢文を除く）・現代文B」から2教科選択	各 200 点

▶備　考

- 筆記試験（マークセンス式／3教科受験）のうち高得点2教科で判定。
- 工学部社会基盤学科都市デザイン専攻・建築学科住居デザイン専攻，経営学部（全専攻），情報科学部情報科学科メディア情報専攻は，出願時に「外国語，数学，理科」または「外国語必須で地理歴史・公民，数学，国語の3教科から2教科選択」のいずれかを選択することができる。
- **共通テストプラスM方式について**：前期日程M方式の高得点の1教科1科目と大学入学共通テストの高得点の2教科2科目を利用して判定。

英　語

（60分）

1. 次の英文を読んで，A～Eの設問に答えなさい。

The successful first deployment of a commercial satellite on a Japanese-built rocket is a big step for Mitsubishi Heavy Industries to compete with the Western （　(1)　） major players of launch services. An H-IIA rocket carrying a communications and broadcast satellite for Canada's Telesat blasted off (2) Tuesday afternoon from Tanegashima Space Center in southern Japan, lifting its payload into orbit (3). This achievement will contribute to the development of the next generation H-III launch vehicle. "We've shown the world that we can （　(4)　） global business," Naohiko Abe, head of space systems at Mitsubishi Heavy Industries, told reporters.

Until now, the program has served (5) Japan Aerospace Exploration Agency (JAXA) and other public-sector customers. Past missions （　(6)　） sending Japan's Hayabusa 2 asteroid probe on its way. The latest H-IIA made considerable improvements on earlier designs. Its biggest challenge (7) this time was carrying its payload higher than in previous launches. Satellites need to travel the final distance of their journey to geostationary orbit 36,000 km above the equator under their own power. 【1】

Arianespace of France, the world's leading commercial launch provider, launches its rockets from near the equator, giving it an advantage. Mitsubishi Heavy Industries' H-IIAs have to cross a greater distance because they lift off from the Northern Hemisphere. Design limitations on an H-IIA launched last year meant payload separation took （　(8)　） at an altitude of just 263 km. 【2】

This time, Mitsubishi Heavy Industries made upgrades to the second-stage engine as well as other improvements, such as painting the rocket white to reflect (9) sunlight, slowing the evaporation of its liquid hydrogen fuel. The latest H-IIA achieved payload separation at around 33,900 km. It flew 4 hours, 26 minutes, compared with only about 30 minutes in the launch last year. (10) This saved a significant amount of the satellite's fuel, extending its operating life by four to six years, according to JAXA. 【3】

To become a powerful competitor for commercial business, Mitsubishi Heavy Industries needs to reduce the H-IIA's roughly $81.6 million launch costs. Space X, the rocket venture of Tesla Motors chief Elon Musk, manages with $61.2 million a shot. A Russian-made rocket, Proton-M, also boasts low prices but has suffered a series of failures in recent years. A Space X rocket exploded (11) in flight in June, 2015. (12) The H-IIA has achieved a 96.6% success rate, with 28 of 29 launches completed, exceeding the 95% generally regarded as the minimum for reliability. It has recorded 23 successful launches in a row. The challenge now is "how far we can reduce costs while maintaining reliability," said Kouki Nimura, senior chief engineer for space systems. 【4】

（注）deployment：展開,
Mitsubishi Heavy Industries：三菱重工業株式会社,
Telesat：テレサット（カナダの衛星通信会社）,
payload：ロケットが運ぶ衛星や機器,
Japan Aerospace Exploration Agency（JAXA）：宇宙航空研究開発機構,
asteroid probe：小惑星探査機, geostationary：地球静止軌道上の,
equator：赤道, Northern Hemisphere：北半球, altitude：高度,
evaporation：蒸発, hydrogen：水素,
Tesla Motors：テスラモーターズ（アメリカの電気自動車関連会社）,
Elon Musk：イーロン・マスク（テスラ社の最高経営責任者）

出典追記：Nikkei Asian Review, November 25, 2015

A．文中の空所(1)，(4)，(6)，(8)に入れるのに，もっとも適当なものをａ～ｄから選びなさい。

(1) ａ．dominated　ｂ．comprehended
　ｃ．isolated　ｄ．adjusted

(4) ａ．pose　ｂ．analyze　ｃ．handle　ｄ．gaze

(6) ａ．assign　ｂ．include　ｃ．mend　ｄ．plunge

(8) ａ．notice　ｂ．place　ｃ．out　ｄ．down

B．下線部(2)，(3)，(9)，(11)にもっとも意味の近いものをａ～ｄから選びなさい。

(2) ａ．飛行した　ｂ．解体した　ｃ．発射した　ｄ．着陸した

(3) ａ．空　ｂ．太陽系　ｃ．月面　ｄ．軌道

(9) ａ．吸収する　ｂ．投影する　ｃ．反射する　ｄ．集中する

(11) ａ．探索した　ｂ．保存した　ｃ．回収した　ｄ．爆発した

C．下線部(5)，(7)のもっとも強く発音する部分と同じ発音を含むものをａ～ｄから選びなさい。

(5) ａ．heart　ｂ．cart　ｃ．cord　ｄ．surf

(7) ａ．pear　ｂ．let　ｃ．cat　ｄ．late

D．下線部(10)，(12)の和訳として，もっとも適当なものをａ～ｄから選びなさい。

(10) ａ．これが衛星の燃料を必要量だけ保持し，運用寿命を４年から６年延ばした。

ｂ．これにより，衛星の燃料を大幅に節約し，運用寿命を４年から６年延長した。

ｃ．これは衛星の燃料を４年から６年分保持し，その運用寿命を延ばした。

ｄ．これにより，衛星の燃料が少なくとも４年から６年分節約された。

⑿ a．H-IIA は，打ち上げ成功率 95％を超える 96.6％をマークしたのは，打ち上げ完了した 29 回中 28 回であった。

b．H-IIA は 96.6％の打ち上げ成功率を目指しており，29 回中 28 回の打ち上げを完了してその成功率は 95％に達した。

c．H-IIA が 96.6％の打ち上げ成功率だったのは，打ち上げ完了した 29 回中 28 回で，残りは 95％であった。

d．H-IIA は 29 回の打ち上げのうち 28 回を完了し，96.6％の成功率を達成して 95％を上回った。

E．次の設問に答えなさい。

1．本文の内容と一致するものを a ～ d から選びなさい。

a．The successful launch of the Canadian satellite has made Mitsubishi Heavy Industries' space business globally competitive.

b．Prior to the launch of the Canadian satellite, Mitsubishi Heavy Industries' rockets were used only for public agencies.

c．This time, the Canadian satellite was successfully launched from near the equator.

d．The success of this launch was largely due to the use of the H-III launch vehicle.

2．本文の内容と一致しないものを a ～ d から選びなさい。

a．人工衛星は，他の衛星の助けを借りて赤道上空 36,000 km の静止軌道まで移動する必要がある。

b．最新の H-IIA は，エンジンや他の箇所に改良を加え，4 時間以上も飛行できるようになった。

c．確率的には，三菱重工業の商用衛星打ち上げサービスは信頼性が高い。

d．三菱重工業が欧米の企業と互角に競争するためには，発射費用の問題を解決しなければならない。

3. 次の文が入るのにもっとも適当な箇所をａ～ｄから選びなさい。

The shorter this distance, the less fuel a satellite has to consume, extending its operating life.

ａ.【1】　ｂ.【2】　ｃ.【3】　ｄ.【4】

4. 本文の表題としてもっとも適当なものをａ～ｄから選びなさい。

ａ. The Historical Evolution of Japanese Rockets

ｂ. Latest Success Puts Global Customers within Range

ｃ. A Comparative Analysis of Rocket Launch Companies

ｄ. Striving for More Sales in Space Launch Services

2. 次の日本文と同じ意味になるように英文を完成するには，（　　）にどの語句が入るか，ａ～ｆから選びなさい。なお，文頭に来る語句の頭文字も小文字表記である。

(1) 車から降りるときは，エンジンをかけっぱなしにしてはいけません。

You shouldn't ＿＿ ＿＿ (　　) ＿＿ ＿＿ ＿＿ out of the car.

ａ. when　ｂ. leave　ｃ. you

ｄ. running　ｅ. get　ｆ. the engine

(2) 政府は自転車が走りやすい街を作ることで自転車の利用を増やそうとしています。

The government is trying ＿＿ ＿＿ ＿＿ ＿＿ (　　) ＿＿ to ride in for bicyclists.

ａ. bicycle use　ｂ. cities　ｃ. making

ｄ. to increase　ｅ. easier　ｆ. by

(3) ワインは，生産する地域の評判によって分類されます。

Wines ______ ______ ______ ______ the reputation of the areas (　　) ______.

a. to　b. are　c. them
d. classified　e. according　f. producing

(4) 景気上昇のおかげで失業者の数が減っています。

______ ______ ______, the number of ______ (　　) ______ has been decreasing.

a. the rising economy　b. without　c. thanks
d. jobs　e. people　f. to

(5) 私たちは今までのところ，とても成功しているが，未来については私はわからない。

We've been quite ______ ______ (　　), but I'm ______ ______ ______ the future.

a. not　b. far　c. so
d. about　e. successful　f. sure

(6) もしマーティンがその提案にそれほど憤って反論していなかったら，それは容易に承認されたであろうに。

If Martin ______ ______ so furiously against the proposal, it ______ ______ (　　) ______ easily.

a. would　b. approved　c. hadn't
d. been　e. have　f. argued

(7) 9時においでいただきたいのですが，ご都合はいかがですか。

______ ______ ______ ______ (　　) ______ to come at nine o'clock?

a. it　b. convenient　c. you
d. will　e. for　f. be

3. 次の空所に入れるのに，もっとも適当なものをａ～ｄから選びなさい。

(1) He was so sleepy in class that he couldn't (　　) attention.

ａ．think　ｂ．pay　ｃ．spend　ｄ．show

(2) John talked to me as (　　) he knew everything.

ａ．of　ｂ．for　ｃ．if　ｄ．like

(3) The manager will be (　　) you shortly.

ａ．at　ｂ．to　ｃ．with　ｄ．as

(4) Children should (　　) away from the pond.

ａ．give　ｂ．throw　ｃ．put　ｄ．keep

(5) They repaired my old watch, so (　　) buy a new one.

ａ．I must　ｂ．I didn't have to

ｃ．it was urgent to　ｄ．it was necessary for me to

(6) The thief robbed (　　).

ａ．her bag by her　ｂ．her bag of her

ｃ．her from her bag　ｄ．her of her bag

(7) It is often said that (　　) one's own land for farming gives a feeling of satisfaction.

ａ．raising　ｂ．growing　ｃ．cultivating　ｄ．encouraging

4. 次の下線部に，もっとも意味の近いものをａ～ｄから選びなさい。

(1) The shine on the leather <u>wore off</u> pretty quickly.

a. improved　b. disappeared
c. developed　d. transformed

(2) It's difficult to <u>concentrate</u> with all this noise.

a. distinguish　b. perform　c. aim　d. focus

(3) At least five people are <u>required</u> for this trip.

a. optional　b. recommended
c. necessary　d. prohibited

(4) This is a <u>sound</u> plan.

a. loud　b. reliable　c. unique　d. famous

(5) Mary really <u>takes after</u> her father.

a. is similar to　b. follows　c. cares for　d. likes

(6) A lazy person <u>delays</u> starting a job.

a. lays down　b. puts off　c. plays out　d. puts on

(7) I believe you gave a very good <u>account</u> of what happened.

a. explanation　b. bill　c. calculation　d. bank

5. 次の空所(1)〜(7)に入れるのに，もっとも適当なものをａ〜ｇから選びなさい。

Ryan: Hello, how may I assist you today?

Kendra: Hi. ((1)). I've been struggling trying to decide the best one.

Ryan: Well, I'll certainly try my best. What sort of event is it for?

Kendra: She was recently promoted and so a mutual friend is planning to throw her a party.

Ryan: I see … ((2)). We have a coffee set that is always quite popular. Do you think she'd like one of those?

Kendra: It sounds great, but unfortunately, she doesn't drink coffee. What else can you recommend?

Ryan: In that case, we do keep a selection of tea gift baskets in stock for just this situation. Do you know if she drinks tea?

Kendra: Actually, she does! ((3)). What assortments do you carry?

Ryan: Currently we only have 2 types. Our green tea basket features several Japanese teas produced in various prefectures around Japan. The other one, a black tea set, consists of popular teas from around the world. Which do you think she'd prefer?

Kendra: ((4)), I'd say she'd prefer the second one. She often has a box of Earl Grey tea on her desk.

Ryan: Great! Would you like me to gift wrap this? Just so you know, gift-wrapping has an additional charge of 3 dollars.

Kendra: ((5)). Thank you. I wonder if I should also include a card.

Ryan: If I were you, I would. You could write a message congratulating her.

Kendra: ((6)). I'll take one, please. How much is the total cost?

Ryan: Well, with the tea gift set, the wrapping, and the message card, the total comes to 25 dollars.

Kendra:　Do you take credit cards?

Ryan:　Sorry, our card reader is out-of-order.（　(7)　）.

Kendra:　Alright, do you have change for a hundred? It's all I have.

Ryan:　No problem! Here's your change and I'll get your gift wrapped as soon as possible. Please feel free to continue looking around the store while you wait.

Kendra:　Thank you.

a．That's true

b．Although ... I'm not exactly sure what kind of tea she drinks

c．If I had to guess

d．Cash only

e．I'm hoping you can assist me with finding an appropriate gift for an acquaintance of mine

f．Let me think

g．I'd love that

（注）assortments：詰め合わせ，black tea：紅茶，
Earl Grey：「アールグレイ」という紅茶の種類

日本史

（60分）

1　次のA～Eの各文を読み、問1～10に答えなさい。

A　ヤマト政権は、5世紀から6世紀にかけて氏姓制度とよばれる支配の仕組みをつくり上げていった。

問1　姓に関連して、誤っている文章を一つ選びなさい。　［1］

①　臣は、蘇我・秦などの中央の有力豪族に与えられた。

②　連は、大伴・物部など職能をもって仕える中央の有力豪族に与えられた。

③　君は、筑紫・毛野など有力地方豪族に与えられた。

④　渡来人の子孫には、首・史・村主などの姓が与えられた。

問2　氏姓制度に関連して、誤っている文章を一つ選びなさい。　［2］

①　豪族の私有地は田荘、豪族の私有民は部曲といった。

②　朝廷の直轄地は屯倉といい、近畿地方に限定された。

③　朝廷は直轄民として、名代・子代の部を設けた。

④　伴造に従った品部には、錦織部・陶作部などがあった。

B　奈良時代は、前の時代から引き続いて遣唐使が派遣された(a)。そして貨幣の鋳造も行われ、流通の発展もはかられた(b)。

問3　下線部(a)に関連して、誤っている文章を一つ選びなさい。　［3］

①　第1回遣唐使は630年の犬上御田鍬であった。

②　留学生だった高向玄理は玄宗皇帝に重用され、唐の地で客死した。

③　唐から帰国した吉備真備や玄昉は、橘諸兄政権下で活躍した。

④　遣唐使は894年の菅原道真の建議で中止となった。

問4　下線部(b)に関連して、誤っている文章を一つ選びなさい。　4

①　天武天皇の時代に富本銭が鋳造された。

②　708年には武蔵国から銅が献上され、和同開珎が鋳造された。

③　銭貨の流通をはかる目的で、蓄銭叙位令が出された。

④　平城京では民間の三斎市が開かれ、市司が監督した。

C　平安時代初期、宮廷では漢文学(c)が発達した。また学問(d)も重んじられた。

問5　下線部(c)に関連して、この時代につくられた日本最古の勅撰漢詩集とは何か。正しいものを一つ選びなさい。　5

①　『懐風藻』　②　『性霊集』　③　『凌雲集』　④　『拾遺集』

問6　下線部(d)に関連して、誤っている文章を一つ選びなさい。　6

①　大学での学問は、儒教を学ぶ明経道や、中国の歴史・文学を学ぶ紀伝道(文章道)がさかんになった。

②　貴族は一族子弟の教育のために、寄宿舎に当たる大学別曹を設けた。

③　藤原氏の大学別曹は勧学院といった。

④　空海が庶民教育の目的で設置したのは閑谷学校である。

D　平安時代、末法思想が流行したが、当時は1052（永承７）年(e)(f)から末法の世に入るといわれていた。

問7　下線部(e)に関連して、このころ造営された寺院は何か。正しいものを一つ選びなさい。　7

①　興福寺　②　平等院　③　中尊寺　④　教王護国寺

問 8　下線部(f)に関連して、このころ制作された彫刻は何か。正しいものを一つ選びなさい。 **8**

①　『法界寺阿弥陀如来像』　②　『薬師寺僧形八幡神像』

③　『興福寺阿修羅像』　④　『薬師寺金堂薬師三尊像』

E　1179年平清盛は後白河法皇を幽閉して政治の実権を奪い、<u>1180年</u>(g)には孫の安徳天皇を即位させたが、平氏に対する不満は強くなった。そして<u>治承・寿永の乱</u>(h)の結果、平氏は滅んだ。

問 9　下線部(g)に関連して、1180年の出来事でないものはどれか。正しいものを一つ選びなさい。 **9**

①　平氏は都を福原京に移した。

②　平重衡が南都焼打ちをおこなった。

③　平氏は安徳天皇を奉じて西国に都落ちした。

④　以仁王が平氏討伐の令旨を発した。

問 10　下線部(h)に関連して、正しい文章を一つ選びなさい。 **10**

①　尾張国に進出した源義仲は、いち早く京都を制圧した。

②　源頼朝は弟の頼政・義経らの軍を派遣して源義仲を滅ぼした。

③　平氏は周防国の壇の浦で滅亡した。

④　源頼朝はこの乱の最中に、侍所・公文所・問注所をおいた。

2　次のA～Eの各文を読み、問1～10に答えなさい。

A　北条時政は鎌倉幕府の実権を握り、その後、子の(　a　)が執権の時代に承久の乱(b)がおこった。

問1　下線部(a)にあてはまる人物を、一つ選びなさい。　11

①　北条義時　　②　北条泰時　　③　北条時頼　　④　北条時宗

問2　下線部(b)に関連して、正しい文章を一つ選びなさい。　12

①　後鳥羽上皇は新たに北面の武士をおいて軍事力の増強をはかるなど、幕府と対決する動きを強めていた。

②　乱の前の1219年に、上皇との連携を図っていた将軍源頼家が暗殺され、朝幕関係は不安定になっていた。

③　戦いは幕府の圧倒的な勝利に終わり、後鳥羽上皇は隠岐に、順徳天皇は佐渡に流されるなどした。

④　乱後、幕府は皇位の継承に介入するとともに、京都には新たに京都守護をおいて朝廷の監視などに当たらせた。

B　鎌倉時代は建築面(c)においても彫刻面(d)においても、新しい文化の傾向がみられた。

問3　下線部(c)に関連する組合せで、誤っているものを一つ選びなさい。　13

①　大仏様 ― 東大寺南大門　　②　禅宗様 ― 円覚寺舎利殿

③　折衷様 ― 観心寺金堂　　④　禅宗様 ― 富貴寺大堂

問4　下線部(d)に関連して、誤っているものを一つ選びなさい。　14

①　『興福寺無著像』　　②　『観心寺如意輪観音像』

③　『興福寺天灯鬼像』　　④　『東大寺南大門金剛力士像』

C　後醍醐天皇による建武の新政(e)は、(　f　)を機とした足利尊氏の離反により、3年足らずで崩壊した。

問5　下線部(e)に関連して、誤っている文章を一つ選びなさい。　15

① 重要政務を行う機関として記録所が設置された。

② 所領問題などの訴訟を裁決したのは雑訴決断所である。

③ 守護を廃止し、諸国には国司をおいた。

④ 関東地方には鎌倉将軍府をおいて、皇子を派遣した。

問6　下線部(f)にあてはまるものを、一つ選びなさい。　16

① 正中の変　② 中先代の乱

③ 元弘の変　④ 観応の擾乱

D　6代将軍足利義教は、幕府に反抗的な鎌倉公方(　g　)を討ち滅ぼすなど専制的傾向を強めたが、その結果有力守護に殺害されてしまった。そしてその後に応仁の乱(h)がおこり、室町幕府の力はさらに衰えていった。

問7　下線部(g)にあてはまるものを、一つ選びなさい。　17

① 足利持氏　② 足利憲実　③ 足利成氏　④ 上杉禅秀

問8　下線部(h)に関連して、誤っている文章を一つ選びなさい。　18

① 8代将軍足利義政の弟の義視と、子の義尚で将軍継嗣争いがあった。

② 幕府の実権争いをしていた細川勝元と山名持豊が、諸家の家督争いに介入して対立が激化した。

③ 守護大名が京都で戦いを繰り返していたため、領国では在庁官人が力を伸ばした。

④ 下の者が上の者に取って代わる下剋上の風潮が強くなった。

E　室町時代後期に成立した(　i　)は、違い棚や付書院を持ち、畳を全面に敷き詰めているのが特徴である。また庭園では枯山水(j)の様式のものも造られた。

問 9　下線部(i)にあてはまるものを、一つ選びなさい。　19

①　書院造　②　数寄屋造　③　権現造　④　寝殿造

問 10　下線部(j)に関連して、あてはまるものを一つ選びなさい。　20

①　天竜寺庭園　②　慈照寺庭園

③　鹿苑寺庭園　④　竜安寺庭園

3　次のA～Eの各文を読み、問1～10に答えなさい。

A　桃山文化期(a)には、城郭建築が造られるとともに、障壁画(b)も多く描かれた。

問 1　下線部(a)に関連して、あてはまらない文章を一つ選びなさい。　21

①　千利休が侘茶を完成した。

②　絶海中津らが出て、五山文学の最盛期を迎えた。

③　出雲阿国がかぶき踊りを始めた。

④　高三隆達が小歌に節づけをした隆達節が民衆に人気を博した。

問 2　下線部(b)に関連して、作品と作者の組合せで誤っているものを一つ選びなさい。　22

①　『唐獅子図屏風』― 狩野永徳　②　『松鷹図』― 狩野山楽

③　『松林図屏風』― 長谷川等伯　④　『智積院襖絵』― 円山応挙

B　鎖国体制に入る前の江戸時代初期、日本は積極的に外交政策を行った(c)。朱印船貿易もさかんになり、南方の各地には日本町(d)もつくられた。

問 3　下線部(c)に関連して、正しい文章を一つ選びなさい。　23

①　徳川家康はサン＝フェリペ号に乗っていたウィリアム＝アダムズを外交・貿易の顧問とした。

② 徳川家康はノビスパンとの通商を求め、京都の商人茶屋四郎次郎を派遣した。

③ 仙台藩主伊達政宗は、家臣の支倉常長をスペインに派遣した。

④ ポルトガル商人の暴利を抑えるために、生糸の輸出を制限する糸割符制度を設けた。

問 4 下線部(d)に関連して、アユタヤにあった日本町の長をつとめたのは誰か。一つ選びなさい。 24

① 山田長政　② 末次平蔵　③ 角倉了以　④ 松浦鎮信

C 田沼意次は幕府財政を改善するため、さまざまな政策(e)を行った。しかし（ f ）がおこり、百姓一揆や打ちこわしが頻発した。

問 5 下線部(e)に関連して、誤っている文章を一つ選びなさい。 25

① 株仲間を広く公認し、運上や冥加などの営業税の増収を目指した。

② 定量の計数貨幣である南鐐二朱銀を鋳造した。

③ 印旛沼・手賀沼の大規模な干拓工事を始めた。

④ 林子平の意見を取り入れ、最上徳内らに蝦夷地の調査をさせた。

問 6 下線部(f)にあてはまるものを、一つ選びなさい。 26

① 天保の大飢饉　② 天明の大飢饉

③ 文政の大飢饉　④ 享保の大飢饉

D 大御所徳川家斉の死後、老中水野忠邦を中心に天保の改革(g)がおこなわれた。そして風俗も厳しく取り締まり、処罰された作家(h)もいた。

問 7 下線部(g)に関連して、誤っている文章を一つ選びなさい。 27

① 江戸に流入した貧民の帰郷を強制する人返しの法を発した。

② 株仲間の解散を命じ、物価の引き下げに成功した。

③ 天保の薪水給与令を出し、異国船打払令を改めた。

④ 江戸・大坂周辺の土地を幕府の直轄領にするという上知令は失敗した。

問 8 下線部(h)に関連して、あてはまる作家と著作の種類の組合せとして、正しいものを一つ選びなさい。 28

① 柳亭種彦 — 読本　② 式亭三馬 — 洒落本

③ 曲亭馬琴 — 洒落本　④ 為永春水 — 人情本

E 国学者荷田春満に学んだ(i)は古語の解明につとめ、『万葉考』『国意考』を著した。その門下には、和学講談所を設立し『群書類従』を編纂した(j)もいる。

問 9 下線部(i)にあてはまる人物を、一つ選びなさい。 29

① 賀茂真淵　② 本居宣長　③ 塙保己一　④ 平田篤胤

問 10 下線部(j)にあてはまる人物を、一つ選びなさい。 30

① 賀茂真淵　② 本居宣長　③ 塙保己一　④ 平田篤胤

4　次のA～Eの各文を読み、問1～10に答えなさい。

A　江戸時代の幕末は政治の激動期であり、さまざまな事件がおきた。

ア　王政復古の大号令(a)が発せられた。
イ　小御所会議で徳川慶喜の辞官納地の処分が決定された。
ウ　徳川慶喜が大政奉還を朝廷に申し入れた。
エ　鳥羽・伏見の戦いがおこった。

問1　下線部(a)に関連して、新たに設けられた三職にあてはまらないものを、一つ選びなさい。　31

①　議定　②　参議　③　総裁　④　参与

問2　上記ア～エを時代順に並べたとき、古い方から2番目と3番目のものの組合せとして正しいものを、一つ選びなさい。　32

①　アイ　②　アウ　③　ウア　④　イア

B　下関条約(b)が結ばれ、日清戦争の講和が成立した。遼東半島の割譲に対しては、三国干渉(c)がおこった。

問3　下線部(b)に関連して、条約の内容で誤っている文章を一つ選びなさい。　33

①　清国は朝鮮の独立を認める。
②　清国は日本に台湾を割与する。
③　清国は日本に東沙群島を割与する。
④　清国は日本に対し、沙市・重慶・蘇州・杭州の4港を開く。

問4　下線部(c)に関連して、関係のない国を一つ選びなさい。　34

①　フランス　②　ロシア　③　アメリカ　④　ドイツ

C　明治時代以降、絵画は伝統的な日本画(d)も、西洋画(e)も、ともに数多くの作品が制作された。

問 5　下線部(d)に関連して、作品と作者の組合せであてはまらないものを一つ選びなさい。　35

①　『悲母観音』― 狩野芳崖　　②　『竜虎図』― 橋本雅邦

③　『無我』　― 横山大観　　④　『南風』　― 和田三造

問 6　下線部(e)に関連して、作品と作者の組合せで誤っているものを一つ選びなさい。　36

①　『湖畔』― 黒田清輝　　②　『海の幸』― 菱田春草

③　『鮭』　― 高橋由一　　④　『収穫』　― 浅井忠

D　満州事変は柳条湖事件(f)から始まった。その後、満州国の建国宣言があり、(　g　)内閣は日満議定書を締結して満州国を承認した。

問 7　下線部(f)に関連して、時の首相は誰だったか。一つ選びなさい。　37

①　犬養毅　　②　田中義一　　③　斎藤実　　④　若槻礼次郎

問 8　下線部(g)に関連して、あてはまる人物を一つ選びなさい。　38

①　斎藤実　　②　田中義一　　③　岡田啓介　　④　阿部信行

E　戦後の猛烈なインフレを、1946年には(　h　)でおさめようとした。その後1948年にはGHQは日本政府に対し経済安定九原則(i)の実行を指令した。

問 9　下線部(h)に関連して、あてはまるものを一つ選びなさい。　39

①　傾斜生産方式　　②　復興金融金庫

③　金融緊急措置令　　④　政令201号

問 10　下線部(i)に関連して、誤っている文章を一つ選びなさい。 40

① 第2次吉田内閣に出されたもので、総予算の均衡、徴税の強化、賃金の安定などの内容を含んでいた。

② 1949年には特別公使としてドッジが来日し、一連の施策を指示した。

③ この政策の中で、1ドル＝360円の単一為替レートが設定された。

④ マーシャルを団長とするチームも来日し、その勧告で直接税中心主義や累進所得税制が採用された。

現代社会

（60分）

1 次の問いに答えなさい。

問1 労働組合に関する記述として適切なものを次の①～④のうちから一つ選びなさい。 1

① 労働組合の組織率は低下傾向にあったが、アベノミクスの失敗が明らかになったことで、2010年以降は組織率が回復傾向にある。

② 労働組合には同じ職能をもつ労働者を組織したものや、同じ企業で働く労働者を組織したものもあるが、日本の労働組合の多くは同じ産業で働く労働者を組織している。

③ 日本国憲法は団結権を保障しているため、企業が労働組合の結成を妨害することは不当労働行為にあたる。

④ 日本国憲法には団結権・団体交渉権を定めているが、団体行動権の定めはない。

問2 雇用に関する記述として適切なものを次の①～④のうちから一つ選びなさい。 2

① 日本には、企業の業績が悪化して労働者を解雇した場合、その労働者を他の企業が引き続き雇用する労働慣行がある。

② 終身雇用制の下では雇用が安定的に確保されているため、労働者は安心して他の職場に移動することができ、労働移動が起こりやすい。

③ 戦後日本の高度経済成長は、年俸制や職能給などの能力主義的な賃金制度による経営の効率化によってもたらされた。

④ 日本では今日、企業は経営の効率化を目的に、正社員として雇用する労働者を減らす一方、賃金が安い非正規雇用労働者を増やす傾向にある。

問 3　労働者保護に関する記述として適切なものを次の①～④のうちから一つ選びなさい。　3

① 障害者雇用促進法には企業が確保すべき障害者の雇用率が定められており、2020年までにほぼすべての企業がその雇用率を達成した。

② 日本で働くことを希望する外国人には、低賃金の単純労働以外に就労することは原則として制限されている。

③ 企業は正社員についても定年年齢を定めているが、2012年の高齢者雇用安定法の改正により、企業には定年後の雇用継続や定年延長の措置を講ずることが義務づけられた。

④ 労働者派遣法は当初、派遣職種として26の職種を定めていたが、2004年の改正で製造業以外では派遣労働者を使用できないこととした。

問 4　雇用情勢に関する記述として適切なものを次の①～④のうちから一つ選びなさい。　4

① 最近40年間を見ると、人口減少にかかわらず、被雇用者数は増加しつづけている。

② 就業者数を男女別で見ると、かつては男性の方が多かったが、最近10年間は女性が男性より多い。

③ 最近30年間で非正規雇用労働者は急激に増加し、2020年以降、正規雇用労働者より多くなった。

④ 日本の被雇用者の平均労働時間は近年、アメリカ合衆国・ドイツ・フランスより長い。

問 5　ワーク・ライフ・バランスに関する記述として適切なものを次の①～④のうちから一つ選びなさい。　5

① 日本では有給休暇の取得率が高いにもかかわらず、労働者の過労死が問題になっている。

② 残業代が支払われないサービス残業が問題になっているが、これは労働者がサービスとして行うものだから、法律上の問題はない。

③ 2007年に政府が策定したワーク・ライフ・バランス憲章は、労働者の

生活時間を増大させ、賃金上昇を抑制することを目的としている。

④　50歳未満の成人女性の労働力率を年齢別に見ると、20歳代後半から30歳代前半が低い傾向にある。

問 6　公務員の労働権に関する記述として適切なものを次の①～④のうちから一つ選びなさい。　[6]

①　公務員は労働者ではないため、労働基準法は適用されない。

②　国家公務員法や地方公務員法では、公務員の団体行動権は認めておらず、公務員の労働組合がストライキを行うことは違法とされている。

③　公務員の給与水準は、公務員労働組合と政府の代表で構成する人事院の勧告に基づいて決定される。

④　公務員の労働三権は、日本国憲法の明文規定により制限されている。

問 7　労使関係に関する記述として適切なものを次の①～④のうちから一つ選びなさい。　[7]

①　労働関係調整法は労働争議の予防と解決を目的に、裁判所による斡旋・調停・仲裁の手続きを定めている。

②　労働基準法・労働安全衛生法などに定められた基準の遵守状況を監督するため、労働委員会が置かれている。

③　労働組合法は、使用者による団結権・団体交渉権・団体行動権などの侵害を禁止しており、これを不当労働行為の禁止という。

④　使用者委員・労働者委員・公益委員で構成する労働委員会は、裁判所に代わって、労使紛争を最終的に解決する機関である。

問 8　労働に関係する国際機関に関する記述として適切なものを次の①～④のうちから一つ選びなさい。　[8]

①　国際労働機関(ILO)は国際労働基準を定め、世界の労働者の労働条件と生活水準の改善を目的とする国連の専門機関である。

②　国際労働機関(ILO)は国際連盟の時代に創設され、本部はニューヨークに置かれている。

③　経済協力開発機構(OECD)は加盟国の雇用失業情勢などを継続的に調査しているが、日本は未加入である。

④　経済協力開発機構(OECD)は1948年に創設された国際機関で、EU加盟国のほかロシア、イギリス、アメリカ合衆国などが加盟している。

問 9　労働基準法に関する記述として適切なものを次の①～④のうちから一つ選びなさい。　9

①　使用者は、労働者が女性であることを理由として、男性より低い賃金で使用してはならない。

②　使用者は、信条または社会的身分を理由として賃金、労働時間その他の労働条件で差別的取り扱いをしてはならないが、日本国籍を有しない労働者についてはこの制限をうけない。

③　1日7時間以内、週35時間以内が法定労働時間とされ、労働者の過半数を組織する労働組合または労働者の過半数を代表する者との協定を締結しないかぎり、使用者は労働者に対して時間外労働・休日労働を命じてはならない。

④　児童が満12歳に達した日以後の最初の3月31日までは、児童を労働者として使用してはならない。

問10　雇用制度に関する記述として下線部が適切なものを次の①～④のうちから一つ選びなさい。　10

①　2012年に改正された高年齢者雇用安定法により、定年を定める場合60歳を下回ることを禁止するとともに、原則として<u>70歳</u>までは継続雇用することを義務づけた。

②　障害者雇用促進法には、民間企業における障害者の法定雇用率を<u>10%</u>と定めている。

③　男女雇用機会均等法には、労働者の採用・昇進・教育訓練・退職などの雇用管理について、<u>男女双方</u>への差別の禁止を定めている。

④　育児・介護休業法には、<u>女性労働者のみ</u>が育児休業を取得することを認めるとともに、休業を理由とする差別的取り扱いを禁止している。

2 次の文章を読み、問いに答えなさい。

「メディア」(a)とは、情報を伝達する媒体のことを意味しています。なかでも、写真や絵図、スライド、映画、テレビ番組、ラジオ(b)など、主として映像や音声で表現され、視覚・聴覚によって情報が受け取られるメディアのことを、「視聴覚メディア」(c)と呼んでいます。私達には、過去のことであったり、遠方であったりして、時間的・空間的な限界があり、直接的に見聞きできないことがあります。一方で、言葉で伝えようとしても、なかなかその内実が捉えにくく、伝わらないことや理解できないことがあります。視聴覚メディアは、具体的な「直接的な体験」と抽象的な「言葉(d)での理解」との間で、視覚・聴覚を通じた豊かな経験を視聴者にもたらし、対象と〈私〉とをつなぐ役割を果たしています。

過去半世紀余りの間に、様々な視聴覚メディアによって、公害(e)の実態が記録され、蓄積されてきました。例えば、(中略)『記録人澤井余志郎～四日市公害の半世紀』(東海テレビ／2010年／四日市公害)のようなテレビのドキュメンタリー番組、林えいだい著『これが公害だ』(北九州青年会議所 1968)〔2017年に新評論から復刻〕などの写真集もあります。そこで取り扱われている内容も、公害による被害の実態を伝えるものや、公害反対運動の様子を伝えるものなど様々です。
(出典：古里貴士「視聴覚メディアを利用する—公害と〈私〉をつなぐ」(安藤聡彦ほか編著『公害スタディーズ』、ころから、2021年))

問1　下線部(a)について、メディアに関する記述として適切でないものを次の①～④のうちから一つ選びなさい。　11

① マス・メディアとはマスコミ(マス・コミュニケーション)のための手段をいい、ラジオやテレビ、新聞などが含まれる。

② 15世紀、グーテンベルクがはじめて活版印刷を実用化し、聖書の普及など書物の流通を大きく変えた。

③ マス・メディアの過剰な取材によって、事件や事故の当事者や関係者がプライバシーを侵害されたり、心身への悪影響を与えられたりすることがある。

④　国営放送・公共放送などのテレビやラジオの放送は、民間放送会社よりも社会性・公共性を有するため、ソーシャルメディアと呼ばれる。

問２　下線部(a)について、メディア・リテラシーに関する記述として適切なものを次の①～④のうちから一つ選びなさい。　［12］

①　画像処理技術などの向上によってフェイク・ニュースが発信されることがあるので、得られた情報は事実にもとづいているかどうかチェックする必要がある。

②　メディアの多くが私企業であるため、購買意欲を過度に刺激するセンセーショナリズムや、興味本位の低俗な欲求を喚起するコマーシャリズムに注意する必要がある。

③　メディア・リテラシーとは、メディアが伝える情報を読み解いたり、情報を発信したりする能力やネット上のエチケット・マナーのことをいう。

④　情報の洪水に流されてしまうので、なるべく複数のメディアに接することは避け、単一のメディアから情報を得るべきである。

問３　下線部(b)について、知的財産権に関する下記の文章の【A】～【D】に当てはまる語句を次の①～⑧のうちから一つずつ選びなさい。

【A】［13］　【B】［14］　【C】［15］　【D】［16］

知的財産権とは、知的な創意工夫によってつくり出された、無形の経済的価値に対する権利のことである。知的財産権は著作権と産業財産権(工業所有権)とに大きく分けられる。著作権は著作物やそのコピー・実演・放送などに関する著作者の権利を指す。著作権の権利期間は、日本では2018年の著作権法改正によって著作者の死後50年から【　A　】年に延長された。産業財産権には、発明を保護する【　B　】、物品の形状・構造などの考案を保護する【　C　】、物品のデザインを保護する【　D　】などが含まれる。

①　パブリシティ権　②　商標権　③　特許権

④　プライバシー権　⑤　実用新案権　⑥　意匠権

⑦ 70 ⑧ 60

問 4 下線部(c)について、テレビなどの映像メディアの可能性に着目し、「メディアはメッセージである」という言葉を残した、カナダの思想家は誰か。適切なものを次の①～④のうちから一つ選びなさい。 17

① レヴィン ② フリードマン ③ マクルーハン

④ ハイデッガー

問 5 下線部(d)について、哲学者の名前と言葉の組み合わせとして適切でないものを次の①～④のうちから一つ選びなさい。 18

① パスカル：「人間はひとくきの葦にすぎない。自然の中で最も弱いものである。だがそれは考える葦である。」

② ソクラテス：「私が知っているのは、自分が何も知らないということだけだ。」

③ 老子：「大道廃れて仁義あり」

④ アリストテレス：「人間にとって大切なことはただ単に生きるのではなく、善く生きることである。」

問 6 下線部(e)について、日本の公害問題に関する記述として適切なものを次の①～④のうちから一つ選びなさい。 19

① 富山県神通川流域では、昭和電工の工場廃液に含まれていたメチル水銀によって魚が汚染され、それを食べた住民が水銀中毒になった。

② 三重県四日市市ではコンビナートの工場が排出する二酸化硫黄によって住民がぜんそくになったとして6社の共同責任が追及された。

③ 公害被害の中でも大気汚染、水質汚濁、騒音、振動、煙害、地盤沈下、悪臭は典型七公害と呼ばれる。

④ 四大公害裁判はいずれも被害者住民側が勝訴したが、企業活動と被害の因果関係については住民側の立証責任が求められた。

問7 下線部(e)について、公害・環境に関する法律についての記述として下線部が適切でないものを次の①～④のうちから一つ選びなさい。 20

① 1973年制定の公害健康被害補償法には、公害の補償費用は国と汚染者による負担を原則とすることが明記された。

② 1997年に制定された環境アセスメント法にもとづき、環境に著しい影響を及ぼす事業を行う場合、事業者は事前に調査・予測・評価を行わなくてはならない。

③ 公害・環境問題の新たな展開をふまえて、公害対策基本法などの法律を発展的に解消し、1993年に環境基本法が制定された。

④ 資源の循環をはかる循環型社会をめざして、2000年に循環型社会形成推進基本法が制定され、これに関連する家電リサイクル法、容器包装リサイクル法などが整備された。

3 次の文章を読み、問いに答えなさい。

アンネ・フランクは、その家の屋上階にひそんで25カ月を過ごし、やがて発見されて強制収容所に送られて、チフスにかかって死ぬ。彼女らがそこにひそんでいた間に兵士や警官が検査のためにやって来たかもしれない。そして彼らは家主の人に尋ねただろう。「ここにユダヤ人はいるか」

尋ねられた家主は完全な平静さで答えなくてはならない。「おりません」

(中略)

アンネ・フランクの家を調べに来たナチス(a)側の人間に「ユダヤ人はいない」と嘘をついて、ユダヤ人を守ることは、暴力から他人の権利を守るための嘘だと言っていいだろう。ところが大哲学者のカント(b)(Immanuel Kant 1724-1804)が「人の命を救うために嘘をつく」のは、正しくないと主張する。「人間愛からなら嘘をついてもよいという誤った権利について」(1797年)で、「われわれの友人を人殺しが追いかけてきて、友人が家のなかに逃げ込まなかったかとわれわれに尋ねた場合、この人殺しに嘘をつくことは罪であろう」と言うのだ。(中略)

(c)因果関係についてカントは「いない」と嘘をつけば友人が助かり、「いる」と真実を告げれば友人が殺されるという関係は成り立たないと主張する。「いない」と嘘をついても、犯人と友人が出合い頭にぶつかって友人が殺されてしまうかもしれない。「いる」と真実を告げても、その人はまんまと抜け出して不在かもしれない。だから嘘をつけば友人が助かり、真実を語れば殺されるという因果関係はない。

「私が真実を語る→友人が殺される」という出来事があったとしても、このことは「私が友人を殺す」と同じ意味にはならない。(d)私の真実を語るという行為と友人の殺されるという結果との関係は偶然的である。だから友人の側に私に嘘を言うべきだと主張する権利は発生しない。誰にも真実を語る権利がある。嘘をつけばその結果に責任をとらなければならないが、真実を語ってその偶然的な結果の責任を負うということはない。

（出典：加藤尚武『現代倫理学入門』、講談社、1997年）

問 1　下線部(a)について、ナチスに関係する記述として適切なものを次の①～④のうちから一つ選びなさい。　21

① ナチスの時代にはワイマール憲法という先進的な憲法があったが、ヒトラーはこれを廃止することによって全権を掌握した。

② フランクフルト学派のアドルノは、『自由からの逃走』という本の中で、ファシズムの性格に関して、人々は孤立感に陥るとき、非合理的な隷属の道を選ぶと指摘した。

③ ナチスは、大衆をたくみに扇動することによって政権を獲得し、全体主義的政治を行った。

④ ナチス時代の裁判においては、「法律を超える法」としての自然法を実定法よりも優越するものとして重視していた。

問 2　下線部(b)について、カントと同じ時代に生きた人物としてルソーがいる。ルソーが書いた著作を次の①～④のうちから一つ選びなさい。　22

① 法の哲学　② 市民政府二論　③ 法の精神

④ エミール

問 3 下線部(c)について、因果関係に関する下記の文章を読み、【A】~【D】に入る適語を次の①~⑩のうちから一つずつ選びなさい。

【A】 23 【B】 24 【C】 25 【D】 26

「因果関係」の捉え方については、思想史上、大きく二つの異なった考え方がある。一つは、人間の生得な【 A 】を信頼し、これによって物事を論理的に考えていけば「因果関係」は証明できるとする立場である。この流れに属する哲学者として【 B 】がいる。もう一つは、物事の認識において人間の【 C 】を重視する立場である。F・ベーコンがその祖とされている。この立場の人々は、因果関係などの法則性の発見に関しては【 D 】と呼ばれる方法論を用いることが多い。しかし、18世紀になると、後者の流れからは、因果関係があると見えても、それは結局のところ、感覚的な「印象」でしかなく、習慣的な連想から生まれた「信念」に過ぎないという主張も登場した。

① 意 志 ② 経 験 ③ 演繹法 ④ ジョン・ロック
⑤ ホッブズ ⑥ 理 性 ⑦ 帰納法 ⑧ デカルト
⑨ 問答法 ⑩ 自然性

問 4 下線部(d)について、この一文に関する下記の文章を読み、【E】~【H】に入る適語を次の①~⑩のうちから一つずつ選びなさい。

【E】 27 【F】 28 【G】 29 【H】 30

カントによれば、自らに行為を促すときは、つねに「~すべし」と命じる無条件の命令、すなわち【 E 】と呼ばれる命令形式に従わなければならない。カントは『【 F 】批判』という著書のなかで、外側の結果に左右されず、【 F 】が命ずる法に従うことを「わが内なる道徳法則」と呼び、上なる星空と並べて崇敬している。これに対し、カントから少し後に登場した【 G 】と呼ばれる考え方に立つ人々は、ある行為が善であるか悪であるかの基準は、動機ではなく、その行為の結果にあり、結果が幸福をもたらすかどうかこそが重要であると論ずる。近代においてこの流れをつくった【　H　】は、主著のなかで「最大多数の最大幸福」と述べ、幸福や快楽は量的に計算が可能であると主張している。

① 仮言命法　② 功利主義　③ ヘーゲル
④ ベンサム　⑤ ドイツ観念論　⑥ 定言命法
⑦ J・S・ミル　⑧ 純粋理性　⑨ 啓蒙主義
⑩ 実践理性

4 次の年表は日本の農業政策に関するものである。これを見て、問いに答えなさい。

1942 年	食糧管理法　施行
1961 年	農業基本法　施行
1970 年	減反の開始
1993 年	GATT(a)【　A　】合意
1995 年	食糧管理法　廃止 新食糧法　施行
1999 年	米の輸入自由化 食料・農業(b)・農村基本法　施行

問 1　表中の【A】に入る適語を次の①～④のうちから一つ選びなさい。　31

① ケネディ・ラウンド　② 東京・ラウンド
③ ウルグアイ・ラウンド　④ ドーハ・ラウンド

問 2　1942年に施行された食糧管理法及び同法に基づき創設された食糧管理制度に関する記述として適切でないものを次の①～④のうちから一つ選びなさい。 32

①　政府が農家から買い上げた生産者米価よりも政府が消費者に販売していた消費者米価の方が高かった。

②　食糧管理制度が米の過剰生産を招いたため、政府は減反政策をとり、米の生産を抑制しようとした。

③　1995年に食糧管理法が廃止され、代わりに新食糧法が施行されたことにより、米の流通と価格の自由化が進んだ。

④　食糧管理制度が長く続いたため、米から他の農作物への転作は進まなかった。

問 3　1961年に施行された農業基本法に関連する記述として適切でないものを次の①～④のうちから一つ選びなさい。 33

①　他の農作物から米作への転作を促した。

②　規模の拡大や機械化による生産性の向上を目指した。

③　自立経営農家を育成しようとしたが、結果的には兼業化が進んだ。

④　1999年の食料・農業・農村基本法の施行により廃止された。

問 4　1970年に開始された日本の減反政策に関する取り組みとして適切でないものを次の①～④のうちから一つ選びなさい。 34

①　米の生産を抑制するために作付を制限した。

②　米の生産を抑制するために転作を推進した。

③　減反した農家に補助金を交付した。

④　減反政策は現在も継続中である。

問 5　下線部(a)について、GATTを発展的に解消して発足した国際機関を何というか。適切なものを次の①～④のうちから一つ選びなさい。 35

①　EPA　　②　WTO　　③　FTA　　④　TPP

問 6　1999年に実施された米の輸入自由化に関する記述として適切なものを次の①～④のうちから一つ選びなさい。　36

① 部分的に輸入を自由化した。

② ミニマム・アクセスを段階的に拡大した。

③ ミニマム・アクセスを段階的に縮小した。

④ 関税化を実施した。

問 7　1999年に施行された食料・農業・農村基本法に関する事項として適切でないものを次の①～④のうちから一つ選びなさい。　37

① 食料の安定供給の確保

② 農業の多面的機能(国土・環境の保全など)の重視

③ 農業経営の法人化の抑制

④ 農村の振興

問 8　日本における現在のカロリーベースの食料自給率は何%であるか。適切なものを次の①～④のうちから一つ選びなさい。　38

① 約20%　② 約30%　③ 約40%　④ 約50%

問 9　日本の食料自給率に関する記述として適切でないものを次の①～④のうちから一つ選びなさい。　39

① 日本の食料自給率は、第1次オイルショックの時よりも低くなっている。

② 食料安全保障の観点から食料自給率の向上を求める意見がある。

③ 日本の食料自給率(すべての食物)よりも米の自給率の方が高い。

④ 日本の食料自給率は、G7の国々の中では中位の水準にある。

問10　下線部(b)について、日本の産業構造に関する記述として適切なものを次の①～④のうちから一つ選びなさい。　40

① 第一次産業の就業者の割合は、現在、約20%である。

② 2000年以降、第一次産業の就業者の割合は微増傾向にある。

③　戦後間もない頃、第一次産業の就業者の割合は、第二次・第三次産業の割合よりも高かった。

④　「GDP のうち第一次産業が占める割合」よりも「全就業者のうち第一次産業の就業者が占める割合」の方が低い。

数　学

（注）　工学部社会基盤学科都市デザイン専攻・建築学科住居デザイン専攻の文系受験，経営学部の文系受験，情報科学部情報科学科メディア情報専攻の文系受験は「**文系**」を，その他は「**理系**」を解答する。

解答上の注意

1. 問題中のア，イ，ウ，… には，0から9までの数字が各々1つずつ入ります。それらを解答用紙のそれぞれの欄にマークして答えなさい。

2. 解答に分数が含まれる場合は，分数部分が既約分数になるように答えなさい。例えば，$\frac{2}{4}$，$\frac{5}{10}$ 等は $\frac{1}{2}$ として答えなさい。

3. 根号を含む解答の場合は，根号の中の自然数が最小となる形で答えなさい。例えば，$\sqrt{8}$，$\frac{\sqrt{27}}{6}$ はそれぞれ $2\sqrt{2}$，$\frac{\sqrt{3}}{2}$ として答えなさい。

2024年度　前期M方式　数学

◀理　　系▶

（60分）

数学問題　（(1)～(6)は必答問題，(7)，(8)は選択問題）

次の［　　］を適当に補え。

(1)　自然数 p，q（ただし $p>q$）が $(\sqrt{p}-\sqrt{q})^2 = 8-2\sqrt{15}$ をみたすとき，

$$(p, q) = (\boxed{\text{ア}}, \boxed{\text{イ}})$$

である。また，$\sqrt{24-2\sqrt{143}} = \sqrt{\boxed{\text{ウエ}}} - \sqrt{\boxed{\text{オカ}}}$ である。

(2)　初項が2で公差が4の等差数列を $\{a_n\}$，初項が3で公差が5の等差数列を $\{b_n\}$ とする。$\{a_n\}$ と $\{b_n\}$ に共通に現れる数を小さい順に並べてできる数列を $\{c_n\}$ とするとき，$c_3 = \boxed{\text{キク}}$ であり，$\displaystyle\sum_{n=1}^{10} c_n = \boxed{\text{ケコサシ}}$ である。

(3)　$\alpha = \sqrt[3]{2}+1$ のとき，$\alpha^3 - 3\alpha^2 + 3\alpha - 1 = \boxed{\text{ス}}$ であり，

$\dfrac{\alpha^3}{\alpha^2-\alpha+1} = \boxed{\text{セ}}$ である。

(4)　$f(x) = -8\cos 2x + \dfrac{9}{\tan^2 x}$ とおく。等式

$$-8\cos 2x + \frac{9}{\tan^2 x} = A\sin^2 x + \frac{B}{\sin^2 x} + C$$

が x についての恒等式となるとき，

$$A = \boxed{\text{ソタ}},\ B = \boxed{\text{チ}},\ C = -\boxed{\text{ツテ}}$$

である。また，$0 < x < \dfrac{\pi}{2}$ における $f(x)$ の最小値は $\boxed{\text{ト}}$ である。

(5)　a，b を定数とする。関数 $f(x) = \dfrac{ax+b}{x^2+x+1}$ が $x = -\dfrac{2}{3}$ で極小値 -9 をとるとき，$a = \boxed{\text{ナ}}$，$b = -\boxed{\text{ニ}}$ である。

(6)　xy 平面上を1匹のアリが時刻 $t=0$ から歩き始めた。$t=0$ から $t=\sqrt{2}$ までのアリの位置は $(x,\ y)=\left(\dfrac{3}{2}t^2+1,\ t^3\right)$ であった。$t=\sqrt{2}$ 以降は，アリは y 軸と平行に x 軸に向かって歩き，x 軸に到達した地点から，今度は x 軸上を最初にいた地点(1, 0)まで歩いて戻った。このとき，アリが歩き始めてから，最初にいた地点に戻るまでの道のりは $\boxed{\text{ヌ}}\sqrt{3}+\boxed{\text{ネ}}\sqrt{2}+\boxed{\text{ノ}}$ である。また，アリが歩いた経路によって囲まれた部分の面積は $\dfrac{\boxed{\text{ハヒ}}\sqrt{\boxed{\text{フ}}}}{\boxed{\text{ヘ}}}$ である。

次の(7)，(8)は選択問題である。1問を選択し，解答用紙の所定の欄のその問題にマークして，解答せよ。

(7)　6個の数字1，2，2，3，3，3から3個を選んで1列に並べることによってできる3桁の整数は全部で $\boxed{\text{ホマ}}$ 個である。また，そのうち3の倍数であるものは全部で $\boxed{\text{ミ}}$ 個である。

(8)　79380の正の約数は全部で $\boxed{\text{ムメ}}$ 個である。また，そのうち2の倍数であって5の倍数ではないものは全部で $\boxed{\text{モヤ}}$ 個である。

◀文　系▶

(60 分)

数学問題　((1)〜(5) は必答問題，(6)，(7)，(8) は選択問題)

次の [　　] を適当に補え。

(1) 自然数 $p,\ q$（ただし $p>q$）が $(\sqrt{p}-\sqrt{q})^2 = 8-2\sqrt{15}$ をみたすとき，

$$(p,q)=(\boxed{\text{ア}},\ \boxed{\text{イ}})$$

である。また，$\sqrt{24-2\sqrt{143}}=\sqrt{\boxed{\text{ウエ}}}-\sqrt{\boxed{\text{オカ}}}$ である。

(2) 関数 $f(x)=ax^2+6x+b$（ただし $a,\ b$ は定数）において，$f(1)=-2$ であるとする。このとき，$f(-1)=-\boxed{\text{キク}}$ である。また，$f(x)$ が最大値をとり，この最大値が正であるような a の値の範囲は $a<-\boxed{\text{ケ}}-\sqrt{\boxed{\text{コ}}}$ または $-\boxed{\text{ケ}}+\sqrt{\boxed{\text{コ}}}<a<\boxed{\text{サ}}$ である。

(3) 1辺の長さが5の正四面体OABCにおいて，辺OAを2：3に内分する点をPとする。このとき，$\mathrm{PB}=\sqrt{\boxed{\text{シス}}}$ であり，$\cos\angle\mathrm{BPC}=\dfrac{\boxed{\text{セソ}}}{\boxed{\text{タチ}}}$ である。

(4) $a,\ b$ を定数とし，集合 $A,\ B$ を $A=\{1,\ 5,\ a^2-3a\}$，$B=\{4,\ 10,\ 2a+9,\ a-b\}$ とする。このとき，10 が $A\cap B$ に属するような a の値は $-\boxed{\text{ツ}}$ または $\boxed{\text{テ}}$ である。さらに，$A\cap B=\{1,\ 10\}$ であるとき，$b=\boxed{\text{ト}}$ であり，$A\cup B=\{1,\ 4,\ 5,\ 10,\ \boxed{\text{ナニ}}\}$ である。

(5) 10人の生徒を5人ずつ2つのグループに分けたところ，グループ1の5人の通学時間はそれぞれ15，20，30，25，35(分)，グループ2の5人の通学時間はそれぞれ18，20，28，36，a(分)であり，2つのグループの通学時間の平均値は等し

かった。このとき，$a=$ ヌネ である。また，グループ1の通学時間の分散は ノハ であり，2つのグループのうち分散が大きいのはグループ ヒ の方である。

次の(6)，(7)，(8)は選択問題である。2問を選択し，解答用紙の所定の欄のその問題にマークして，解答せよ。

(6)　6個の数字1，2，2，3，3，3から3個を選んで1列に並べることによってできる3桁の整数は全部で フヘ 個である。また，そのうち3の倍数であるものは全部で ホ 個である。

(7)　79380の正の約数は全部で マミ 個である。また，そのうち2の倍数であって5の倍数ではないものは全部で ムメ 個である。

(8)　円に内接する△ABCにおいて，点Aにおけるこの円の接線と辺BCの延長との交点をPとし，∠APBの二等分線と辺AB，ACとの交点をそれぞれQ，Rとする。BP = 9，CP = 4のとき，AP = モ であり，面積の比 $\dfrac{\triangle\mathrm{AQR}}{\triangle\mathrm{AQP}}$ の値は $\dfrac{\boxed{ヤ}}{\boxed{ユ}}$ である。

物　理

（60分）

物理問題

次の文章（A～F）を読み，問い（問1～17）に答えよ。

A　力学現象における物理量の単位は，長さの単位m，質量の単位kg，時間の単位sを組み合わせて表すことができる。例えば，速さはm/s，加速度はm/s^2である。そこで，質量mの小球がばね定数kの軽いばねにつながれた水平ばね振り子について考えよう。ばねの自然の長さからの伸びxを用いて，ばねの復元力を$F=-kx$と書いたとき，Fの単位は［ 1 ］であり，kの単位は［ 2 ］である。また，$\sqrt{\dfrac{m}{k}}$の単位は［ 3 ］である。ばねの弾性力による位置エネルギー$U=\dfrac{1}{2}kx^2$の単位は［ 4 ］である。

問1．空欄［ 1 ］を埋めるのにふさわしいものを，次の共通解答群から1つ選べ。

問2．空欄［ 2 ］を埋めるのにふさわしいものを，次の共通解答群から1つ選べ。

問3．空欄［ 3 ］を埋めるのにふさわしいものを，次の共通解答群から1つ選べ。

問4．空欄［ 4 ］を埋めるのにふさわしいものを，次の共通解答群から1つ選べ。

共通解答群

① s　② s^2　③ 1/s　④ $1/s^2$　⑤ kg·m/s　⑥ kg·m/s^2

⑦ kg·s　⑧ kg·s^2　⑨ kg/s　⑩ kg/s^2　⑪ kg·m^2/s　⑫ kg·m^2/s^2

B　内部抵抗が2.7 Ωで10 mAまではかることができる電流計がある。図1のように，この電流計に［ 5 ］Ωの抵抗を並列につないで分流器とすると，100 mAまではかることができるようになる。また，内部抵抗が3.0 Ωで10 Vまではかることができる電圧計がある。図2のように，この電圧計に［ 6 ］Ωの抵抗を直列につないで倍率器とすると，100 Vまではかることができるようになる。

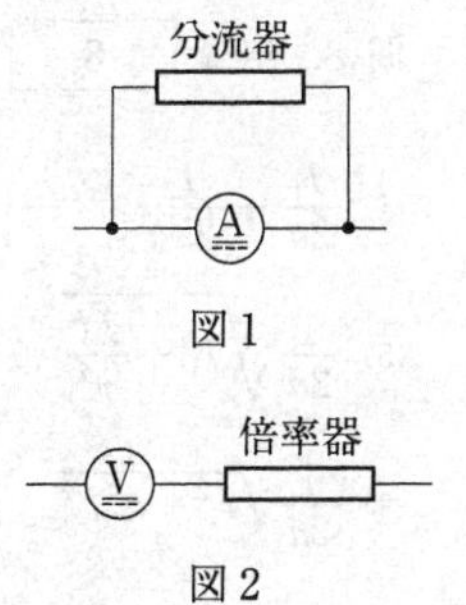

図1

図2

問 5. 空欄［ 5 ］を埋めるのにふさわしいものを，次の共通解答群から1つ選べ。

問 6. 空欄［ 6 ］を埋めるのにふさわしいものを，次の共通解答群から1つ選べ。

共通解答群

① 0.24　② 0.27　③ 0.30　④ 0.33　⑤ 2.4　⑥ 2.7
⑦ 3.0　⑧ 3.3　⑨ 24　⑩ 27　⑪ 30　⑫ 33

C　図のように，中心Oをもつ半径aの円形コイルと，それがつくる平面に垂直な直線状の導線が接した状態で固定されている。円形コイルに電流I_1，直線状の導線に電流I_2を図の向きに流す。

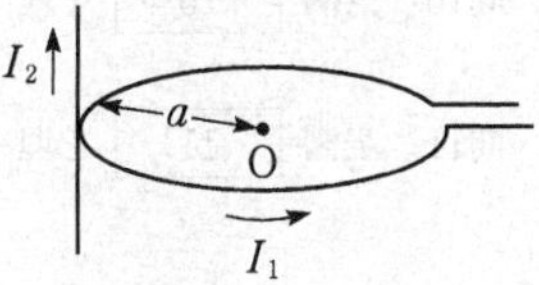

点Oにおける磁場の向きと円形コイルがつくる平面とのなす角をθとすると，$\tan\theta$の値は［ 7 ］である。また，点Oにおける磁場の強さは［ 8 ］である。ただし，円形コイルと直線状の導線は絶縁されている。

問 7. 空欄［ 7 ］を埋めるのにふさわしいものを，次の解答群から1つ選べ。

① $\dfrac{I_1}{I_2}$　② $\dfrac{\pi I_1}{I_2}$　③ $\dfrac{I_1}{\pi I_2}$　④ $\dfrac{2\pi I_1}{I_2}$　⑤ $\dfrac{I_1}{2\pi I_2}$

⑥ $\dfrac{I_2}{I_1}$　⑦ $\dfrac{\pi I_2}{I_1}$　⑧ $\dfrac{I_2}{\pi I_1}$　⑨ $\dfrac{2\pi I_2}{I_1}$　⑩ $\dfrac{I_2}{2\pi I_1}$

問 8. 空欄 [8] を埋めるのにふさわしいものを，次の解答群から1つ選べ。

① $\dfrac{I_1}{2a}+\dfrac{I_2}{2\pi a}$　② $\dfrac{I_1}{2\pi a}+\dfrac{I_2}{2a}$　③ $\dfrac{1}{2a}\sqrt{I_1^{\,2}+I_2^{\,2}}$　④ $\dfrac{1}{a}\sqrt{I_1^{\,2}+I_2^{\,2}}$

⑤ $\dfrac{1}{2a}\sqrt{I_1^{\,2}+\dfrac{I_2^{\,2}}{\pi^2}}$　⑥ $\dfrac{1}{a}\sqrt{I_1^{\,2}+\dfrac{I_2^{\,2}}{\pi^2}}$　⑦ $\dfrac{1}{2a}\sqrt{\dfrac{I_1^{\,2}}{\pi^2}+I_2^{\,2}}$　⑧ $\dfrac{1}{a}\sqrt{\dfrac{I_1^{\,2}}{\pi^2}+I_2^{\,2}}$

⑨ $\dfrac{1}{2a}\sqrt{I_1^{\,2}+\pi^2 I_2^{\,2}}$　⑩ $\dfrac{1}{a}\sqrt{I_1^{\,2}+\pi^2 I_2^{\,2}}$　⑪ $\dfrac{1}{2a}\sqrt{\pi^2 I_1^{\,2}+I_2^{\,2}}$　⑫ $\dfrac{1}{a}\sqrt{\pi^2 I_1^{\,2}+I_2^{\,2}}$

D　一直線上で，凸レンズの前方 60 cm の位置に，長さ 10 cm の物体を置いたところ，凸レンズの後方 30 cm に像が生じた。これより，この凸レンズの焦点距離は [9] cm であり，像の長さは [10] cm である。続いて，凸レンズだけを取り除いて，凸レンズの置いてあった位置と同じ位置に凹レンズを置く。このとき，凹レンズの前方で，この凸レンズの焦点距離に等しい距離の位置に像が生じた。これより，この凹レンズの焦点距離は [11] cm である。

問 9. 空欄 [9] を埋めるのにふさわしいものを，次の共通解答群から1つ選べ。

問10. 空欄 [10] を埋めるのにふさわしいものを，次の共通解答群から1つ選べ。

問11. 空欄 [11] を埋めるのにふさわしいものを，次の共通解答群から1つ選べ。

共通解答群

① 5　② 6　③ 10　④ 12　⑤ 15　⑥ 20
⑦ 25　⑧ 30　⑨ 40　⑩ 60　⑪ 80　⑫ 100

E　図のように，大気中でなめらかに動く断面積 S のピストンがついた容器に単原子分子理想気体が入れられている。容器は水平な床に固定されており，大気圧 P の下，ピストンは容器の底から長さ L の位置で静止している。ピストンに力を加えてゆっくり移動させて理想気体を圧縮し，静止させた。こ

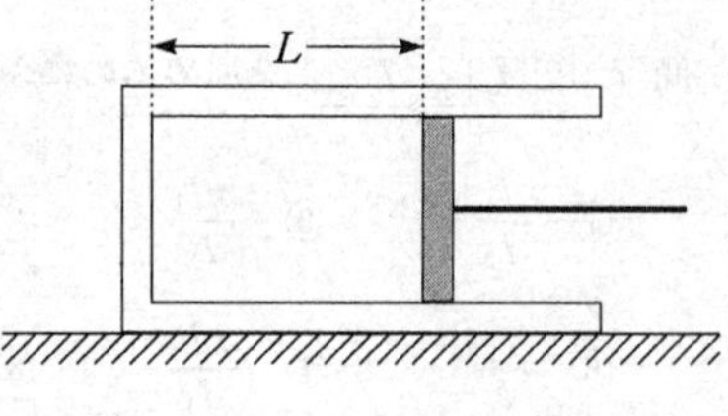

のとき，ピストンは容器の底から長さ $\frac{L}{3}$ の位置で静止しており，ピストンを静止させておくために必要な力の大きさは F であった。この移動の間，大気圧による力が理想気体にした仕事は [12] であり，理想気体の内部エネルギーの変化は [13] である。ただし，容器とピストンは断熱材でできているものとする。

問12．空欄 [12] を埋めるのにふさわしいものを，次の解答群から1つ選べ。

① $\frac{PSL}{3}$　② $\frac{2PSL}{3}$　③ $\frac{4PSL}{3}$　④ $\frac{PSL}{4}$　⑤ $\frac{PSL}{2}$　⑥ PSL

問13．空欄 [13] を埋めるのにふさわしいものを，次の解答群から1つ選べ。

① $\left(\frac{1}{3}F-PS\right)L$　② $\left(\frac{2}{3}F-PS\right)L$　③ $\left(\frac{1}{2}F-PS\right)L$

④ $\left(\frac{1}{3}F-2PS\right)L$　⑤ $\left(\frac{2}{3}F-2PS\right)L$　⑥ $\left(\frac{1}{2}F-2PS\right)L$

F　直線上を速さ v で運動している質量 $4m$ の物体Aが，それぞれ質量が $3m$ と m の物体Bと物体Cに分裂した。その後，BはAの進行方向と同じ向きに速さ $2v$ で進んだ。次の問いに答えよ。

問14．このとき，Cの速さは v の何倍か。答えを下の共通解答群から1つ選べ。

問15．このとき，BとCの運動エネルギーの和は，Aの運動エネルギーの何倍か。答えを下の共通解答群から1つ選べ。

次に，分裂後のBがAの進行方向と45°をなす向きに，速さ $\sqrt{2}v$ で進んだ場合を考える。

問16．このとき，Cの速さは v の何倍か。答えを下の共通解答群から1つ選べ。

問17．このとき，Bに対するCの相対速度の大きさは v の何倍か。答えを下の共通解答群から1つ選べ。

共通解答群

① $\sqrt{2}$	② $\sqrt{3}$	③ 2	④ $\sqrt{5}$	⑤ $\sqrt{6}$	⑥ 3
⑦ $\sqrt{10}$	⑧ 4	⑨ 5	⑩ 6	⑪ 10	⑫ 12

化　学

（60 分）

解答はマーク式解答です。番号の中から適当な答えを選んで，それぞれ所定の記入欄にマークしなさい。また，問題文中の体積の単位記号Lは，リットルを表します。

必要であれば，定数および原子量は問題中に指示がある場合をのぞき，次の値を用いなさい。

アボガドロ定数　$N_A = 6.02 \times 10^{23}$/mol

標準大気圧　1 atm $= 1.013 \times 10^5$ Pa $=$ 1013 hPa

気体定数　$R = 8.31 \times 10^3$ Pa·L/(K·mol) $= 8.31$ Pa·m^3/(K·mol)

$= 8.31$ J/(K·mol)

圧力の単位に atm，体積の単位に L を用いると，

$R = 0.0820$ atm·L/(K·mol)

ファラデー定数　$F = 9.65 \times 10^4$ C/mol

原子量　H = 1.0，C = 12，N = 14，O = 16，Cu = 63.5，Br = 80

問 1. 次の分子①～⑤のうち，水分子 H_2O と非共有電子対の数が同じであるものはどれか。

①　メタン CH_4　　②　二酸化炭素 CO_2　　③　アンモニア NH_3
④　フッ化水素 HF　　⑤　硫化水素 H_2S

問 2. 次の記述(a)～(c)に当てはまる分子の組み合わせとして正しいものは，下の①～⑫のうちどれか。

(a)　非共有電子対をもち，三角錐(すい)構造である。

(b)　非共有電子対をもち，三重結合をもつ。

(c)　結合は極性をもつが，分子が直線形であり結合の極性が打ち消されるため，分子全体では無極性である。

	(a)	(b)	(c)
①	アンモニア	酸素	二酸化炭素
②	アンモニア	酸素	水
③	アンモニア	酸素	塩化水素
④	アンモニア	窒素	二酸化炭素
⑤	アンモニア	窒素	水
⑥	アンモニア	窒素	塩化水素
⑦	メタン	酸素	二酸化炭素
⑧	メタン	酸素	水
⑨	メタン	酸素	塩化水素
⑩	メタン	窒素	二酸化炭素
⑪	メタン	窒素	水
⑫	メタン	窒素	塩化水素

問 3. 体積 1.8 L の水 H_2O に含まれる水分子は何個か。最も近い数値は次の①～⑩のうちどれか。ただし，水の密度を $1.0\ g/cm^3$ とする。

① 3.0×10^{21}　② 6.0×10^{21}　③ 3.0×10^{22}
④ 6.0×10^{22}　⑤ 3.0×10^{23}　⑥ 6.0×10^{23}
⑦ 3.0×10^{24}　⑧ 6.0×10^{24}　⑨ 3.0×10^{25}
⑩ 6.0×10^{25}

問 4. ある1価の弱酸を用いて0.040 mol/L の水溶液を調製したところ，25℃での pH は4.0になった。このときの弱酸の電離度を求めよ。最も近い数値は次の①～⑩のうちどれか。ただし，25℃での水のイオン積は 1.0×10^{-14} $(\text{mol/L})^2$ とする。

① 1.0×10^{-6}　② 4.0×10^{-6}　③ 2.5×10^{-5}
④ 1.0×10^{-4}　⑤ 4.0×10^{-4}　⑥ 2.5×10^{-3}
⑦ 4.0×10^{-3}　⑧ 1.0×10^{-2}　⑨ 1.0×10^{-1}
⑩ 1.0

問 5. 金属の酸化還元反応に関する次の記述(a)～(c)の正誤の組み合わせとして正しいものは，下の①～⑧のうちどれか。

(a) 亜鉛板を硫酸銅(Ⅱ)$CuSO_4$ の水溶液に浸すと，銅(Ⅱ)イオン Cu^{2+} が還元剤としてはたらく。

(b) 銅 Cu に塩酸を加えると，水素 H_2 を発生して溶ける。

(c) アルミニウム Al に濃硝酸を加えると，二酸化窒素 NO_2 を発生して溶ける。

① a：正，b：正，c：正　② a：正，b：正，c：誤
③ a：正，b：誤，c：正　④ a：正，b：誤，c：誤
⑤ a：誤，b：正，c：正　⑥ a：誤，b：正，c：誤
⑦ a：誤，b：誤，c：正　⑧ a：誤，b：誤，c：誤

問 6. 次の文中の空欄(ア)と(イ)に当てはまる最も適切な語句と数値の組み合わせとして正しいものは，下の①～⑫のうちどれか。

濃度不明の過マンガン酸カリウム $KMnO_4$ 水溶液 10 mL に，硫酸酸性のもとで 0.010 mol/L のシュウ酸 $(COOH)_2$ 水溶液 40 mL を加えると，過不足なく反応

した。ここでシュウ酸は［（ア）］としてはたらいており，濃度不明の過マンガン酸カリウムのモル濃度は［（イ）］mol/L であったことがわかる。

	(ア)	(イ)
①	酸化剤	0.016
②	酸化剤	0.020
③	酸化剤	0.054
④	酸化剤	0.10
⑤	酸化剤	0.16
⑥	酸化剤	0.20
⑦	還元剤	0.016
⑧	還元剤	0.020
⑨	還元剤	0.054
⑩	還元剤	0.10
⑪	還元剤	0.16
⑫	還元剤	0.20

問 7. 次の文中の空欄(ア)～(ウ)に当てはまる適切な語句の組み合わせとして正しいものは，下の①～⑧のうちどれか。

液体を冷却していくと，液体の状態を保ったまま，温度が凝固点よりも下がることがある。この状態を［（ア）］という。［（ア）］の状態からさらに冷却を続け，凝固が始まると，温度は一時的に上昇する。その後，冷却する液体が［（イ）］の場合は，凝固が進み固体のみになるまで温度は凝固点で一定となる。一方，冷却する液体が［（ウ）］の場合は，凝固が進む間も温度が徐々に下がり続ける。

	(ア)	(イ)	(ウ)
①	超冷却	純溶媒	溶液
②	超冷却	溶液	純溶媒
③	偽冷却	純溶媒	溶液
④	偽冷却	溶液	純溶媒
⑤	過冷却	純溶媒	溶液
⑥	過冷却	溶液	純溶媒
⑦	準冷却	純溶媒	溶液
⑧	準冷却	溶液	純溶媒

問 8. メタン CH_4(気)，二酸化炭素 CO_2(気)，水 H_2O(液)の生成熱はそれぞれ 75 kJ/mol，394 kJ/mol，286 kJ/mol である。メタン CH_4(気)の燃焼熱を次の熱化学方程式で表したとき，空欄に最も適した数値は下の①～⑨のうちどれか。

$$CH_4(気) + 2O_2(気) = CO_2(気) + 2H_2O(液) + \boxed{}\ kJ$$

① 184　② 259　③ 446
④ 530　⑤ 605　⑥ 755
⑦ 803　⑧ 891　⑨ 1041

問 9. 電解槽に硫酸銅(Ⅱ)水溶液 500 mL を入れ，陽極，陰極ともに白金電極を用いて電気分解したところ，陰極に銅 1.27 g が析出し，電解槽中の硫酸銅(Ⅱ)水溶液の濃度は 4.25×10^{-1} mol/L になった。このとき，陽極で発生した気体の標準状態での体積(mL)と電気分解を行う前の電解槽の硫酸銅(Ⅱ)水溶液の濃度(mol/L)はそれぞれいくらか。最も近い数値の組み合わせとして，正しいものは次の①～⑫のうちどれか。

	陽極で発生した気体の体積(mL)	電気分解を行う前の電解槽の硫酸銅(Ⅱ)水溶液の濃度(mol/L)
①	44.6	4.05×10^{-1}
②	44.6	4.45×10^{-1}
③	44.6	4.65×10^{-1}
④	112	4.05×10^{-1}
⑤	112	4.45×10^{-1}
⑥	112	4.65×10^{-1}
⑦	224	4.05×10^{-1}
⑧	224	4.45×10^{-1}
⑨	224	4.65×10^{-1}
⑩	448	4.05×10^{-1}
⑪	448	4.45×10^{-1}
⑫	448	4.65×10^{-1}

問10．ある体積の容器に，水素 H_2(気)とヨウ素 I_2(気)をそれぞれ 10 mol ずつ入れて密閉しある一定温度に保ったところ，ヨウ化水素 HI(気)が生成して平衡状態に達した。この反応の平衡定数を 36 とするとき，平衡状態においてヨウ化水素 HI(気)は何 mol 生成しているか。最も近い数値は，次の①～⑩のうちどれか。

① 6.0　② 7.0　③ 8.0　④ 9.0　⑤ 10
⑥ 11　⑦ 12　⑧ 13　⑨ 14　⑩ 15

問11．硫黄とその化合物に関する次の記述①～⑥のうち，誤りを含むものはどれか。

① 硫黄を空気中で燃焼させると，二酸化硫黄が生じる。
② 二酸化硫黄は水に溶けると亜硫酸を生じ，弱酸性を示す。
③ 硫化鉄(Ⅱ)に希硫酸または希塩酸を加えると，硫化水素が発生する。
④ 硫化水素は水に溶けて強酸性を示す。
⑤ 二酸化硫黄と硫化水素の反応では，二酸化硫黄が酸化剤としてはたらく。

⑥ 熱濃硫酸は強い酸化作用をもち，銅や銀を溶かして二酸化硫黄を発生させる。

問12. 複数の金属イオンを含む水溶液から，各金属イオンを沈殿させて分離するため次の操作(1)～(4)を行った。文中の空欄(ア)および(イ)に当てはまるイオンの組み合わせとして正しいものは，下の①～⑫のうちどれか。

[操作(1)]　Ag^{+}，Ca^{2+}，Cu^{2+}，Fe^{3+}，Zn^{2+} を含む水溶液に希塩酸を加え，生じた沈殿をろ過して分離した。

[操作(2)]　(1)のろ液に硫化水素を十分に通じて，［(ア)］を沈殿としてろ過し分離した。

[操作(3)]　(2)のろ液を煮沸したのち，希硝酸を加えた。続いて，アンモニア水を十分（過剰量）加えて生じた沈殿をろ過して分離した。

[操作(4)]　(3)のろ液に硫化水素を通じて，［(イ)］を沈殿としてろ過し分離した。

	(ア)	(イ)
①	Ag^{+}	Ca^{2+}
②	Ag^{+}	Cu^{2+}
③	Ag^{+}	Fe^{3+}
④	Ag^{+}	Zn^{2+}
⑤	Cu^{2+}	Ag^{+}
⑥	Cu^{2+}	Ca^{2+}
⑦	Cu^{2+}	Fe^{3+}
⑧	Cu^{2+}	Zn^{2+}
⑨	Fe^{3+}	Ag^{+}
⑩	Fe^{3+}	Ca^{2+}
⑪	Fe^{3+}	Cu^{2+}
⑫	Fe^{3+}	Zn^{2+}

問13. 炭素，水素，酸素のみからなる化合物 1.80 g を完全燃焼させたところ，二酸

化炭素 3.96 g と水 2.16 g が発生した。また，この化合物の水溶液にヨウ素と水酸化ナトリウム水溶液を加えて温めると，特有の臭気をもつ黄色沈殿が生じた。これらの結果に当てはまる最も適当な化合物は，次の①～⑫のうちどれか。ただし，原子量は H = 1.0，C = 12.0，O = 16.0 とする。

① アセトアルデヒド　② アセトン　③ エタノール
④ エチルメチルエーテル　⑤ 酢酸　⑥ 酢酸エチル
⑦ ジエチルエーテル　⑧ 1-ブタノール　⑨ 1-プロパノール
⑩ 2-プロパノール　⑪ ホルムアルデヒド　⑫ メタノール

問14. エチレン 5.6 g を臭素水に通じて反応させた。臭素水の色が消え，完全に反応が進行したと仮定すると，エチレンと反応した臭素 Br_2 は何 g か。最も近い数値は，次の①～⑧のうちどれか。

① 1.6　② 3.2　③ 6.4　④ 9.6
⑤ 16　⑥ 32　⑦ 64　⑧ 96

問15. アルコールの性質に関する次の文中の空欄(a)～(c)に当てはまる語句の組み合わせとして正しいものは，下の①～⑫のうちどれか。

アルコールは分子内にヒドロキシ基を含んでいる。ヒドロキシ基の水素原子は正の電荷を帯び，酸素原子は負の電荷を帯びている。これは酸素原子の [(a)] が水素原子の [(a)] よりも大きいためである。またアルコール分子中のヒドロキシ基は分子間で [(b)] を形成するため，同程度の分子量の炭化水素に比べて，アルコールの沸点や融点はより [(c)] なる。

	(a)	(b)	(c)
①	原子半径	イオン結合	高く
②	原子半径	イオン結合	低く
③	原子半径	共有結合	低く
④	原子半径	水素結合	高く
⑤	イオン化傾向	イオン結合	高く
⑥	イオン化傾向	共有結合	高く
⑦	イオン化傾向	共有結合	低く
⑧	イオン化傾向	水素結合	低く
⑨	電気陰性度	イオン結合	低く
⑩	電気陰性度	共有結合	高く
⑪	電気陰性度	水素結合	高く
⑫	電気陰性度	水素結合	低く

c　関心をもつべきなのにそれが妨げられた結果として無関心になるのではなく、他と比較した上で優先順位が低いと判断して関心をもたないことにしているから。

d　いくら関心をもってもどうにもならないことというものはあり、それに対して無関心になるのは当然であり合理的であるから。

いうこと。

c　関心をもっていない対象についてはそもそも情報を得ようとも思わないため、情報の受け手になるためには対象への関心をもつことが不可欠だということ。

d　情報のない事柄については関心のもちようがなく、情報を手に入れ消費することで初めて関心が生じてくるということ。

問7　傍線部(F)「総量の天井がある」とはどういうことか。もっとも適当なものをa～dから一つ選びなさい。解答番号は［29］。

a　人の情報処理能力には限界があり、その限界が資源としての関心の総量を制限しているということ。

b　人が一度にもてる関心の全体量は決まっていて、その量を超えて関心をもつことはできないということ。

c　人が一度に受け取ることができる情報の量には限りがあり、それ以上の情報は受け取ることができないということ。

d　人が一つのことに向けられる関心の量には上限があり、それを超えれば他のことに関心が向いてしまうということ。

問8　傍線部(G)「自らの説を『合理的無関心』の理論と命名しました」とあるが、なぜ無関心が「合理的」だというのか。もっとも適当なものをa～dから一つ選びなさい。解答番号は［30］。

a　ある事柄になぜ関心をもつかよりも、なぜ関心をもたないかのほうが重要であるから。

b　怠惰や無能、感情などは個人の本質に根ざすものであり、その人にとっては無関心になる理由として十分に合理的たり得るから。

か。もっとも適当なものをa～dから一つ選びなさい。解答番号は［26］。

a　十分に時間をかけて丁寧に探さなければ、いちばん安い店を見つけることはできないだろうから。

b　探すのに時間をたくさんかけるということは、結局は電気代や通信費用がたくさん必要になるということだから。

c　その時間を使って、商品を最安値で手に入れるよりしたいことやしなければならないことが他にあるから。

d　どれだけ時間をかけて探したところで、いちばん安い店がどこかを確実に知ることができるという保証はないから。

問5　傍線部(D)「手を打ちます」とあるが、「手を打つ」の意味としてもっとも適当なものを、a～dから一つ選びなさい。解答番号は［27］。

a　妥協する

b　打ち切る

c　必要な対処をする

d　話をまとめる

問6　傍線部(E)「情報は何かを消費する。それは情報の受け手の関心（Attention）だ」とあるが、どういうことか。もっとも適当なものをa～dから一つ選びなさい。解答番号は［28］。

a　情報を得るためにはその対象について関心をもつ必要があるが、それに対して関心をもった分だけ、他の何かに向けることができる関心が削られてしまうということ。

b　欲しいと思っていた情報を得て満足してしまえば、それまで対象についてもっていた興味・関心は失われてしまうと

問2　空欄(A)に入れるのにもっとも適当なものを、a～dから一つ選びなさい。解答番号は 24 。

a　どのようにして情報を集めるのか
b　何についての情報を集めるのか
c　何のために情報を集めるのか
d　どれだけの情報を集めるのか

問3　傍線部(B)「それは昭和の話ではないか」とはどういうことか。もっとも適当なものをa～dから一つ選びなさい。解答番号は 25 。

a　昭和の時代であれば、消費者は実店舗を何件もまわらなければ欲しい商品が手に入らなかったかもしれないが、今はインターネットを使って家にいながら望みのものをいくらでも手に入れることができるだろうということ。
b　複数の店舗に足を運ばなければそもそもどんな商品がいくらで存在するのかが分からなかった昭和の時代とは違い、インターネットがある今は、消費者はどの商品にするかを決めればよいだけになっているはずだということ。
c　昭和の時代には、消費者は店舗を訪れて店員が与えてくれる情報をもとに選ぶしかなかったが、今はインターネットを利用して自分でいくらでも調べることができるはずだということ。
d　駅前の電気屋さんや家電量販店など、限られた店舗を時間をかけてまわって商品を選ぶことができた昭和の時代に対して、今はインターネットがあるために瞬時に決断することの重要性が高まっているだろうということ。

問4　傍線部(C)「もっと大きなコストがあります。それは時間です」とあるが、なぜ時間が「もっと大きなコスト」になるの

するかを意思決定するのと同じように、関心をどの話題にどれだけ振り向けるかについても意思決定を行っています。どの話題にどの程度の関心をもつかを決めるということは、裏を返せば、どの話題に対して無関心になるかを決めることでもあります。掃除機のネット検索の例で言えば、決められた時間内に探せなかったサイトの存在に関心をもたないということです。関心を消費するというサイモンの発想を継承し、情報理論の助けを借りながら経済学に溶け込ませたのがシムズです。シムズは、ある事柄になぜ関心をもつかではなく、なぜ関心をもたないかのほうが大事と考え、(G)自らの説を「合理的無関心」の理論と命名しました。人が無関心になるのは、怠惰や無能、感情などが理由ではない、自分の時間と関心の持ち合わせが有限であることをよく認識したうえで、理性的に判断した結果として何かの話題に対して積極的に無関心になるという選択を行うのだ――無関心の前に合理的とつけてあるのは、このような意味あいを込めてのことです。

（渡辺努『物価とは何か』）

問1　空欄(1)～(3)に入れるのにもっとも適当なものを、a～dからそれぞれ一つ選びなさい。解答番号は 21 ～ 23 。

(1) 21
a　帰結　b　延長　c　発展　d　結論

(2) 22
a　縮小　b　統一　c　定着　d　収斂

(3) 23
a　曲解　b　咀嚼　c　了承　d　納得

では、どんなコストがかかるのでしょうか。パソコンを動かす電気代や通信費用でしょうか。もちろんそれもそれなりの出費ではありますが、(C)もっと大きなコストがあります。それは時間です。十分に時間をかけて丁寧に探せば、どこの店がいちばん安いかを突き止めることは可能でしょう。ですが、たいていの人は数分か数十分検索して、その検索の範囲内で値段が安いお店で(D)手を打ちます。

サーチを続ければもっと安い価格に出会えるのに、なぜそうしないのか。それは、時間がもったいないからです。あと一時間探せば一〇〇円安いものが見つかるかもしれませんが、それよりは家族との時間や趣味に、あるいは明日の仕事の下調べに一時間使うほうが有意義だと考えるからです。

たくさんの情報が(掃除機の例ならネット上に)存在するからと言って、人間はその情報をタダで利用できるわけではない——このことを最初に指摘したのは、ハーバート・サイモンです。サイモンは一九七八年にノーベル経済学賞を受賞していますが、経済学に限らず、心理学、情報科学、政治学、組織論と、驚くほど幅広い分野で功績を残したことで知られています。

少々わかりにくいですが、キーワードは「消費」です。私たちがある事柄について知るには、その事柄に関心をもつ必要があります。そのことを指して、関心を消費するとサイモンは言っています。彼のいう消費とは、限りあるものを使って、それがなくなってしまうということを意味します。私たちがもっている関心の総量には限りがあり、ある事柄について情報を取得し((3))するには、限りある資源である関心をその事柄のために割かなければなりません。(F)総量の天井がある以上、何かに関心を割けば、その分だけ別の事柄に割く関心が少なくなります。これがサイモンの言いたかったことの核心です。

彼は一九七一年に刊行した著作の中で、(E)「情報は何かを消費する。それは情報の受け手の関心(Attention)だ」と記しています。

経済学は、おカネの配分、つまり、限られたおカネをどこにどれだけ使うのかを考える学問です。しかし、サイモンによれば、限りのあるのは財布の中身だけではありません。人々の関心も限りあるものです。人々は、おカネをどこにどれだけ配分

二　次の文章を読んで、問いに答えなさい。

掃除機が壊れたので買い替えるという状況を考えてみましょう。経済学の初歩的な教科書には、Aという機種がa円で、Bという機種がb円であるとき、効用を最大にするにはどちらを選ぶか、というのが消費者の意思決定だと書いてあります。しかし実際は、その選択をする前に、どういう機種があって、それらはどういう機能で、ネット店舗のどこそこではどの機種がいくらなのか――これらのことを知る必要があり、そのための情報収集をしなくてはなりません。教科書は、情報収集はすでに終わったという前提でその後に来る意思決定を議論していますが、実際にはその前に、〔(A)〕という意思決定があるということです。

授業でこの話をすると、(B)それは昭和の話ではないかと突っ込んでくる学生が必ずいます。昭和の時代は駅前の電気屋さんや家電量販店を何件もまわって情報収集をしなければならなかったかもしれない。しかし今はインターネットがあるので、瞬時に情報収集できるではないかという反論です。

ネット購買が普キュウしはじめた二〇〇〇年ごろには、検索が容易になることの（(1)）として、もっとも優れた商品だけが生き残り、販売する店舗も最安値の店舗だけが生き残るだろうという予測がありました。ひとつのモノにひとつの価格がついている状況を一物一価と言いますが、ネットの普キュウでそれが現実になるというわけです。その予測の当否を確かめるために、ある特定の商品を決めてその商品の価格の店舗間のばらつきが、ネット普キュウに伴って縮小するかどうかを調べる研究が、多くの国のデータを使って行われました。

その結果わかったのは、完全にひとつの価格に（(2)）することはないということでした。これは、いくつかのことが複合して起こっている現象ですが、たしかに言えるのは、ネットがあっても情報収集のコストはゼロにならないということです。

a　営業用のトラックやライトバン以外の輸送手段を用いて運ぶ荷物の量が、今後、飛躍的に増える。

b　需要と運搬能力とのギャップは拡大するものの、人口減少の傾向により、いずれは回復する。

c　輸送におけるドライバーの不足は、物流の急激な規模縮小を余儀なくし、早期の景気後退を引き起こす。

d　宣伝費や製造コストのかかった商品がうまく届かず、荷主企業は大きなダメージを受ける。

問8　傍線部(E)「〝不人気職種〟」とあるが、それはなぜか。**適当でない**ものをa～dから一つ選びなさい。解答番号は 19 。

a　仕事内容の負担に対して、給与が十分に支払われていないから。

b　大型トラックドライバーと中小型トラックドライバーの格差が大き過ぎるから。

c　ドライバー不足のために、ドライバー1人あたりが扱う荷物数が多いから。

d　待ち時間の長い仕事であるため、労働時間が長くなりがちであるから。

問9　傍線部(F)「女性の就業者が少ない」とあるが、それはなぜか。もっとも適当なものをa～dから一つ選びなさい。解答番号は 20 。

a　重い荷物の運搬や長距離の走行など、体力的に負担がかかりそうに見える仕事内容だから。

b　女性の「待ち時間」が、男性に比べて長く、職場に拘束されがちであり、さらなる負担を強いられるから。

c　女性は中小型トラックドライバーが多いが、大型トラックドライバーに比べて、はるかに待遇が悪いから。

d　伝統的に、女性が従事する仕事ではないというイメージが、社会で広く共有されているから。

問5　傍線部(B)「宅配便の配送」に関する説明として、**適当でない**ものをa～dから一つ選びなさい。解答番号は 16 。

a　テレビショッピングの利用者の大幅な拡大や、インターネットのさらなる広まりのために、需要が年々、順調に伸び続けている。

b　利用者が企業の場合については、個人の利用の場合に比べて、物の運搬の仕方はかなり効率的なものになる傾向がある。

c　ドライバーそのもののなり手の減少にもかかわらず、宅配ドライバーは多く必要なので、別のことをしているドライバーを宅配ドライバーにまわす必要がある。

d　少子高齢化のために、高齢者の一人暮らしが今後、ますます増えるであろうから、運搬の需要もしばらくは増える見通しだ。

問6　傍線部(C)「それ」は何を指すか。もっとも適当なものをa～dから一つ選びなさい。解答番号は 17 。

a　細かな注文に応えようとする必死さ

b　他社に仕事を奪われるとの危機感

c　厳しい条件の仕事であっても、受注する傾向

d　しわ寄せがドライバーに集中する構図

問7　傍線部(D)「物流の需給バランスが崩れる」とあるが、それはどのような事態を招くか。もっとも適当なものをa～dから一つ選びなさい。解答番号は 18 。

(2)　10
a　突発的に　b　徹底的に　c　必然的に　d　逆説的に

(3)　11
a　意外にも　b　ただし　c　とは言え　d　そして

(4)　12
a　次第に　b　奇妙に　c　密やかに　d　それとなく

(5)　14
a　まるで　b　もともと　c　要するに　d　ある意味で

問4　傍線部(A)「物流クライシスはやや複雑だ」とあるが、それはなぜか。もっとも適当なものをa～dから一つ選びなさい。解答番号は 15 。

a　日本ロジスティクスシステム協会が、ドライバー数の将来見通しとして、ゆるやかな下落傾向を報告しているから。
b　運送業は成長しつつある産業なので、輸送能力をオーバーするような運送の需要が、今後も大幅に増加するから。
c　「経済の血液」と呼ばれる物流において、需要があるにもかかわらず、供給が増やせないという状況だから。
d　総貨物輸送量の9割の運搬を占めるトラックやライトバンの運転手不足は、社会に難しい問題提起をしているから。

② 手間暇がかかる [7]

a 広い空間が必要なこと
b 高度な技術が必要なこと
c 多くの人手が必要なこと
d 苦労や時間が必要なこと

③ 荷主 [8]

a 荷物を送ったり受け取ったりする輸送サービスの利用者のこと
b 輸送サービスにおいて、荷物を一時預かりしてくれる利用者のこと
c 荷物の転送を依頼する輸送サービスの利用者のこと
d 輸送サービスにおいて、荷物の法律上の持ち主となる利用者のこと

④ やり繰りする [9]

a 問題のあるものを、やり直して正常にすること
b 不備を見つけて調査し、なんとか改善すること
c 困った点を解消するため、コミュニケーションすること
d 不十分なものを、工夫して都合をつけること

問3 空欄(1)～(5)に入れるのにもっとも適当なものを、a～dからそれぞれ一つ選びなさい。解答番号は [10] ～ [14]。

(1) a だから　b だが　c ところで　d むしろ

(エ)　ボ集　[4]

a　ボ地を訪れる
b　ボ国語を話す
c　希望者をツノる
d　希望をウカガう

(オ)　激ム　[5]

a　事ム的な仕事
b　ム中で話す
c　ム気力な人たち
d　濃ム注意報が出る

問2　傍線部①～④の意味としてもっとも適当なものを、a～dからそれぞれ一つ選びなさい（④は基本形で示している）。解答番号は[6]～[9]。

①　早計　[6]

a　成熟が普通より早いこと
b　あまりに計算高いこと
c　早まった考えのこと
d　計算が早いこと

問1　傍線部(ア)～(オ)を漢字で書いたときと同じ漢字を含むものをa～dからそれぞれ一つ選びなさい。解答番号は［1］～［5］。

(ア)　ショウ述［1］
a　ショウ化器官
b　過ショウ評価
c　ショウ味期限
d　年齢不ショウ

(イ)　普キュウ［2］
a　キュウ養をとる
b　キュウ第点をとる
c　文学研キュウをする
d　投キュウ練習をする

(ウ)　ヘイ害［3］
a　ヘイ器をそろえる
b　疲ヘイする
c　ヘイ静をよそおう
d　貨ヘイを交換する

構造的な要因とは別に、ドライバーが不足する直接的な理由もある。

人口減少によってなり手の絶対数が少なくなってきていることもあるが、(エ)ボ集しても集まらないのだ。国交省の資料によれば、貨物自動車運転手の有効求人倍率（2021年4月）は1・89で、全職業の0・95のおよそ2倍となっている。（　(5)　）

(E)〝不人気職種〟なのだ。

〝不人気職種〟になったのは、待遇や労働環境が悪いからだ。全日本トラック協会によれば、2021年の年間所得は全産業平均が489万円なのに対し、大型トラックのドライバーは463万円、中小型トラックドライバーは431万円である。しかも待ち時間が多いこともあって労働時間が長くなりがちだ。2021年の場合、大型トラックが2544時間、中小型は2484時間となっており、全産業平均の2112時間を大きく上回っている。仕事量に対して十分な人数を確保できないので、ドライバー1人あたりが扱う荷物数は増えていく。そこに「待ち時間」の長さも加わって給与に見合わない激(オ)ムを強いられることになるのである。

(F)女性の就業者が少ないことも、人手不足を加速させている。2020年の女性ドライバーの割合は3・6％と極端に低い。長距離走行や重い荷物を運ぶ「体力的にきつい仕事」というイメージが敬遠材料となっているものと見られる。

思うように新人が入ってこないと、就業者の高齢化が進む。全日本トラック協会は、2021年に道路貨物運送業（トラック運送業と宅配便業）で働いた人の年齢を紹介しているが、30～40代が43・2％で、20代は9・0％と1割に満たない。一方、50代が27・6％、60代以上も17・6％を占めている。

このように、日本の物流は中高年が何とか④やり繰りしながら成り立たせているのである。このままなら、老後の生活資金を得るために働き続ける60代後半～70代がドライバーのメイン層となる日も近いかもしれない。

（河合雅司『未来の年表　業界大変化　瀬戸際の日本で起きること』）

といったサービスの高度化に、より一層輸送能力が追い付けなくなっているのである。

輸送サービスの高度化の背景には、付加価値に対する企業の考え方の変化がある。性能や品質、価格優位性といった「商品そのものの価値」だけでなく、商品を届ける上での「利便性」までを含めての付加価値向上を考える企業が増えたのだ。荷主企業には、必要なタイミングで必要な量だけ届けてもらえれば巨大な在庫や保管スペースを抱えずに済むとの計算もある。運送会社へ支払う経費が多少増えようとも、「配達の利便性」向上で消費者の高評価を得られるメリットやコスト削減効果のほうが大きいということだ。

一方の運送業界は中小企業が多いという事情もあって、各社とも「発荷主」「着荷主」双方の細かな注文に応えようと必死だ。対応できなければ他社に仕事を奪われるとの危機感は強く、厳しい条件の仕事であっても受注する傾向にある。「便利な社会」を実現するためのしわ寄せが、どんどんドライバーへと向かう構図である。（　(3)　）、(C)それがドライバーの負担を大きくし、退職者を増やすことにつながっている。

(D)物流の需給バランスが崩れることの(ウ)ヘイ害は大きい。日本ロジスティクスシステム協会の報告書「ロジスティクスコンセプト２０３０」は、営業用トラックやライトバンによる輸送について供給量不足が拡大していくと見ている。２０１５年には需要と供給は約29億２０００万トンでバランスがとれていたが、需要と運ぶ能力とのギャップは（　(4)　）拡大していく。２０２５年には需要が約31億１０００万トンなのに対し約22億６０００万トンしか供給できず約８億５０００万トンが運べない。２０３０年には約31億７０００万トンの需要に対し供給は約20億３０００万トンにとどまり、36・０％にあたる約11億４０００万トンが運べないというのだ。

多くの製造コストや宣伝費をかけた商品の３割もが計画通りにユーザーの手元に届かないことになれば、荷主企業が受けるダメージは小さくない。

むと推計している。

需要が減少傾向にあるのに、輸送能力が追い付かないのはなぜなのか。それは需要の減少以上にドライバーが減っているからである。総貨物輸送量のうち9割は自動車が運搬しており、その7割がトラックやライトバンといった営業用貨物自動車だ。運転手不足で、目の前の注文をさばけなくなっているのである。

日本ロジスティクスシステム協会の報告書はドライバー数の将来見通しも推計しているが、2015年の約76万7000人に対し、2030年には32・3%も少ない約51万9000人になるとしている。

ドライバーが不足する直接的な要因は後ほど(ア)ショウ述するが、構造的な問題が不足を拡大させている。

近年、トラックやライトバンによる輸送需要を大きく押し上げているのは(B)宅配便の配送だ。

公益社団法人全日本トラック協会の報告書「日本のトラック輸送産業現状と課題2022」によれば、インターネット通信販売やテレビショッピングの普(イ)キュウに伴って宅配便の取扱個数は年々増加しており、2020年度は約48億個に及んでいる。国内マーケットは縮小していくので、宅配便の需要もいずれは萎むが、高齢者の一人暮らしが増えることもあってしばらくは伸び続けそうである。

宅配便というのは、「着荷主」の中心が個人であるため、②配送時に留守であることも多い。企業の大型倉庫に一度に大量の荷物を納入するような効率的な運び方とは異なり、どうしても手間暇がかかるのだ。(　(2)　)多くのドライバーが必要となる。一方で少子高齢化でドライバーのなり手自体は減っているため、宅配にたくさんのドライバーを取られると、宅配以外のドライバーまで確保しづらくなるのだ。

宅配ドライバー不足は需要の伸びだけが要因ではない。輸送頻度の増加が不足を加速させている。③荷主企業が消費者の要求にきめ細かく応えるべく、「必要なときに必要なだけ届けてほしい」との注文が多くなったためだ。時間指定配送や当日配送

国語

（六〇分）

一

次の文章を読んで、問いに答えなさい。

日本国内のトラック輸送が〝破綻の危機〟に瀕（ひん）している。需要が輸送能力をオーバーしているためだ。物流は「経済の血液」とも称されるだけに、機能不全を引き起こすことになれば日本経済にとって致命傷となる。

(A)物流クライシスはやや複雑だ。人口減少で国内マーケットの縮小に頭を悩ませる業種が多い中、「輸送能力をオーバーするほどの需要があるというのは羨ましい限りだ」との声も聞こえてきそうである。

（　(1)　）、運送業を成長産業だととらえるのは①早計だ。製造業が海外に拠点をシフトさせたこともあって、国内貨物輸送量（重量ベース）は1995年以降、生産年齢人口の減少とともにゆるやかな下落傾向をたどってきている。国土交通省の資料で2010年以降を確認すると45億トン前後で推移しており、2019年は47億1400万トンだ。大手を含めて厳しい経営環境に置かれているのである。

将来見通しも明るいわけではない。今後GDPの減少につれて需要はさらに減ると見られており、公益社団法人日本ロジスティクスシステム協会の報告書「ロジスティクスコンセプト2030」は、2030年には45億9000万トン程度に落ち込

解答編

英語

1 解答 **A.** (1)─a　(4)─c　(6)─b　(8)─b
B. (2)─c　(3)─d　(9)─c　(11)─d
C. (5)─d　(7)─c　**D.** (10)─b　(12)─d
E. **1**─b　**2**─a　**3**─a　**4**─b

解説

《直近の成功で世界の顧客が射程圏内に》

A. (1)　空所の前にある compete with 〜 は「〜と競争する」の意味。空所を含む部分は with に続く競争相手となる。選択肢の意味はそれぞれ，a．dominated「支配された」，b．comprehended「内包された」，c．isolated「孤立した」，d．adjusted「順応性のある」である。よって，ロケット産業での三菱重工業株式会社の競争相手を考えると，a．dominated を選択して，「西洋支配の主な参加者」とするのが適切である。

(4)　空所直後の global business を目的語とする他動詞を選択する。d．gaze は自動詞であるため不適切。残りの選択肢の意味はそれぞれ，a．pose「〜を引き起こす」，b．analyze「〜を分析する」，c．handle「〜を扱う」である。よって，c．handle を入れ，「われわれは世界ビジネスを扱える」とするのが最適である。

(6)　空所に入る適切な動詞を選択する。英文の主語は Past missions「過去の任務」であり，空所直後の動名詞句 sending Japan's Hayabusa 2 asteroid probe on its way は目的語となり，意味は「日本のハヤブサ2小惑星探査機を軌道に送ること」である。主語と目的語の関係性を考えると，b．include「〜を含む」が最適である。

(8)　take place で「〜が行われる」を意味する成句表現。

B. ⑵　blast off は「発射される」の意味で使用される。

D. ⑽　英文の主語は This，動詞は saved で，a significant amount of the satellite's fuel が目的語となる。よって，基本構造となる和訳は「これが衛星のかなりの量の燃料を節約した」となる。また extending 以降は分詞構文で「その運用寿命を4年から6年延ばした」の意味となり，「そして～する」のように順接でつなぐとよい。よって，b が正解となる。a は「燃料を必要量だけ保持し」が，c は「燃料を4年から6年分保持し」が，d は「燃料が少なくとも4年から6年分節約された」が，それぞれ誤り。

⑿　The H-ⅡA が主語，has achieved が動詞，a 96.6％ success rate が目的語となり，和訳の骨組みは「H-ⅡA は96.6％の成功率を達成した」となる。with 28 of 29 launches completed は，付帯状況の with O C「O が C の状態で」を用いた表現で，「29回の打ち上げのうち28回が完了した状態で」の意味。また，exceeding the 95％は分詞構文で「95％を上回る」の意味である。これらを組み合わせた直訳は「29回の打ち上げのうち28回が完了した状態で，H-ⅡA は96.6％の成功率を達成し，95％を上回った」となる。これに最も近いのは d である。

E. 1.　a は，第1段第1・2文（The successful … payload into orbit.）に「西洋が支配するロケット産業の主な参加者と競争するための大きな一歩」とあり，まだ世界的な競争力を確立したわけではないので一致しない。b は第2段第1文（Until now, the …）の内容と一致し，正解となる。c は第1段第2文（An H-ⅡA rocket …）の内容と一致しない。d は第1段第3文（This achievement will …）の内容と一致しない。

2.　a は第2段第5文（Satellites need to …）の内容と一致しない。b は第4段第1～3文（This time, … the launch last year.）の内容と，c は第5段第5文（The H-ⅡA has …）の内容と，d は第5段第1文（To become a …）の内容と，それぞれ一致する。よって，正解は a である。

3.　英文の意味は「この距離が短ければ短いほど，衛星が消費しなければならない燃料が減り，運用寿命を延ばす」である。短くなれば，衛星の燃料消費を抑えられる距離とは何かを考えるとよい。第2段第5文（Satellites need to …）に，衛星は赤道の上空36,000km の地球静止軌道までの最後の距離を自力で旅をしなければならないとある。また，第3段第1文（Arianespace of France …）で，赤道近くからロケットを打ち上げることが有利であると述べられている。よって，英文の this distance は，衛星がロケットから分離した地点から赤道上の地球静止軌道までの距離であると判断でき，a.【1】の位置に入れるのが最適といえる。

4. 本文では，三菱重工業がロケット打ち上げに成功し，宇宙ビジネスにおける国際的競争力を得るための大きな一歩を踏み出したことが述べられている。この内容を最も良く表しているのは，b の「直近の成功で世界の顧客が射程圏内に」である。

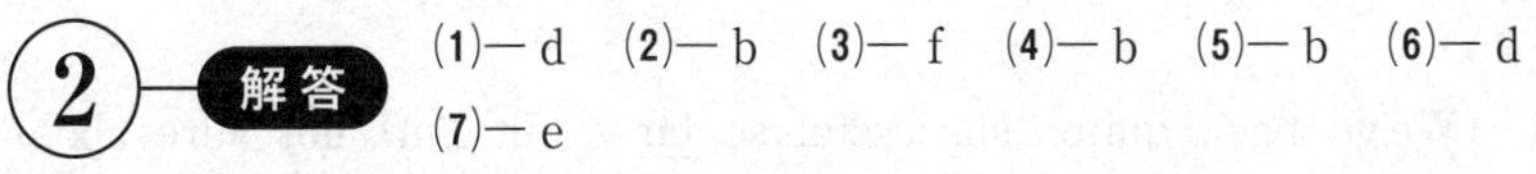

2 解答 (1)－d (2)－b (3)－f (4)－b (5)－b (6)－d (7)－e

解説

(1) (You shouldn't) leave the engine running when you get (out of the car.)

和文の「車から降りるときは」の部分は，時を表す従属節であるため，接続詞 when を用いて組み立てる。文末が out of the car となっているため，英文の後半部分が従属節に当たると判断でき，when you get out of the car となる。主節は「エンジンをかけっぱなしにしてはいけません」であるため，残った他動詞 leave を中心に，leave O C の形で組み立てる。よって，the engine を目的語の位置に，現在分詞 running を補語の位置に入れるとよい。

(2) (The government is trying) to increase bicycle use by making cities easier (to ride in for bicyclists.)

和文の「自転車の利用を増やそうとしています」の部分は，try to *do*「～しようとしている」，「自転車が走りやすい街を作ることで」の部分は，by *doing*「～することによって」を用いて組み立てるとよい。

(3) (Wines) are classified according to (the reputation of the areas) producing them(.)

和文から「ワイン」が主語で，「分類されます」が動詞となる受動態だとわかる。よって，文頭の Wines の後には受動態 are classified が動詞として続く。また，according to ～ は「～によると」や「～に従って」を意味する成句表現であり，「地域の評判によって」に対応するように，the reputation of the areas の直前に入れる。残った producing は他動詞 produce の現在分詞である。目的語として them を伴った producing them の形で，the areas を後置修飾させるとよい。

(4)　Thanks to the rising economy (, the number of) people without jobs (has been decreasing.)

thanks to ～ は「～のおかげで」を意味する成句表現。また，the number of ～ で「～の数」の意味となり，本問では「失業者の数」となっているため，the number of の後には「失業者」を意味する表現が入る。前置詞 without を用いて，people without jobs「仕事のない人々」とするとよい。

(5)　(We've been quite) successful so far (, but I'm) not sure about (the future.)

so far は「これまでのところ」を意味する表現。また，be sure about ～ は「～を確信している」を意味する表現であるが，be not sure about ～ の否定文の形にすると，「～についてはわからない」の意味となる。

(6)　(If Martin) hadn't argued (so furiously against the proposal, it) would have been approved (easily.)

仮定法過去完了を用いた英文。仮定法過去完了は If S had *done* ～, S would have *done* … の形となる。文頭の If は条件節を作る接続詞で，前半は和文の「もしマーティンがその提案にそれほど憤って反論していなかったら」に相当するため，2つの空所には hadn't argued が入る。後半の空所は主節の would have *done* となるため，過去分詞の部分を been approved と受動態の形にしてつなげるとよい。

(7)　Will it be convenient for you (to come at nine o'clock?)

it is convenient for *A* to *do* で「～することは *A* にとって都合がよい」の意味。これを助動詞 will を用いた疑問文にするとよい。

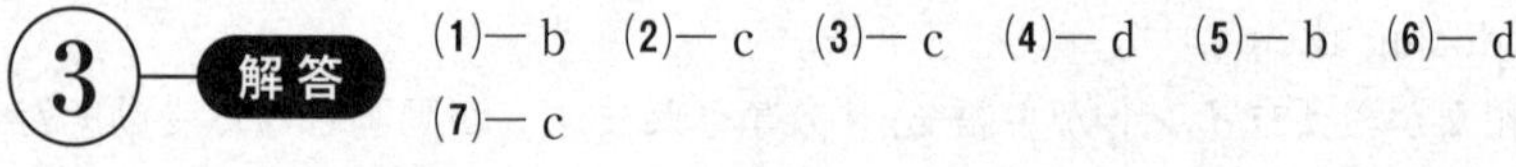

3　解答　(1)― b　(2)― c　(3)― c　(4)― d　(5)― b　(6)― d　(7)― c

解説

(1)　空所直後の attention が目的語となる他動詞を選択するとよい。よって，b．pay を選択し，「注意を払う」の意味となる成句表現 pay attention とするのが正解。文意は「彼は授業中とても眠かったので，注意を払えなかった」となる。

(2) 空所直後が he knew everything の節となっていることから，空所には直前の as とセットとなる従属接続詞が入る。選択肢で従属接続詞は c．if のみである。as if S V で「まるでSがVするかのように」の意味となる。

(3) S will be with you shortly. で「Sがまもなく参ります」の意味となる定形表現である。

(4) 空所直後の away from ～ がつながり意味をなす動詞を選択する。d．keep を選択して，keep away from ～「～に近づかない」とすれば，文意が「子供は池に近づいてはいけない」となり最適。他の選択肢では，a．give away ～「～をただであげる」，b．throw away ～「～を捨てる」，c．put away ～「～を片付ける」となり，文意が通じなくなるため不適である。

(5) 結果を示す等位接続詞に続く節の意味を考えるとよい。英文の前半部分の意味は「彼らは私の古い時計を修理した」であることから，その結果として生じた内容として適切なものは「新しいものを買う必要がなかった」と推測できる。よって，bが正解。

(6) 動詞 rob は，rob *A* of *B* の形で用い，「*A* から *B* を奪う」の意味となる。それぞれ *A* には奪われた相手，*B* には奪われた物が入る。この形が成立するのは，d．her of her bag である。

(7) It is often said that …「…だとよく言われる」の定形表現。この that は接続詞であり，後ろには節がつながる。空所は that の直後なので，後続の節の主語の部分となることから，選択肢は全て他動詞の動名詞形だと判断できる。空所直後の one's own land for farming が動名詞の目的語となるため，c．cultivating を入れて「農業のため自分の土地を耕すこと」とするのが最適である。

4 解答

(1)— b (2)— d (3)— c (4)— b (5)— a (6)— b (7)— a

解説

(1) wear off は「すり減る」や「すり切れる」の意味。

(2) concentrate は「集中する」を意味する動詞である。

(3) 動詞 require「～を要求する」が受動態で用いられており，英文は「この旅行には，少なくとも 5 人が必要とされる」という意味になる。よって，最も意味が近くなるのは c の形容詞 necessary である。

(4) 本問の sound は不定冠詞 a と名詞 plan の間に置かれていることから，限定用法の形容詞であるとわかる。形容詞の sound には「健全な」や「信用できる」の意味がある。よって，b．reliable が最も意味が近い。

(5) take after ～ は「～に似ている」を意味する成句表現で，be similar to ～ と同意表現である。よって，a が正解となる。

(6) 動詞 delay は「～を延期する」の意味。put off は「～を延期する」を意味する成句表現であり，b が最も意味が近い。他の選択肢の成句表現はそれぞれ，a の lay down ～ は「～を断念する」，c の play out ～ は「～を最後までやる」，d の put on ～ は「～を着る」の意味である。

(7) 名詞 account には「勘定書」や「口座」や「報告」など様々な意味がある。本問では直後に of what happened が続くことから，「起こったことの報告」とするのが適切。よって，a．explanation が正解。ちなみに，give a good account of *oneself* で「立派な働きをする」の意味もある。

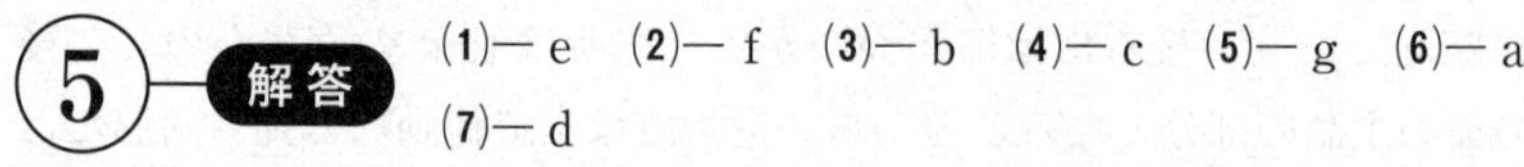

5 解答

(1)— e (2)— f (3)— b (4)— c (5)— g (6)— a (7)— d

解説

《店員と客の会話》

ライアン：こんにちは，お助けしましょうか？

ケンドラ：こんにちは。知人の一人への適切な贈り物を見つけるのを手伝ってほしいのですが。一番いいものを決めるのに困っていて。

ライアン：なるほど，承知しました。どのようなイベント用でしょうか？

ケンドラ：彼女は最近出世して，だから共通の友人が彼女のためにパーティーを開く計画をしています。

ライアン：わかりました。考えさせてください。いつも人気のあるコーヒーセットがあります。彼女がそういったものを気に入ると思いますか？

ケンドラ：素晴らしい。でも残念なことに，彼女はコーヒーを飲まないんです。他に何かおすすめはありますか？

ライアン：それでは，まさにこのような状況のために，選りすぐりのお茶の詰め合わせをストックしております。彼女がお茶を飲むかご存知ですか？

ケンドラ：ええ，飲みます！　でも，彼女がどんな種類のお茶を飲んでいるのか定かではないです。どんな詰め合わせがありますか？

ライアン：現在のところ，２種類のみです。緑茶の詰め合わせは，日本中の様々な都道府県で生産されるいくつかの日本茶を目玉としております。もう一方の詰め合わせは紅茶のセットで，世界中の人気のあるお茶で構成されております。彼女はどちらがお気に召すと思いますか？

ケンドラ：私が思うに，彼女は二番目のものを好みそうです。彼女は机にしばしばアールグレイの箱を置いているから。

ライアン：素晴らしい！　ギフト用のラッピングはいかがしましょう？申し上げておきますが，ギフトラッピングには３ドル追加料金がかかります。

ケンドラ：お願いします。ありがとう。カードも入れるべきでしょうか？

ライアン：私があなたでしたら，そうします。彼女をお祝いするメッセージを書くのがよいと思います。

ケンドラ：その通りですね。一枚お願いします。全部でいくらですか？

ライアン：では，お茶のギフトセット，ラッピング，メッセージカード，全部で25ドルになります。

ケンドラ：クレジットカードは使えますか？

ライアン：申し訳ございませんが，カードリーダーが故障中でして。現金のみになります。

ケンドラ：わかりました。100ドル札でお釣りがありますか？　それしか持っていなくて。

ライアン：問題ございません！　こちらがお釣りです。できる限り早くラッピングさせていただきます。お待ちの間，ご自由に店内をご覧ください。

ケンドラ：ありがとう。

〔選択肢訳〕

a．その通りですね

b．でも，彼女がどんな種類のお茶を飲んでいるのか定かではないです

c．私が思うに

d．現金のみになります

e．知人の一人への適切な贈り物を見つけるのを手伝ってほしいのですが

f．考えさせてください

g．お願いします

日本史

1 解答 《古代・中世の政治・外交・文化》

問1. ① **問2.** ② **問3.** ② **問4.** ④ **問5.** ③ **問6.** ④
問7. ② **問8.** ① **問9.** ③ **問10.** ④

2 解答 《中世の政治・文化》

問1. ① **問2.** ③ **問3.** ④ **問4.** ② **問5.** ③ **問6.** ②
問7. ① **問8.** ③ **問9.** ① **問10.** ④

3 解答 《近世の政治・外交・文化》

問1. ② **問2.** ④ **問3.** ③ **問4.** ① **問5.** ④ **問6.** ②
問7. ② **問8.** ④ **問9.** ① **問10.** ③

4 解答 《近現代の政治・外交・文化》

問1. ② **問2.** ① **問3.** ③ **問4.** ③ **問5.** ④ **問6.** ②
問7. ④ **問8.** ① **問9.** ③ **問10.** ④

現代社会

1 解答 《労働問題》

1—③　2—④　3—③　4—①　5—④　6—②　7—③　8—①
9—①　10—③

2 解答 《メディアと公害》

11—④　12—①　13—⑦　14—③　15—⑤　16—⑥　17—③　18—④
19—②　20—①

3 解答 《近代の哲学》

21—③　22—④　23—⑥　24—⑧　25—②　26—⑦　27—⑥　28—⑩
29—②　30—④

4 解答 《日本の農業》

31—③　32—①　33—①　34—④　35—②　36—④　37—③　38—③
39—④　40—③

数学

◀理　系▶

解答　**(1)ア.** 5　**イ.** 3　**ウエ.** 13　**オカ.** 11

(2)キク. 58　**ケコサシ.** 1080

(3)ス. 2　**セ.** 3　**(4)ソタ.** 16　**チ.** 9　**ツテ.** 17　**ト.** 7

(5)ナ. 3　**ニ.** 5

(6)ヌ. 3　**ネ.** 2　**ノ.** 2　**ハヒ.** 12　**フ.** 2　**ヘ.** 5

(7)ホマ. 19　**ミ.** 7　**(8)ムメ.** 90　**モヤ.** 30

解説

《小問7問》

(1)　$8-2\sqrt{15}=5+3-2\sqrt{5\cdot 3}=(\sqrt{5}-\sqrt{3})^2$

$(p,\ q)=(5,\ 3)$　(→ア，イ)

$\sqrt{24-2\sqrt{143}}=\sqrt{13+11-2\sqrt{13\cdot 11}}=\sqrt{(\sqrt{13}-\sqrt{11})^2}$

$=\sqrt{13}-\sqrt{11}$　(→ウエ，オカ)

(2)　$\begin{cases} a_n=2+(n-1)\cdot 4=4n-2 & (n=1,\ 2,\ 3,\ \cdots) \\ b_m=3+(m-1)\cdot 5=5m-2 & (m=1,\ 2,\ 3,\ \cdots) \end{cases}$

$a_n=b_m$ のとき

$4n-2=5m-2$　　$\therefore$　$4n=5m$

4と5は互いに素であるので

$n=5k,\ m=4k$　$(k=1,\ 2,\ 3,\ \cdots)$

とおけるから，$n=5k$ のとき

$a_n=a_{5k}=4\cdot 5k-2=20k-2$

よって

$c_k=20k-2$　$(k=1,\ 2,\ 3,\ \cdots)$

と表せる。

$\therefore$　$c_3=20\cdot 3-2=58$　(→キク)

$\displaystyle\sum_{n=1}^{10}c_n=\sum_{n=1}^{10}(20n-2)=20\cdot\frac{10\cdot 11}{2}-2\cdot 10$

$=1080$ （→ケコサシ）

(3) $\alpha=\sqrt[3]{2}+1$ より　$(\alpha-1)^3=(\sqrt[3]{2})^3$

$\therefore\ \alpha^3-3\alpha^2+3\alpha-1=2$ （→ス）

$\alpha^3=3\alpha^2-3\alpha+3=3(\alpha^2-\alpha+1)$ より

$$\frac{\alpha^3}{\alpha^2-\alpha+1}=\frac{3(\alpha^2-\alpha+1)}{\alpha^2-\alpha+1}=3 \quad (\text{→セ})$$

(4)
$$-8\cos 2x+\frac{9}{\tan^2 x}=-8(1-2\sin^2 x)+9\cdot\frac{\cos^2 x}{\sin^2 x}$$
$$=-8+16\sin^2 x+9\cdot\frac{1-\sin^2 x}{\sin^2 x}$$
$$=16\sin^2 x+\frac{9}{\sin^2 x}-17$$

与式の両辺の係数を比較して

$A=16,\ B=9,\ C=-17$ （→ソタ，チ，ツテ）

よって

$$f(x)=16\sin^2 x+\frac{9}{\sin^2 x}-17 \quad \left(0<x<\frac{\pi}{2}\right)$$
$$\geqq 2\sqrt{16\sin^2 x\cdot\frac{9}{\sin^2 x}}-17 \quad \left(\because\ 16\sin^2 x>0,\ \frac{9}{\sin^2 x}>0 \text{ より相加・相乗平均の関係から}\right)$$
$$=2\cdot 4\cdot 3-17$$
$$=7$$

（等号成立は　$16\sin^2 x=\dfrac{9}{\sin^2 x}$　$\sin^4 x=\dfrac{9}{16}$

$0<x<\dfrac{\pi}{2}$ より　$\sin x=\dfrac{\sqrt{3}}{2}$　よって　$x=\dfrac{\pi}{3}$ のとき）

よって，$f(x)$ の最小値は　7　（→ト）

(5) $f(x)$ は $x=-\dfrac{2}{3}$ で極小値 -9 をとるから，$f\left(-\dfrac{2}{3}\right)=-9$ かつ

$f'\left(-\dfrac{2}{3}\right)=0$ であることが必要である。

$f\left(-\dfrac{2}{3}\right)=-9$ より

$$\frac{a\cdot\left(-\frac{2}{3}\right)+b}{\left(-\frac{2}{3}\right)^2+\left(-\frac{2}{3}\right)+1}=-9$$

$\therefore\quad -2a+3b=-21\quad\cdots\cdots①$

$$f'(x)=\frac{a\cdot(x^2+x+1)-(ax+b)\cdot(2x+1)}{(x^2+x+1)^2}=\frac{-ax^2-2bx+a-b}{(x^2+x+1)^2}$$

$f'\left(-\frac{2}{3}\right)=0$ より

$$-a\cdot\left(-\frac{2}{3}\right)^2-2b\cdot\left(-\frac{2}{3}\right)+a-b=0$$

$\therefore\quad 5a+3b=0\quad\cdots\cdots②$

①，②を解いて　　$a=3,\ b=-5$

このとき

$$f'(x)=\frac{-3x^2+10x+8}{(x^2+x+1)^2}=-\frac{(3x+2)(x-4)}{(x^2+x+1)^2}$$

より，$f(x)$ の増減表は右のようになる。

x	$\cdots$	$-\frac{2}{3}$	$\cdots$	4	$\cdots$
$f'(x)$	$-$	0	$+$	0	$-$
$f(x)$	↘	-9	↗	$\frac{1}{3}$	↘

よって，確かに $f(x)$ は $x=-\frac{2}{3}$ で極小値 -9 をとる。ゆえに

$a=3,\ b=-5$　（→ナ，ニ）

(6)　$0\leqq t\leqq\sqrt{2}$ のとき，$(x,\ y)=\left(\frac{3}{2}t^2+1,\ t^3\right)$ より

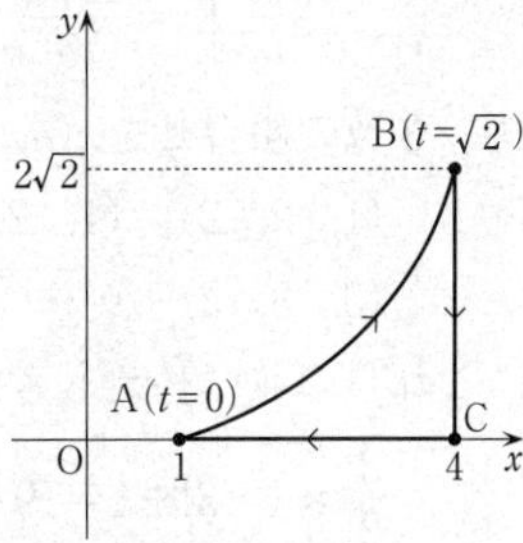

$$\left(\frac{dx}{dt},\ \frac{dy}{dt}\right)=(3t,\ 3t^2)$$

よって，$0\leqq t\leqq\sqrt{2}$ での道のりを L_1 とすると

$$L_1=\int_0^{\sqrt{2}}\sqrt{\left(\frac{dx}{dt}\right)^2+\left(\frac{dy}{dt}\right)^2}\,dt$$

$$=\int_0^{\sqrt{2}}\sqrt{(3t)^2+(3t^2)^2}\,dt$$

$$=\int_0^{\sqrt{2}}3t\sqrt{1+t^2}\,dt$$

$$=3\int_0^{\sqrt{2}}\frac{1}{2}(1+t^2)'(1+t^2)^{\frac{1}{2}}dt$$

$$=\frac{3}{2}\left[\frac{(1+t^2)^{\frac{1}{2}+1}}{\frac{1}{2}+1}\right]_0^{\sqrt{2}}$$

$$=3\sqrt{3}-1$$

ここで，アリが最初にいた地点を点A(1, 0) とおく。$t=\sqrt{2}$ のとき

$$(x,\ y)=\left(\frac{3}{2}\cdot 2+1,\ 2\sqrt{2}\right)=(4,\ 2\sqrt{2})$$

これを点Bとおき，点Bから y 軸に平行に x 軸に向かい，x 軸に到達した点を点C(4, 0) とおくと，経路は図のようになる。

ゆえに，求める道のりを L とすると

$$L=L_1+2\sqrt{2}+(4-1)=(3\sqrt{3}-1)+2\sqrt{2}+3$$
$$=3\sqrt{3}+2\sqrt{2}+2$$ （→ヌ，ネ，ノ）

また，経路で囲まれた部分の面積を S とすると

$$S=\int_1^4 ydx$$

ここで，$y=t^3$，$\frac{dx}{dt}=3t$ より　$dx=3tdt$

$x=1$ から $x=4$ の変化は，$t=0$ から $t=\sqrt{2}$ の変化に対応するから

$$S=\int_0^{\sqrt{2}} t^3\cdot 3tdt=3\int_0^{\sqrt{2}} t^4dt$$

$$=3\left[\frac{t^5}{5}\right]_0^{\sqrt{2}}=\frac{12\sqrt{2}}{5}$$ （→ハヒ，フ，ヘ）

(7)　3数の組合せを $(a,\ b,\ c)$，$a\leqq b\leqq c$ として数え上げると

(1, 2, 2), (1, 2, 3), (1, 3, 3), (2, 2, 3), (2, 3, 3),
(3, 3, 3)　……①

これらの並べ替えも考えて，できる3桁の整数は

$$\frac{3!}{2!}\times 4+3!+1=19$$ 個　（→ホマ）

①のうち3の倍数であるものは　(1, 2, 3), (3, 3, 3)

よって，これらの並べ替えも考えて

$3!+1=7$ 個　（→ミ）

(8)　$79380=2^2\times 3^4\times 5\times 7^2$

これより，正の約数の個数は

$(2+1)\cdot(4+1)\cdot(1+1)\cdot(2+1)=90$ 個　(→ムメ)

このうち，5の倍数ではなく，素因数分解したとき素因数2の指数が1または2である約数の個数が求めるものであるから

$2\times(4+1)\cdot(2+1)=30$ 個　(→モヤ)

◀文　系▶

解答　**(1)ア.** 5　**イ.** 3　**ウエ.** 13　**オカ.** 11

(2)キク. 14　**ケ.** 4　**コ.** 7　**サ.** 0

(3)シス. 19　**セソ.** 13　**タチ.** 38

(4)ツ. 2　**テ.** 5　**ト.** 4　**ナニ.** 19

(5)ヌネ. 23　**ノハ.** 50　**ヒ.** 1　**(6)フヘ.** 19　**ホ.** 7

(7)マミ. 90　**ムメ.** 30　**(8)モ.** 6　**ヤ.** 1　**ユ.** 3

解説

《小問7問》

(1)　◀理系▶(1)に同じ。

(2)　$f(1)=-2$ より

$a\cdot 1^2+6\cdot 1+b=-2$　$\therefore$　$a+b=-8$　……①

$$\begin{aligned} f(-1)&=a\cdot(-1)^2+6\cdot(-1)+b \\ &=a+b-6 \\ &=-8-6 \quad (\because\ ①) \\ &=-14 \quad (\to キク) \end{aligned}$$

$f(x)$ が最大値をとるから　$a<0$　……②

$$\begin{aligned} f(x)&=ax^2+6x+b \\ &=a\left(x+\frac{3}{a}\right)^2-\frac{9}{a}+b \end{aligned}$$

よって，$x=-\dfrac{3}{a}$ のとき，最大値 $-\dfrac{9}{a}+b$ をとるから，条件より

$-\dfrac{9}{a}+b>0$　　$-\dfrac{9}{a}+(-a-8)>0$　$(\because\ ①)$

両辺に a (<0) をかけて $(\because\ ②)$

$-9-a^2-8a<0$　　$a^2+8a+9>0$

②と合わせて，a の値の範囲は

$a<-4-\sqrt{7}$，$-4+\sqrt{7}<a<0$　(→ケ，コ，サ)

(3)　$\mathrm{OP}=2$，$\mathrm{OB}=5$，$\angle\mathrm{BOP}=60°$ より，$\triangle\mathrm{OPB}$ で余弦定理から

$\mathrm{PB}^2=2^2+5^2-2\cdot 2\cdot 5\cdot\cos 60°=19$

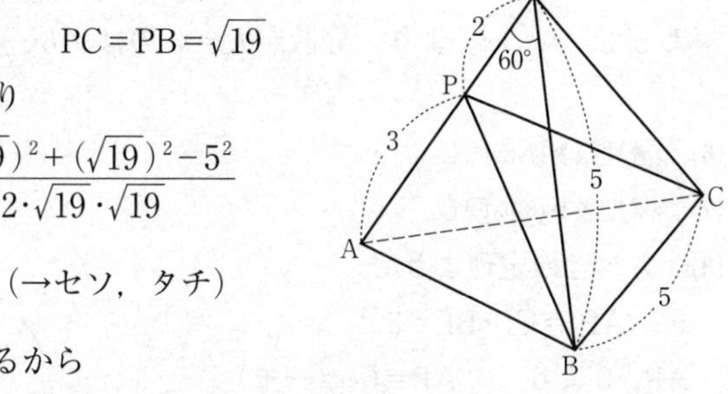

PB>0 より　　PB $=\sqrt{19}$　（→シス）

△OPC≡△OPB より　　PC $=$ PB $=\sqrt{19}$

△PBC で余弦定理より

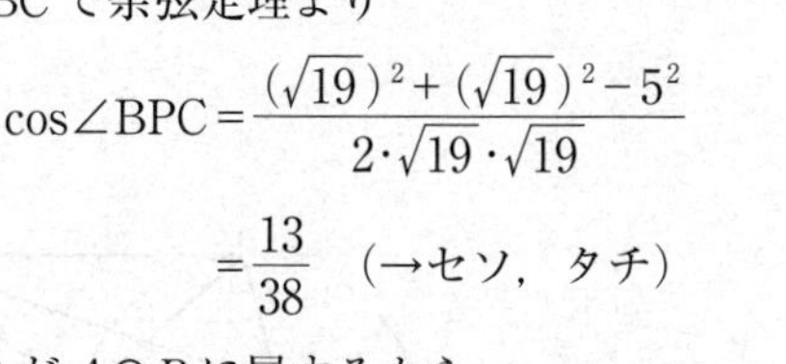

$$\cos\angle\mathrm{BPC}=\frac{(\sqrt{19})^2+(\sqrt{19})^2-5^2}{2\cdot\sqrt{19}\cdot\sqrt{19}}$$

$$=\frac{13}{38}$$　（→セソ，タチ）

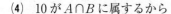

(4)　10 が $A\cap B$ に属するから

$a^2-3a=10\qquad a^2-3a-10=0$

$(a-5)(a+2)=0\qquad\therefore\quad a=-2$　または　5　（→ツ，テ）

さらに，$A\cap B=\{1,\ 10\}$ のとき

(i) $a=-2$ のとき

$A=\{1,\ 5,\ 10\},\ B=\{4,\ 10,\ 5,\ -2-b\}$

5 が $A\cap B$ に属するから不適。

(ii) $a=5$ のとき

$A=\{1,\ 5,\ 10\},\ B=\{4,\ 10,\ 19,\ 5-b\}$

$1=5-b\qquad\therefore\quad b=4$　（→ト）

このとき

$A\cup B=\{1,\ 4,\ 5,\ 10,\ 19\}$　（→ナニ）

(5)　2グループの平均値が等しいから

$$\frac{1}{5}(15+20+30+25+35)=\frac{1}{5}(18+20+28+36+a)$$

$125=102+a\qquad\therefore\quad a=23$　（→ヌネ）

グループ1，2の平均値は

$$\frac{1}{5}\cdot125=25$$

これより，グループ1の分散 $s_1{}^2$ は

$$s_1{}^2=\frac{1}{5}\{(15-25)^2+(20-25)^2+(30-25)^2+(25-25)^2+(35-25)^2\}$$

$=50$　（→ノハ）

グループ2の分散 $s_2{}^2$ は

$$s_2{}^2=\frac{1}{5}\{(18-25)^2+(20-25)^2+(28-25)^2+(36-25)^2+(23-25)^2\}$$

$=41.6$

よって，$s_1{}^2>s_2{}^2$ より，分散が大きいのはグループ1の方である。

（→ヒ）

(6)　◀理系▶(7)に同じ。

(7)　◀理系▶(8)に同じ。

(8)　方べきの定理より

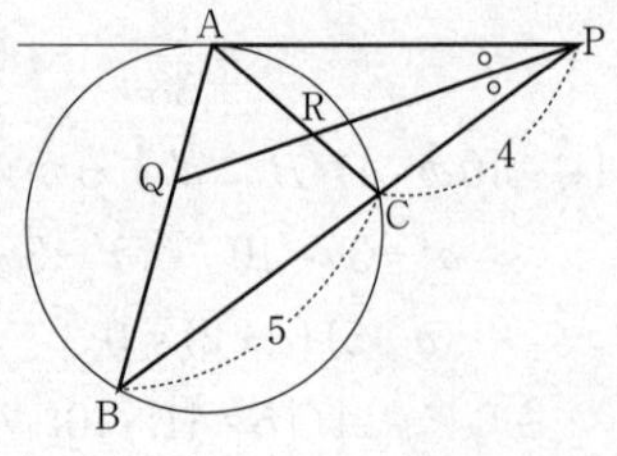

$$AP^2=CP\cdot BP=36$$

$AP>0$ より　　$AP=6$　（→モ）

$\triangle PAB$ で，頂角の二等分線の性質より

$$AQ:BQ=PA:PB$$
$$=6:9$$
$$=2:3$$

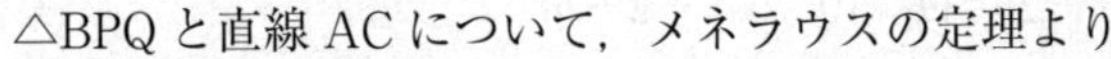

$\triangle BPQ$ と直線 AC について，メネラウスの定理より

$$\frac{BA}{AQ}\cdot\frac{QR}{RP}\cdot\frac{PC}{CB}=1$$

$$\frac{5}{2}\cdot\frac{QR}{RP}\cdot\frac{4}{5}=1 \qquad \therefore \quad \frac{QR}{RP}=\frac{1}{2}$$

これより　　$QR:RP=1:2$

$\therefore$　$QP:QR=3:1$

ゆえに　　$\dfrac{\triangle AQR}{\triangle AQP}=\dfrac{QR}{QP}=\dfrac{1}{3}$　（→ヤ，ユ）

物　理

解答　《小問6問》

A．問1．⑥　問2．⑩　問3．①　問4．⑫

B．問5．③　問6．⑩

C．問7．②　問8．⑤

D．問9．⑥　問10．①　問11．⑧

E．問12．②　問13．③

F．問14．③　問15．⑧　問16．⑦　問17．⑧

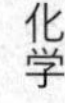

化　学

解答　《小問 15 問》

問1. ⑤　**問2.** ④　**問3.** ⑩　**問4.** ⑥　**問5.** ⑧　**問6.** ⑦
問7. ⑤　**問8.** ⑧　**問9.** ⑨　**問10.** ⑩　**問11.** ④　**問12.** ⑧
問13. ⑩　**問14.** ⑥　**問15.** ⑪

問3　b
問4　c
問5　d
問6　a
問7　b
問8　c

国語

一

出典 河合雅司『未来の年表 業界大変化 瀬戸際の日本で起きること』（講談社現代新書）

解答

問1 (ア)―d (イ)―b (ウ)―b (エ)―c (オ)―a

問2 ①―c ②―d ③―a ④―d

問3 (1)―b (2)―c (3)―d (4)―a (5)―c

問4 c

問5 b

問6 d

問7 d

問8 b

問9 a

二

出典 渡辺努『物価とは何か』（講談社選書メチエ）

解答

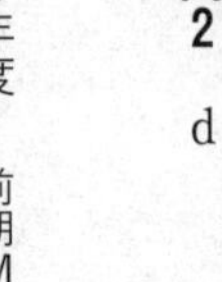

問1 (1)―a (2)―d (3)―b

問2 d

/////////////////// · memo · ///////////////////

////////////////////// · memo · //////////////////////

教学社　刊行一覧

2025年版　大学赤本シリーズ

374大学556点
全都道府県を網羅

国公立大学（都道府県順）

全国の書店で取り扱っています。店頭にない場合は，お取り寄せができます。

1 北海道大学（文系－前期日程）
2 北海道大学（理系－前期日程） 医
3 北海道大学（後期日程）
4 旭川医科大学（医学部〈医学科〉） 医
5 小樽商科大学
6 帯広畜産大学
7 北海道教育大学
8 室蘭工業大学／北見工業大学
9 釧路公立大学
10 公立千歳科学技術大学
11 公立はこだて未来大学 総推
12 札幌医科大学（医学部） 医
13 弘前大学 医
14 岩手大学
15 岩手県立大学・盛岡短期大学部・宮古短期大学部
16 東北大学（文系－前期日程）
17 東北大学（理系－前期日程） 医
18 東北大学（後期日程）
19 宮城教育大学
20 宮城大学
21 秋田大学 医
22 秋田県立大学
23 国際教養大学 総推
24 山形大学 医
25 福島大学
26 会津大学
27 福島県立医科大学（医・保健科学部） 医
28 茨城大学（文系）
29 茨城大学（理系）
30 筑波大学（推薦入試） 医 総推
31 筑波大学（文系－前期日程）
32 筑波大学（理系－前期日程） 医
33 筑波大学（後期日程）
34 宇都宮大学
35 群馬大学 医
36 群馬県立女子大学
37 高崎経済大学
38 前橋工科大学
39 埼玉大学（文系）
40 埼玉大学（理系）
41 千葉大学（文系－前期日程）
42 千葉大学（理系－前期日程） 医
43 千葉大学（後期日程） 医
44 東京大学（文科） DL
45 東京大学（理科） DL 医
46 お茶の水女子大学
47 電気通信大学
48 東京外国語大学 DL
49 東京海洋大学
50 東京科学大学（旧 東京工業大学）
51 東京科学大学（旧 東京医科歯科大学） 医
52 東京学芸大学
53 東京藝術大学
54 東京農工大学
55 一橋大学（前期日程）
56 一橋大学（後期日程）
57 東京都立大学（文系）
58 東京都立大学（理系）
59 横浜国立大学（文系）
60 横浜国立大学（理系）
61 横浜市立大学（国際教養・国際商・理・データサイエンス・医〈看護〉学部）
62 横浜市立大学（医学部〈医学科〉） 医
63 新潟大学（人文・教育〈文系〉・法・経済科・医〈看護〉・創生学部）
64 新潟大学（教育〈理系〉・理・医〈看護を除く〉・歯・工・農学部） 医
65 新潟県立大学
66 富山大学（文系）
67 富山大学（理系） 医
68 富山県立大学
69 金沢大学（文系）
70 金沢大学（理系） 医
71 福井大学（教育・医〈看護〉・工・国際地域学部）
72 福井大学（医学部〈医学科〉） 医
73 福井県立大学
74 山梨大学（教育・医〈看護〉・工・生命環境学部）
75 山梨大学（医学部〈医学科〉） 医
76 都留文科大学
77 信州大学（文系－前期日程）
78 信州大学（理系－前期日程） 医
79 信州大学（後期日程）
80 公立諏訪東京理科大学 総推
81 岐阜大学（前期日程） 医
82 岐阜大学（後期日程）
83 岐阜薬科大学
84 静岡大学（前期日程）
85 静岡大学（後期日程）
86 浜松医科大学（医学部〈医学科〉） 医
87 静岡県立大学
88 静岡文化芸術大学
89 名古屋大学（文系）
90 名古屋大学（理系） 医
91 愛知教育大学
92 名古屋工業大学
93 愛知県立大学
94 名古屋市立大学（経済・人文社会・芸術工・看護・総合生命理・データサイエンス学部）
95 名古屋市立大学（医学部〈医学科〉） 医
96 名古屋市立大学（薬学部）
97 三重大学（人文・教育・医〈看護〉学部）
98 三重大学（医〈医〉・工・生物資源学部） 医
99 滋賀大学
100 滋賀医科大学（医学部〈医学科〉） 医
101 滋賀県立大学
102 京都大学（文系）
103 京都大学（理系） 医
104 京都教育大学
105 京都工芸繊維大学
106 京都府立大学
107 京都府立医科大学（医学部〈医学科〉） 医
108 大阪大学（文系） DL
109 大阪大学（理系） 医
110 大阪教育大学
111 大阪公立大学（現代システム科学域〈文系〉・文・法・経済・商・看護・生活科〈居住環境・人間福祉〉学部－前期日程）
112 大阪公立大学（現代システム科学域〈理系〉・理・工・農・獣医・医・生活科〈食栄養〉学部－前期日程） 医
113 大阪公立大学（中期日程）
114 大阪公立大学（後期日程）
115 神戸大学（文系－前期日程）
116 神戸大学（理系－前期日程） 医
117 神戸大学（後期日程）
118 神戸市外国語大学 DL
119 兵庫県立大学（国際商経・社会情報科・看護学部）
120 兵庫県立大学（工・理・環境人間学部）
121 奈良教育大学／奈良県立大学
122 奈良女子大学
123 奈良県立医科大学（医学部〈医学科〉） 医
124 和歌山大学
125 和歌山県立医科大学（医・薬学部） 医
126 鳥取大学 医
127 公立鳥取環境大学
128 島根大学 医
129 岡山大学（文系）
130 岡山大学（理系） 医
131 岡山県立大学
132 広島大学（文系－前期日程）
133 広島大学（理系－前期日程） 医
134 広島大学（後期日程）
135 尾道市立大学 総推
136 県立広島大学
137 広島市立大学
138 福山市立大学 総推
139 山口大学（人文・教育〈文系〉・経済・医〈看護〉・国際総合科学部）
140 山口大学（教育〈理系〉・理・医〈看護を除く〉・工・農・共同獣医学部） 医
141 山陽小野田市立山口東京理科大学 総推
142 下関市立大学／山口県立大学
143 周南公立大学 新 総推
144 徳島大学 医
145 香川大学 医
146 愛媛大学 医
147 高知大学 医
148 高知工科大学
149 九州大学（文系－前期日程）
150 九州大学（理系－前期日程） 医
151 九州大学（後期日程）
152 九州工業大学
153 福岡教育大学
154 北九州市立大学
155 九州歯科大学
156 福岡県立大学／福岡女子大学
157 佐賀大学 医
158 長崎大学（多文化社会・教育〈文系〉・経済・医〈保健〉・環境科〈文系〉学部）
159 長崎大学（教育〈理系〉・医〈医〉・歯・薬・情報データ科・工・環境科〈理系〉・水産学部） 医
160 長崎県立大学 総推
161 熊本大学（文・教育・法・医〈看護〉学部・情報融合学環〈文系型〉）
162 熊本大学（理・医〈看護を除く〉・薬・工学部・情報融合学環〈理系型〉） 医
163 熊本県立大学
164 大分大学（教育・経済・医〈看護〉・理工・福祉健康科学部）
165 大分大学（医学部〈医・先進医療科学科〉） 医
166 宮崎大学（教育・医〈看護〉・工・農・地域資源創成学部）
167 宮崎大学（医学部〈医学科〉） 医
168 鹿児島大学（文系）
169 鹿児島大学（理系） 医
170 琉球大学 医

2025年版　大学赤本シリーズ

国公立大学 その他

171 〔国公立大〕医学部医学科 総合型選抜・学校推薦型選抜※ 医 総推
172 看護・医療系大学〈国公立 東日本〉※
173 看護・医療系大学〈国公立 中日本〉※
174 看護・医療系大学〈国公立 西日本〉※
175 海上保安大学校／気象大学校
176 航空保安大学校
177 国立看護大学校
178 防衛大学校 総推
179 防衛医科大学校（医学科） 医
180 防衛医科大学校（看護学科）

※No.171～174の収載大学は赤本ウェブサイト（http://akahon.net/）でご確認ください。

私立大学①

北海道の大学（50音順）

201 札幌大学
202 札幌学院大学
203 北星学園大学
204 北海学園大学
205 北海道医療大学
206 北海道科学大学
207 北海道武蔵女子大学・短期大学
208 酪農学園大学（獣医学群〈獣医学類〉）

東北の大学（50音順）

209 岩手医科大学（医・歯・薬学部） 医
210 仙台大学 総推
211 東北医科薬科大学（医・薬学部） 医
212 東北学院大学
213 東北工業大学
214 東北福祉大学
215 宮城学院女子大学 総推

関東の大学（50音順）

あ行（関東の大学）

216 青山学院大学（法・国際政治経済学部−個別学部日程）
217 青山学院大学（経済学部−個別学部日程）
218 青山学院大学（経営学部−個別学部日程）
219 青山学院大学（文・教育人間科学部−個別学部日程）
220 青山学院大学（総合文化政策・社会情報・地球社会共生・コミュニティ人間科学部−個別学部日程）
221 青山学院大学（理工学部−個別学部日程）
222 青山学院大学（全学部日程）
223 麻布大学（獣医、生命・環境科学部）
224 亜細亜大学
226 桜美林大学
227 大妻女子大学・短期大学部

か行（関東の大学）

228 学習院大学（法学部−コア試験）
229 学習院大学（経済学部−コア試験）
230 学習院大学（文学部−コア試験）
231 学習院大学（国際社会科学部−コア試験）
232 学習院大学（理学部−コア試験）
233 学習院女子大学
234 神奈川大学（給費生試験）
235 神奈川大学（一般入試）
236 神奈川工科大学
237 鎌倉女子大学・短期大学部
238 川村学園女子大学
239 神田外語大学
240 関東学院大学
241 北里大学（理学部）
242 北里大学（医学部） 医
243 北里大学（薬学部）
244 北里大学（看護・医療衛生学部）
245 北里大学（未来工・獣医・海洋生命科学部）
246 共立女子大学・短期大学
247 杏林大学（医学部） 医
248 杏林大学（保健学部）
249 群馬医療福祉大学・短期大学部
250 群馬パース大学 総推
251 慶應義塾大学（法学部）
252 慶應義塾大学（経済学部）
253 慶應義塾大学（商学部）
254 慶應義塾大学（文学部） 総推
255 慶應義塾大学（総合政策学部）
256 慶應義塾大学（環境情報学部）
257 慶應義塾大学（理工学部）
258 慶應義塾大学（医学部） 医
259 慶應義塾大学（薬学部）
260 慶應義塾大学（看護医療学部）
261 工学院大学
262 國學院大學
263 国際医療福祉大学 医
264 国際基督教大学
265 国士舘大学
266 駒澤大学（一般選抜T方式・S方式）
267 駒澤大学（全学部統一日程選抜）

さ行（関東の大学）

268 埼玉医科大学（医学部） 医
269 相模女子大学・短期大学部
270 産業能率大学
271 自治医科大学（医学部） 医
272 自治医科大学（看護学部）／東京慈恵会医科大学（医学部〈看護学科〉）
273 実践女子大学 総推
274 芝浦工業大学（前期日程）
275 芝浦工業大学（全学統一日程・後期日程）
276 十文字学園女子大学
277 淑徳大学
278 順天堂大学（医学部） 医
279 順天堂大学（スポーツ健康科・医療看護・保健看護・国際教養・保健医療・医療科・健康データサイエンス・薬学部） 総推
280 上智大学（神・文・総合人間科学部）
281 上智大学（法・経済学部）
282 上智大学（外国語・総合グローバル学部）
283 上智大学（理工学部）
284 上智大学（TEAPスコア利用方式）
285 湘南工科大学
286 昭和大学（医学部） 医
287 昭和大学（歯・薬・保健医療学部）
288 昭和女子大学
289 昭和薬科大学
290 女子栄養大学・短期大学部 総推
291 白百合女子大学
292 成蹊大学（法学部−A方式）
293 成蹊大学（経済・経営学部−A方式）
294 成蹊大学（文学部−A方式）
295 成蹊大学（理工学部−A方式）
296 成蹊大学（E方式・G方式・P方式）
297 成城大学（経済・社会イノベーション学部−A方式）
298 成城大学（文芸・法学部−A方式）
299 成城大学（S方式〈全学部統一選抜〉）
300 聖心女子大学
301 清泉女子大学
303 聖マリアンナ医科大学 医
304 聖路加国際大学（看護学部）
305 専修大学（スカラシップ・全国入試）
306 専修大学（前期入試〈学部個別入試〉）
307 専修大学（前期入試〈全学部入試・スカラシップ入試〉）

た行（関東の大学）

308 大正大学
309 大東文化大学
310 高崎健康福祉大学
311 拓殖大学
312 玉川大学
313 多摩美術大学
314 千葉工業大学
315 中央大学（法学部−学部別選抜）
316 中央大学（経済学部−学部別選抜）
317 中央大学（商学部−学部別選抜）
318 中央大学（文学部−学部別選抜）
319 中央大学（総合政策学部−学部別選抜）
320 中央大学（国際経営・国際情報学部−学部別選抜）
321 中央大学（理工学部−学部別選抜）
322 中央大学（5学部共通選抜）
323 中央学院大学
324 津田塾大学
325 帝京大学（薬・経済・法・文・外国語・教育・理工・医療技術・福岡医療技術学部）
326 帝京大学（医学部） 医
327 帝京科学大学 総推
328 帝京平成大学 総推
329 東海大学（医〈医〉学部を除く−一般選抜）
330 東海大学（文系・理系学部統一選抜）
331 東海大学（医学部〈医学科〉） 医
332 東京医科大学（医学部〈医学科〉） 医
333 東京家政大学・短期大学部 総推
334 東京経済大学
335 東京工科大学
336 東京工芸大学
337 東京国際大学
338 東京歯科大学
339 東京慈恵会医科大学（医学部〈医学科〉） 医
340 東京情報大学
341 東京女子大学
342 東京女子医科大学（医学部） 医
343 東京電機大学
344 東京都市大学
345 東京農業大学
346 東京薬科大学（薬学部） 総推
347 東京薬科大学（生命科学部） 総推
348 東京理科大学（理学部〈第一部〉−B方式）
349 東京理科大学（創域理工学部−B方式・S方式）
350 東京理科大学（工学部−B方式）
351 東京理科大学（先進工学部−B方式）
352 東京理科大学（薬学部−B方式）
353 東京理科大学（経営学部−B方式）
354 東京理科大学（C方式、グローバル方式、理学部〈第二部〉−B方式）
355 東邦大学（医学部） 医
356 東邦大学（薬学部）

私立大学②

357 東邦大学（理・看護・健康科学部）
358 東洋大学（文・経済・経営・法・社会・国際・国際観光学部）
359 東洋大学（情報連携・福祉社会デザイン・健康スポーツ科・理工・総合情報・生命科・食環境科学部）
360 東洋大学（英語〈3日程×3カ年〉）
361 東洋大学（国語〈3日程×3カ年〉）
362 東洋大学（日本史・世界史〈2日程×3カ年〉）
363 東洋英和女学院大学
364 常磐大学・短期大学 総推
365 獨協大学
366 獨協医科大学（医学部） 医

な行（関東の大学）

367 二松学舎大学
368 日本大学（法学部）
369 日本大学（経済学部）
370 日本大学（商学部）
371 日本大学（文理学部〈文系〉）
372 日本大学（文理学部〈理系〉）
373 日本大学（芸術学部〈専門試験併用型〉）
374 日本大学（国際関係学部）
375 日本大学（危機管理・スポーツ科学部）
376 日本大学（理工学部）
377 日本大学（生産工・工学部）
378 日本大学（生物資源科学部）
379 日本大学（医学部） 医
380 日本大学（歯・松戸歯学部）
381 日本大学（薬学部）
382 日本大学（N全学統一方式－医・芸術〈専門試験併用型〉学部を除く）
383 日本医科大学 医
384 日本工業大学
385 日本歯科大学
386 日本社会事業大学 総推
387 日本獣医生命科学大学
388 日本女子大学
389 日本体育大学

は行（関東の大学）

390 白鷗大学（学業特待選抜・一般選抜）
391 フェリス女学院大学
392 文教大学
393 法政大学（法〈I日程〉・文〈II日程〉・経営〈II日程〉学部－A方式）
394 法政大学（法〈II日程〉・国際文化・キャリアデザイン学部－A方式）
395 法政大学（文〈I日程〉・経営〈I日程〉・人間環境・グローバル教養学部－A方式）
396 法政大学（経済〈I日程〉・社会〈I日程〉・現代福祉学部－A方式）
397 法政大学（経済〈II日程〉・社会〈II日程〉・スポーツ健康学部－A方式）
398 法政大学（情報科・デザイン工・理工・生命科学部－A方式）
399 法政大学（T日程〈統一日程〉・英語外部試験利用入試）
400 星薬科大学 総推

ま行（関東の大学）

401 武蔵大学
402 武蔵野大学
403 武蔵野美術大学
404 明海大学
405 明治大学（法学部－学部別入試）
406 明治大学（政治経済学部－学部別入試）
407 明治大学（商学部－学部別入試）
408 明治大学（経営学部－学部別入試）
409 明治大学（文学部－学部別入試）
410 明治大学（国際日本学部－学部別入試）
411 明治大学（情報コミュニケーション学部－学部別入試）
412 明治大学（理工学部－学部別入試）
413 明治大学（総合数理学部－学部別入試）
414 明治大学（農学部－学部別入試）
415 明治大学（全学部統一入試）
416 明治学院大学（A日程）
417 明治学院大学（全学部日程）
418 明治薬科大学 総推
419 明星大学
420 目白大学・短期大学部

ら・わ行（関東の大学）

421 立教大学（文系学部－一般入試〈大学独自の英語を課さない日程〉）
422 立教大学（国語〈3日程×3カ年〉）
423 立教大学（日本史・世界史〈2日程×3カ年〉）
424 立教大学（文学部－一般入試〈大学独自の英語を課す日程〉）
425 立教大学（理学部－一般入試）
426 立正大学
427 早稲田大学（法学部）
428 早稲田大学（政治経済学部）
429 早稲田大学（商学部）
430 早稲田大学（社会科学部）
431 早稲田大学（文学部）
432 早稲田大学（文化構想学部）
433 早稲田大学（教育学部〈文科系〉）
434 早稲田大学（教育学部〈理科系〉）
435 早稲田大学（人間科・スポーツ科学部）
436 早稲田大学（国際教養学部）
437 早稲田大学（基幹理工・創造理工・先進理工学部）
438 和洋女子大学 総推

中部の大学（50音順）

439 愛知大学
440 愛知医科大学（医学部） 医
441 愛知学院大学・短期大学部
442 愛知工業大学 総推
443 愛知淑徳大学
444 朝日大学 総推
445 金沢医科大学（医学部） 医
446 金沢工業大学
447 岐阜聖徳学園大学 総推
448 金城学院大学
449 至学館大学 総推
450 静岡理工科大学
451 椙山女学園大学
452 大同大学
453 中京大学
454 中部大学
455 名古屋外国語大学 総推
456 名古屋学院大学 総推
457 名古屋学芸大学 総推
458 名古屋女子大学 総推
459 南山大学（外国語〈英米〉・法・総合政策・国際教養学部）
460 南山大学（人文・外国語〈英米を除く〉・経済・経営・理工学部）
461 新潟国際情報大学
462 日本福祉大学
463 福井工業大学
464 藤田医科大学（医学部） 医
465 藤田医科大学（医療科・保健衛生学部）
466 名城大学（法・経営・経済・外国語・人間・都市情報学部）
467 名城大学（情報工・理工・農・薬学部）
468 山梨学院大学

近畿の大学（50音順）

469 追手門学院大学 総推
470 大阪医科薬科大学（医学部） 医
471 大阪医科薬科大学（薬学部） 総推
472 大阪学院大学 総推
473 大阪経済大学 総推
474 大阪経済法科大学 総推
475 大阪工業大学 総推
476 大阪国際大学・短期大学部 総推
477 大阪産業大学 総推
478 大阪歯科大学（歯学部）
479 大阪商業大学 総推
480 大阪成蹊大学・短期大学 総推
481 大谷大学 総推
482 大手前大学・短期大学 総推
483 関西大学（文系）
484 関西大学（理系）
485 関西大学（英語〈3日程×3カ年〉）
486 関西大学（国語〈3日程×3カ年〉）
487 関西大学（日本史・世界史・文系数学〈3日程×3カ年〉）
488 関西医科大学（医学部） 医
489 関西医療大学 総推
490 関西外国語大学・短期大学部 総推
491 関西学院大学（文・法・商・人間福祉・総合政策学部－学部個別日程）
492 関西学院大学（神・社会・経済・国際・教育学部－学部個別日程）
493 関西学院大学（全学部日程〈文系型〉）
494 関西学院大学（全学部日程〈理系型〉）
495 関西学院大学（共通テスト併用日程〈数学〉・英数日程）
496 関西学院大学（英語〈3日程×3カ年〉） 新
497 関西学院大学（国語〈3日程×3カ年〉） 新
498 関西学院大学（日本史・世界史・文系数学〈3日程×3カ年〉） 新
499 畿央大学 総推
500 京都外国語大学・短期大学 総推
502 京都産業大学（公募推薦入試） 総推
503 京都産業大学（一般選抜入試〈前期日程〉）
504 京都女子大学 総推
505 京都先端科学大学 総推
506 京都橘大学 総推
507 京都ノートルダム女子大学 総推
508 京都薬科大学 総推
509 近畿大学・短期大学部（医学部を除く－推薦入試） 総推
510 近畿大学・短期大学部（医学部を除く－一般入試前期）
511 近畿大学（英語〈医学部を除く3日程×3カ年〉）
512 近畿大学（理系数学〈医学部を除く3日程×3カ年〉）
513 近畿大学（国語〈医学部を除く3日程×3カ年〉）
514 近畿大学（医学部－推薦入試・一般入試前期） 医 総推
515 近畿大学・短期大学部（一般入試後期） 医
516 皇學館大学 総推
517 甲南大学 総推
518 甲南女子大学（学校推薦型選抜） 新 総推
519 神戸学院大学 総推
520 神戸国際大学 総推
521 神戸女学院大学 総推
522 神戸女子大学・短期大学 総推
523 神戸薬科大学 総推
524 四天王寺大学・短期大学部 総推
525 摂南大学（公募制推薦入試） 総推
526 摂南大学（一般選抜前期日程）
527 帝塚山学院大学 総推
528 同志社大学（法、グローバル・コミュニケーション学部－学部個別日程）

2025年版　大学赤本シリーズ

私立大学③

529 同志社大学（文・経済学部－学部個別日程）
530 同志社大学（神・商・心理・グローバル地域文化学部－学部個別日程）
531 同志社大学（社会学部－学部個別日程）
532 同志社大学（政策・文化情報〈文系型〉・スポーツ健康科〈文系型〉学部－学部個別日程）
533 同志社大学（理工・生命医科・文化情報〈理系型〉・スポーツ健康科〈理系型〉学部－学部個別日程）
534 同志社大学（全学部日程）
535 同志社女子大学 [総推]
536 奈良大学 [総推]
537 奈良学園大学 [総推]
538 阪南大学 [総推]
539 姫路獨協大学 [総推]
540 兵庫医科大学（医学部） [医]
541 兵庫医科大学（薬・看護・リハビリテーション学部） [総推]
542 佛教大学 [総推]
543 武庫川女子大学 [総推]
544 桃山学院大学 [総推]
545 大和大学・大和大学白鳳短期大学部 [総推]
546 立命館大学（文系－全学統一方式・学部個別配点方式）／立命館アジア太平洋大学（前期方式・英語重視方式）
547 立命館大学（理系－全学統一方式・学部個別配点方式・理系型3教科方式・薬学方式）
548 立命館大学（英語〈全学統一方式3日程×3カ年〉）
549 立命館大学（国語〈全学統一方式3日程×3カ年〉）
550 立命館大学（文系選択科目〈全学統一方式2日程×3カ年〉）
551 立命館大学（IR方式〈英語資格試験利用型〉・共通テスト併用方式）／立命館アジア太平洋大学（共通テスト併用方式）
552 立命館大学（後期分割方式・「経営学部で学ぶ感性＋共通テスト」方式）／立命館アジア太平洋大学（後期方式）
553 龍谷大学（公募推薦入試） [総推]
554 龍谷大学（一般選抜入試）

中国の大学（50音順）

555 岡山商科大学 [総推]
556 岡山理科大学 [総推]
557 川崎医科大学 [医]
558 吉備国際大学 [総推]
559 就実大学 [総推]
560 広島経済大学
561 広島国際大学 [総推]
562 広島修道大学
563 広島文教大学 [総推]
564 福山大学／福山平成大学
565 安田女子大学 [総推]

四国の大学（50音順）

567 松山大学

九州の大学（50音順）

568 九州医療科学大学
569 九州産業大学
570 熊本学園大学
571 久留米大学（文・人間健康・法・経済・商学部）
572 久留米大学（医学部〈医学科〉） [医]
573 産業医科大学（医学部） [医]
574 西南学院大学（商・経済・法・人間科学部－A日程）
575 西南学院大学（神・外国語・国際文化学部－A日程／全学部－F日程）
576 福岡大学（医学部医学科を除く－学校推薦型選抜・一般選抜系統別日程） [総推]
577 福岡大学（医学部医学科を除く－一般選抜前期日程）
578 福岡大学（医学部〈医学科〉－学校推薦型選抜・一般選抜系統別日程） [医][総推]
579 福岡工業大学
580 令和健康科学大学 [総推]

[医] 医学部医学科を含む
[総推] 総合型選抜または学校推薦型選抜を含む
[DL] リスニング音声配信　[新] 2024年 新刊・復刊

掲載している入試の種類や試験科目，収載年数などはそれぞれ異なります。詳細については，それぞれの本の目次や赤本ウェブサイトでご確認ください。

akahon.net　赤本｜ 検索

難関校過去問シリーズ

出題形式別・分野別に収録した
「入試問題事典」
20大学 73点
定価2,310～2,640円（本体2,100～2,400円）

先輩合格者はこう使った！
「難関校過去問シリーズの使い方」

61年，全部載せ！
要約演習で，総合力を鍛える
東大の英語
要約問題 UNLIMITED

国公立大学

東大の英語25カ年［第12版］ [改]
東大の英語リスニング20カ年［第9版］ [DL] [改]
東大の英語 要約問題 UNLIMITED
東大の文系数学25カ年［第12版］ [改]
東大の理系数学25カ年［第12版］ [改]
東大の現代文25カ年［第12版］ [改]
東大の古典25カ年［第12版］ [改]
東大の日本史25カ年［第9版］ [改]
東大の世界史25カ年［第9版］ [改]
東大の地理25カ年［第9版］ [改]
東大の物理25カ年［第9版］ [改]
東大の化学25カ年［第9版］ [改]
東大の生物25カ年［第9版］ [改]
東工大の英語20カ年［第8版］ [改]
東工大の数学20カ年［第9版］ [改]
東工大の物理20カ年［第5版］ [改]
東工大の化学20カ年［第5版］ [改]
一橋大の英語20カ年［第9版］ [改]
一橋大の数学20カ年［第9版］ [改]
一橋大の国語20カ年［第6版］ [改]
一橋大の日本史20カ年［第6版］ [改]
一橋大の世界史20カ年［第6版］ [改]
筑波大の英語15カ年 [新]
筑波大の数学15カ年 [新]
京大の英語25カ年［第12版］
京大の文系数学25カ年［第12版］
京大の理系数学25カ年［第12版］
京大の現代文25カ年［第2版］
京大の古典25カ年［第2版］
京大の日本史20カ年［第3版］
京大の世界史20カ年［第3版］
京大の物理25カ年［第9版］
京大の化学25カ年［第9版］
北大の英語15カ年［第8版］
北大の理系数学15カ年［第8版］
北大の物理15カ年［第2版］
北大の化学15カ年［第2版］
東北大の英語15カ年［第8版］
東北大の理系数学15カ年［第8版］
東北大の物理15カ年［第2版］
東北大の化学15カ年［第2版］
名古屋大の英語15カ年［第8版］
名古屋大の理系数学15カ年［第8版］
名古屋大の物理15カ年［第2版］
名古屋大の化学15カ年［第2版］
阪大の英語20カ年［第9版］
阪大の文系数学20カ年［第3版］
阪大の理系数学20カ年［第9版］
阪大の国語15カ年［第3版］
阪大の物理20カ年［第8版］
阪大の化学20カ年［第6版］
九大の英語15カ年［第8版］
九大の理系数学15カ年［第7版］
九大の物理15カ年［第2版］
九大の化学15カ年［第2版］
神戸大の英語15カ年［第9版］
神戸大の数学15カ年［第5版］
神戸大の国語15カ年［第3版］

私立大学

早稲田の英語［第11版］ [改]
早稲田の国語［第9版］ [改]
早稲田の日本史［第9版］ [改]
早稲田の世界史［第2版］ [改]
慶應の英語［第11版］ [改]
慶應の小論文［第3版］ [改]
明治大の英語［第9版］ [改]
明治大の国語［第2版］ [改]
明治大の日本史［第2版］ [改]
中央大の英語［第9版］ [改]
法政大の英語［第9版］ [改]
同志社大の英語［第10版］
立命館大の英語［第10版］
関西大の英語［第10版］
関西学院大の英語［第10版］

[DL] リスニング音声配信
[新] 2024年 新刊
[改] 2024年 改訂

2025年版　大学赤本シリーズ　No. 442
愛知工業大学

2024年6月30日　第1刷発行
ISBN978-4-325-26501-6
定価は裏表紙に表示しています

編　集　教学社編集部
発行者　上原 寿明
発行所　教学社
〒606-0031
京都市左京区岩倉南桑原町56
電話　075-721-6500
振替　01020-1-15695
印　刷　太洋社